SIWRT 水域救援技术体系化教学

关中安　于显峰 等　编著

应 急 管 理 出 版 社

· 北　京 ·

图书在版编目（CIP）数据

SIWRT 水域救援技术体系化教学 / 关中安等编著.
北京 ：应急管理出版社，2025. -- ISBN 978-7-5237-0592-6

I. G861.17

中国国家版本馆 CIP 数据核字第 20254XP500 号

SIWRT 水域救援技术体系化教学

编　　著　关中安　于显峰 等
责任编辑　尹忠昌　曲光宇　郑素梅　李雨恬
编　　辑　王　晨
责任校对　赵　盼
封面设计　罗针盘

出版发行　应急管理出版社（北京市朝阳区芍药居 35 号　100029）
电　　话　010-84657898（总编室）　010-84657880（读者服务部）
网　　址　www.cciph.com.cn
印　　刷　北京盛通印刷股份有限公司
经　　销　全国新华书店

开　　本　710mm × 1000mm 1/16　**印张**　21 1/4　**字数**　372 千字
版　　次　2025 年 3 月第 1 版　2025 年 3 月第 1 次印刷
社内编号　20250206　　**定价**　98.00 元

编　委　会

前　言

随着我国经济社会的快速发展，水域救援面临的挑战愈发复杂多样。洪水、地质灾害、高风险环境下的搜救行动等致灾因素不断增加，而水域救援作为应急救援的重要组成部分，其技术难度和专业性也随之提升。为进一步提高水域救援灾害事故处置的专业技术能力，依据《消防救援技术培训大纲》整理编写了本书，以期为水域救援技术的教学培训提供规范化、系统化、科学化的理论指导和实践参考。

本书是在《BASIC 急流水域救援初级技术》出版后，根据水域救援实践需求和教学工作的深化而编写的专业技术指导用书。本书重点针对水域救援技术概述、构成、教学方法、急流水域救援、潜水救援、冰域救援、海岸救援以及医疗急救等水域救援技术体系化教学，同时兼顾了水域救援技术的实践性和教学性的双重需求，不仅注重技术方法的讲解，更注重教学过程中的系统性。我们旨在通过这本书，帮助救援队伍师资教学能力提升，建立科学、规范、高效的水域救援技术教学体系，提升各级救援人员的技术水平和实战能力。

在编写过程中，我们力求内容准确、表述清晰，但由于编者水平有限、时间仓促，书中难免存在疏漏和不完善之处，敬请广大读者、专家和同仁对书中的不足之处提出宝贵意见，以便再版时不断完善和提升。希望本书能够为水域救援事业的发展贡献一份力量，为救援队伍的成长和应急救援能力的提升提供有力支持。

编　者

2025 年 3 月

CONTENTS 目次

1 概　　述

1.1 水域救援技术概述

水域救援技术是消防救援人员进行各类水域救援行动所采用的最为安全、简单、高效的救援方式方法。其目的是让水域救援人员能够熟练地掌握各类水域救援技术，在夯实救援人员水域救援基本功的前提下，拓展水域救援的技术水平，提高水域救援的指挥决策能力，为今后更好地应对各种水域环境，处置各类水域救援任务打下基础。图1-1为四大水域救援实战训练场景（福建三明水域救援

(a) 内场急流水域训练区

(b) 外场急流水域训练区

(c) 外场平静水域训练区

(d) 外场潜水救援训练区

图1-1　四大水域救援实战训练场景（福建三明水域救援训练基地）

训练基地）。

1.2　水域救援技术内容

了解水域救援的概念和分类不仅对救援工作具有重要指导意义，还对提高公众的水域防范安全意识、加强社会整体安全水平具有积极作用。图 1-2 为三明急流训练基地。

图 1-2　内场急流训练基地（三明）

1.2.1　水域救援的概念

水域救援作为特种灾害事故救援类型中的一种（图 1-3），是指在江河、湖泊、海洋、水库、洪水、急流、冰域等水域环境中，针对人员落水、船舶遇险、洪水灾害等突发事件，利用专业技术和装备，采取科学、系统的紧急干预措施，以拯救生命、减少伤害和财产损失为目标的一项综合性应急救援行动。

其核心原则包括安全第一、科学施救、快速反应和团队协作，涵盖静水救援、急流救援、海岸救援、冰域救援、潜水救援、洪涝灾害救援和沼泽救援等多种场景，旨在通过安全、简单、高效的技术手段和团队配合，最大限度地保障人民生命财产安全和社会稳定。

图 1-3　城市内涝救援

1.2.2　水域救援的分类

水域相关的灾害事故种类繁多，各种不同类型的救援场景都需要相应的救援方法。根据救援者是否涉水可以分为间接救援和直接救援；根据救援交通工具的使用方式可以分为船艇救援、直升机救援和无人机救援等；根据其他工具可以分为简单的救生浮具和滑轮绳索救援；根据被困者的位置可以分为水面救援和水下救援；根据救援对象属性可以分为人员溺水救援和交通工具打捞。

为了便于救援人员制定各类救援计划，有针对性地开展救援，下面就根据环境特征，将水域救援分为静水救援、急流救援、冰域救援和潜水救援四个类型（图 1-4）。此外，每一类水域救援训练，还可根据救援方式分为岸边救援和水中救援。岸边救援使用绳索、探杆、浮具等工具从岸上开展，而水中救援则涉及救援人员直接涉水开展作业。

水域救援的分类（高级含海岸救援）为救援人员提供了安全性、逻辑性、系统性的框架，有助于救援人员在面对不同场景下的水域救援任务展开迅速判断并采取合适的救援技术。通过初级、中级、高级的培训体系，科学合理地进行分级分类，能够提高实战救援效率，确保在紧急情况下的生命安全和救援成功率。

1. 静水救援

静水救援是指在平静的水域环境（水流流速低于 0.51 m/s）中进行的水上

图 1-4 静水、急流、冰域、潜水四个救援类型

救援行动（图 1-5）。静水指的是水面平静，水流较为缓慢或没有明显流动的水体环境。静水救援的场景可能包括湖泊、池塘、人工水池、静止的水库等地方。

图 1-5 平静水域

在这种环境下进行救援时，救援人员主要通过抛投浮具、划船、游泳等方式进行救援，目标是将遇险人员安全地从水中救起。静水救援的特点是相对较慢的水流和波动，减少了水流冲击力带来的救援难度，但救援操作仍然需要严格的训练与专业技能。

静水救援的常见方式包括：

（1）浮具救援：通过使用救生圈、急流救生衣、浮力条等浮具，帮助落水者保持漂浮状态，并通过接近、引导等方式，帮助其脱离危险区域。浮具救援如图 1-6 所示。

图 1-6　浮具救援

（2）舟艇救援：在水域开阔的水面，救援人员可以使用救援舟艇前往遇险人员所在位置，将其救起。这种方式通常应用于湖泊、水库等水面较为开阔的场所。舟艇救援如图 1-7 所示。

（3）入水救援：救援人员通过攻击式泳姿到达被救者后方（侧后方）进行营救。此时，救援人员需要具备较强的游泳能力以及一定的水中救援技巧，比如如何固定和拖带被救者前往安全地带等。入水救援如图 1-8 所示。

（4）绳索救援：在某些情况下，救援人员可能需要利用绳索装备从岸边将落水者拉回安全区域。这种方式在水域较深或救援距离较远的情况下较为常见。

图 1-7 舟艇救援

图 1-8 入水救援

静水救援的挑战相较于急流救援（如洪水）较低，但仍然要求救援人员对水域环境、天气、气温等因素有充分了解，并能够根据实际情况判断最佳的救援方法。特别是在寒冷的天气条件下，长时间暴露在水中，遇险人员容易出现体温过低等问题，这就要求救援人员具备应急医疗处理的知识和技能。

2. 急流救援

急流救援（图 1-9）是一项在水流湍急、环境复杂的区域进行的专业性救援活动。它主要发生在河流、溪流、山洪等急流区域，这些地方的水流流速超过 0.51 m/s，具有很高的速度和冲击力，给被救者带来极大的威胁。与普通的静水救援不同，急流救援的难度和风险更高，因为救援人员不仅要面对凶猛的水流，还要应对复杂的水域环境。

图 1-9　急流救援

在急流环境中，水流的速度和方向通常是不可预测的。水流可能会不断变化，出现湍急的危险水流等复杂环境。而这些条件对救援人员的体力、技能、经验要求都非常高。尤其是在遇到被救者已经被冲到远离岸边的地方时，救援行动变得更加复杂和危险。

急流救援还通常伴随着一些特殊的挑战。首先，水流的快速运动使得被救者很难自救，他们可能会被水流冲击或撞到石块、树木等障碍物（图 1-10），面临伤亡的风险。其次，水流的复杂性和不稳定性使得救援人员也处于极高的危险之中，稍有不慎就可能被水流冲走或受伤。

因此，急流救援不仅需要专业的技术装备，还要求救援人员具备较高的水上作业技能、迅速反应能力，以及与团队成员协作的默契。救援人员在面对突发情况时，必须能够冷静判断、快速采取最安全高效的救援方法，以确保被救者尽可

图 1-10 舟艇过障

能快速且安全地脱离困境。

总的来说，急流救援是一项挑战性极高的任务，它要求救援人员具备极强的专业素养和应急能力，同时也对救援装备的可靠性要求较高。在水流湍急的环境中，每一次救援都是对人员技术和勇气的考验，及时有效的急流救援对于挽救生命、减少伤害具有重要意义。

3. 冰域救援

冰域救援（图 1-11）是指在结冰的水面上发生事故时，救援人员对被救者进行的紧急救援行动。常见的场景包括人或动物不慎滑入冰冷的水中，或因冰域破裂掉入水下。由于冰域厚度可能不均匀且不稳定，救援人员面临很大的风险，容易导致冰域进一步破裂，甚至让救援人员自身也陷入危险中。

这类救援通常发生在冬季或极寒环境中，气温极低，冰域可能覆盖着雪层或结冰层。在救援过程中，除了考虑到冰域可能的破裂，还需要迅速应对低温环境对人体健康的影响，如低体温、昏迷等。救援行动需要精确判断冰层的厚度和稳定性，并使用专业装备和方法，如冰镐、冰爪、绳索、滑轮、香蕉船、保温毯等救援装备，确保被救者能够及时安全地脱离困境。

冰域救援的难点包括对环境的快速评估、保护救援人员的安全以及尽可能缩短救援时间，以避免被困者因低温引发更严重的身体损害。

图 1-11　冰域救援

4. 潜水救援

潜水救援（图 1-12）是一种通过水下潜水员进入水域执行救援任务的特殊应急救援行动。潜水救援通常发生在事故发生后，涉及需要进入水下环境的情形，如水上交通事故、船只沉没、溺水事故、失踪人员搜寻等。潜水救援工作不仅需要应急反应迅速，而且要求潜水员具备高度专业的潜水技能与救援能力，以保障被救者的安全。

图 1-12　潜水救援

1）潜水救援的常见应用场景

水上交通事故：在水上交通事故中，如船只沉没、货船碰撞、飞机迫降水面等，潜水救援是救援行动的重要组成部分。潜水员需要进入水下，对沉没的船只进行搜寻，寻找失踪人员或受困人员。

溺水事故：溺水事故是潜水救援中最常见的场景之一，尤其是在湖泊、河流、海滩等区域。潜水员需要迅速找到溺水者的位置，并采取急救措施，及时将其拉上水面，避免窒息及低温对生命的威胁。

失踪人员搜寻：水域中失踪人员的搜寻是另一项常见的潜水救援任务。失踪者可能在较深的水域、复杂的水流环境中，潜水员需要通过水下搜索设备、定位仪器以及潜水技术，帮助找回失踪者。

结构物救援：在一些工程事故或自然灾害中，如水坝溃堤、沉船、爆炸等事故中，结构物可能会塌陷或沉入水中。潜水员需要进入这些危险区域进行人员搜寻、物资打捞或救援。

2）潜水救援的技术与装备

潜水救援的成功离不开高效的潜水技术和专业装备。以下是潜水救援常用的一些技术与装备：

潜水装备：潜水员在执行救援任务时，通常会佩戴包括潜水面罩、呼吸器（如氧气瓶或空气供给装置）、潜水服、潜水手套、潜水靴、脚蹼等必备装备。这些装备能够提供必要的气体支持、保温和保护，以应对极端的水下环境。

水下通信设备：由于水下环境对通信的限制，潜水员通常会配备水下通信设备，利用声波或电磁波传输信息，确保潜水员与指挥中心保持实时沟通，并及时获取现场指挥指令。

水下探测设备：在浑浊水域或深水区域，潜水员通常利用水下探测器、声呐系统等设备帮助定位目标。这些设备通过声波反射原理，可以帮助潜水员确定目标物体的方位、深度以及距离，极大地提高搜寻效率。

急救设备：潜水员在进行救援时，还需要配备急救设备，如心脏复苏设备、氧气供给系统等，确保一旦救援过程中发生突发健康问题可以及时处理。

5. 海岸救援

海岸救援（图 1-13）是指在沿海地区进行的紧急救援行动，旨在救助遇险的船只、人员或应对海洋环境中的突发事件。这类救援通常由专业的海上救援机构或相关政府部门负责。

海岸救援的常见应用场景包括：

（1）海上遇险：

船只故障：如发动机故障、燃料耗尽等。

船只倾覆：因恶劣天气或碰撞导致翻船。

图 1-13　海岸救援

人员落水：乘客或船员意外落水。

(2) 自然灾害：

海啸：沿海地区受海啸侵袭，需紧急疏散和救援。

台风：强风暴导致船只受损或人员被困。

洪水：地势低洼或河口地区洪水泛滥，需救援被困者。

(3) 医疗紧急情况：

突发疾病：船员或乘客在海上突发疾病，需医疗援助。

重伤：因事故或恶劣天气导致严重受伤。

(4) 海上火灾：

船只火灾：船只起火，需灭火并疏散人员。

油轮事故：油轮起火或泄漏，需灭火和防污染。

(5) 海上失踪：

失踪船只：船只失联，需搜索定位。

失踪人员：人员失踪，需海上搜救。

(6) 海洋污染：

油污泄漏：油轮泄漏，需清理和救援。

化学品泄漏：化学品泄漏，需紧急处理。

(7) 休闲活动事故：

潜水事故：潜水员遇险，需紧急救援。

游泳遇险：游泳者被水流卷走或体力不支。

钓鱼事故：钓鱼者落水。

(8) 海上设施事故：

钻井平台事故：平台发生火灾或结构损坏，需救援。

海上风电场事故：风机故障或人员受伤，需救援。

(9) 动物救援：

海洋动物被困：如鲸鱼、海豚等受困，需解救。

动物受伤：海洋动物受伤，需救助和治疗。

海岸救援涵盖多种紧急情况，涉及人员、船只、环境和动物，需快速响应和专业操作。

1.2.3 水域救援的特点与挑战

水域救援是一项高风险且技术性强的工作，涉及多种复杂环境和紧急情况。随着全球气候变化和极端天气事件的频繁发生，水域救援任务愈发艰巨和重要。从洪水、暴雨引发的水域灾害类型来看，水域救援在保护人民群众生命财产安全方面发挥着关键作用。

1. 水域救援的特点

1) 突发性强

水域事故往往在短时间内发生，如洪水、暴雨引发的内涝、人员意外落水等，救援队伍需要随时待命，快速响应。例如，暴雨可能导致城市内涝，大量人员被困孤岛，救援队伍必须迅速到达现场进行救援。此外，洪水等自然灾害的发生往往难以预测，救援人员需要在接到通知后迅速集结，携带必要的装备和物资，赶往事故现场。这种突发性要求救援人员具备高度的警觉性和快速反应能力，确保在最短时间内展开救援行动。

2) 环境复杂多变

水域情况复杂多样，包括河流、湖泊、海洋、内涝区域等，不同水域的水流速度、深度、水温、能见度等差异很大，且受天气、季节等因素影响，变化迅速。水域中可能存在各种障碍物，如沉船、礁石、漂浮物等，增加了救援的难度和危险性。救援人员需要根据不同的水域环境，采取相应的救援策略和技术，确保救援行动的顺利进行。

3）技术要求高

水域救援需要掌握多种专业技能，如游泳、潜水、舟艇操控、绳索救援、急流救援等，同时还需具备对不同水域环境的判断和应对能力。例如，潜水救援需要救援人员具备良好的潜水技能和水下作业能力。此外，救援人员还需要熟悉各种救援装备的使用方法，如救生艇、潜水装备、绳索等，确保在救援过程中能够正确操作。这种高技术要求对救援人员的培训和经验提出了很高的标准，只有经过专业训练和实践积累，才能胜任水域救援任务。

4）危险性高

救援人员面临诸多危险，如被水流冲走、遭遇暗流漩涡、触碰水下障碍物、低温失温等，且在救援过程中容易因心理紧张和身体疲劳而出现失误。据统计，救援人员在急流事故救援的死亡率约是火灾的四倍以上。此外，水域救援过程中还可能遇到其他危险，如水下生物攻击、装备故障等，增加了救援的潜在风险。救援人员需要具备高度的安全意识和应对危险的处置能力，确保自身和被救者的安全。

5）时间紧迫

溺水等水域事故的黄金救援时间较短，如溺水者在水中停留时间过长，生存概率将大幅下降，救援人员需在短时间内完成救援任务。此外，水域环境变化迅速，如水位上涨、河床宽度以及水流速度变化等，救援人员需要在短时间内作出正确的判断和采取正确的应对措施。这种时间紧迫性要求救援人员具备高效的工作能力和快速的决策能力，确保在最短时间内完成救援任务，提高被救者的生存概率。

2. 水域救援的挑战

1）环境因素

水流：水域的水流速度快、水力大，容易形成洄流区、翻滚流、覆盖流等复杂危险水流形态，给救援工作带来很大困难。例如，涡流会将舟艇或溺水者拖住，并使其失去平衡。此外，水流的不稳定性使得救援人员难以预测和控制救援行动的方向和速度，增加了救援的难度和危险性。

水温：自然水域的水温通常较低，容易导致救援人员失温。静水中体温散失速度是空气中的 25 倍，而在 2 m/s 的流水中，体温散失速度是空气中的 250 倍。低温环境不仅影响救援人员的体力和耐力，还可能导致严重的健康问题，如低体温症、冻伤等，增加了救援的风险。

水质：由于人类生活及工业污染，多数水域有富氧化的情况，其中磷酸盐类物质使得藻类大量生长，悬浮在水中的藻类及大量污染物、微气泡等致使水域能见度降低。低能见度使得救援人员难以观察和判断水下情况，增加了救援的难度和危险性，尤其是在潜水救援中，低能见度可能导致救援人员迷失方向或错过被救者。

天气：恶劣天气如暴雨、台风等会加剧水域救援的难度。暴雨可能导致水位迅速上涨，淹没道路和建筑物，增加救援的危险性。此外，强风可能影响舟艇的操控和救援人员的行动，增加了救援的难度和危险性。天气的不确定性使得救援人员难以预测和应对救援过程中的变化，增加了救援的风险。

2）技术要求

专业技能：水域救援需要救援人员具备多种专业技能，如游泳、潜水、舟艇操控、绳索救援等。例如，在潜水救援中，救援人员需要具备良好的潜水技能和水下作业能力。这些技能需要经过长期的训练和实践才能掌握，对救援人员的要求非常高。此外，救援人员还需要具备对不同水域环境的判断和应对能力，确保在复杂的环境中能够采取正确的救援措施。

装备使用：水域救援需要使用各种专业装备，如救生艇、潜水装备、绳索等。救援人员需要熟悉掌握这些装备的使用方法，确保在救援过程中能够正确操作。装备的种类繁多，每种装备都有其特定的用途和操作方法，救援人员需要具备丰富的装备理论知识和操作使用经验，确保在救援过程中能够高效使用装备，提高救援的效率和安全性。

团队协作：水域救援往往需要多人协作，救援人员需要具备良好的团队协作能力。例如，在舟艇救援中，需要驾驶员、观察员、救援人员等密切配合，确保救援行动的顺利进行。团队协作需要救援人员具备良好的沟通能力和协调能力，确保在救援过程中能够高效配合，避免因沟通不畅或协作不当导致的失误和危险。

3）时间紧迫

黄金救援时间：溺水等水域事故的黄金救援时间较短，如溺水者在水中停留时间过长，生存概率将大幅下降。救援人员需在短时间内完成救援任务。此外，水域环境变化迅速，如水位上涨、水流速度变化等，救援人员需要在短时间内作出正确的判断和应对措施。这种时间紧迫性要求救援人员具备高效的工作能力和快速的决策能力，确保在最短时间内完成救援任务，提高被救者的生存概率。

环境变化：水域环境变化迅速，如水位上涨、水流速度变化等，救援人员需要在短时间内作出正确的判断和应对措施。环境的不确定性使得救援人员难以预测和应对救援过程中的变化，增加了救援的难度和危险性。救援人员需要具备高度的警觉性和快速反应能力，确保在最短时间内作出正确的判断和应对措施，确保救援行动的顺利进行。

4）人员安全

自身安全：救援人员在救援过程中面临诸多危险，如被水流冲走、遭遇暗流漩涡、触碰水下障碍物等。据统计，我国每年因水域救援导致救援人员伤亡的比例高达40%以上。此外，救援人员在救援过程中还可能遇到其他危险，如水下生物攻击、设备故障等，增加了救援的风险。救援人员需要具备高度的安全意识和应对危险的能力，确保自身和被救者的安全。

心理压力：水域救援任务艰巨，救援人员需要面对复杂的环境和紧急的情况，容易产生心理压力。例如，在面对被困者的求救时，救援人员需要保持冷静，作出正确的判断。心理压力不仅影响救援人员的工作效率和决策能力，还可能导致严重的心理问题，如焦虑、抑郁等，增加了救援的风险。救援人员需要具备良好的心理素质和应对压力的能力，确保在救援过程中能够保持冷静和高效。

5）心理压力

紧张情绪：在紧急情况下，救援人员容易产生紧张情绪，影响救援行动的效率和效果。例如，在面对急流水域时，救援人员需要克服紧张情绪，保持冷静。紧张情绪不仅影响救援人员的操作能力和判断能力，还可能导致严重的失误和危险。救援人员需要具备良好的心理素质和应对紧张情绪的能力，确保在救援过程中能够保持冷静和高效。

疲劳：水域救援任务艰巨，救援人员需要长时间在水中作业，容易产生疲劳。疲劳不仅影响救援人员的体力和耐力，还可能导致严重的健康问题，如肌肉拉伤、关节损伤等，增加了救援的风险。救援人员需要具备良好的体能和应对疲劳的能力，确保在救援过程中能够保持高效和安全。

1.2.4　水域救援的基本原则

水域救援是一项高度专业化且风险较高的任务，它要求救援人员不仅具备丰富的专业知识和实践经验，还需熟练掌握各类救援装备和技术。随着全球气候变化和极端天气事件的频繁发生，水域救援任务愈发艰巨和重要。从洪水、暴雨引发的水域灾害类型，水域救援在保护人民生命财产安全方面发挥着关键作用。水域救援的基本原则如下。

1. 安全第一原则

救援人员自身安全：救援人员的安全是水域救援的首要任务。救援人员必须穿戴齐全的个人防护装备（图1-14），如救生衣、安全头盔、防水靴、防护手套等。在救援过程中，救援人员需要时刻保持警惕，避免因自身失误导致的意外伤害。

图1-14 水域救援个人防护装备穿戴

被救者安全：在确保救援人员自身安全的前提下，优先考虑被救者的安全。救援人员需要根据被救者的具体情况，采取合适的救援方法和技术，确保被救者在救援过程中不受二次伤害。

安全评估：在救援行动前，必须对救援现场进行全面的安全评估，包括水流速度、水深、水质、天气条件等。通过安全评估，制定合理的救援方案，避免因环境因素导致的救援风险。

2. 简单高效原则

简单化救援方法：救援行动应尽量采用简单、快捷、高效的方法，这不仅能够提高救援效率，还能减少救援人员和被救者的风险。例如，使用抛绳救援（图1-15）、探杆递物救援等简单方法，可以快速将被救者拉向岸边。

图 1-15　抛绳救援

高效利用资源：在救援过程中，应充分利用现有的资源，如救援装备、人力资源等；合理分配救援任务，确保每个救援人员都能发挥最大的作用，提高救援的整体效率。

快速决策：水域救援时间紧迫，救援人员需要在短时间内作出正确的决策。快速决策不仅能够提高救援效率，还能减少被救者的危险。救援人员需要根据现场情况，迅速判断救援方法和行动路线。

3. 团队协作原则

明确分工：救援行动需要多人协作（图 1-16），明确分工是确保救援成功的关键。应根据救援人员（如驾驶员、安全员等）自身的技能和经验，分配不同的救援任务。

有效沟通：在救援过程中，救援人员之间需要保持有效的沟通。通过沟通，可以及时了解救援现场的情况，调整救援方案，确保救援行动的顺利进行。

相互支持：救援人员之间需要相互支持，共同应对救援过程中的各种挑战。在遇到困难时，救援人员应相互鼓励，共同寻找解决方案，确保救援行动的成功。

4. 逐步推进原则

岸上救援优先：在水域救援中，应优先考虑岸上救援方法。岸上救援方法包括抛绳救援、探杆递物救援等，这些方法不仅安全，还能快速将被救者拉向

图 1-16　团队作业

岸边。

舟艇救援次之：如果岸上救援无法实施，可以考虑使用舟艇救援。舟艇救援需要救援人员具备良好的舟艇操控能力和救援技术，确保在复杂的水域环境中能够安全救援。

入水救援最后：入水救援是水域救援的最后手段。入水救援需要救援人员具备良好的游泳技能和救援技术，同时需要采取严格的安全措施，确保救援人员和被救者的安全。图 1-17 分别为岸上救援、舟艇救援、入水救援场景。

图 1-17　抛、划、游原则

5. 持续学习原则

专业培训：救援人员需要定期参加专业培训（初训、复训），学习最新的救

援技术和方法。通过培训（图 1-18），可以提高救援人员的技能水平和应对能力，确保在复杂的水域环境中能够有效救援。

经验总结：救援人员需要总结每次救援行动的经验教训。通过经验总结，可以发现救援过程中的不足之处，改进救援方法，提高救援效率。

技术更新：随着科技的发展，水域救援技术也在不断更新。救援人员需要关注最新的救援技术和装备，及时更新救援方法，提高救援的整体水平。

图 1-18　基地化教学

6. 先间接救援后直接救援原则

间接救援：在救援过程中，应优先考虑使用间接救援技术。这些方法可以减少救援人员直接接触被救者的风险，提高救援的安全性。

直接救援：如果间接救援技术无法实施，可以考虑使用直接救援技术。直接救援技术需要救援人员具备更高的技能和经验，确保在复杂环境中能够安全救援。

7. 先团队救援后个人救援原则

团队救援：在救援行动中，应优先考虑团队救援。团队救援可以充分发挥多人协作的优势，提高救援的成功率和安全性。

个人救援：如果团队救援无法实施，可以考虑使用个人救援技术。个人救援技术需要救援人员具备更高的技能和经验，确保在复杂环境中能够安全救援。

8. 先近后远原则

近点救援：在救援过程中，应优先考虑救援距离较近的落水者。近点救援可以减少救援时间，提高救援效率。

远点救援：在确保近点救援完成后，再考虑救援距离较远的落水者。远点救援需要救援人员具备更高的技能和经验，确保在复杂环境中能够安全救援。

9. 先有意识后无意识原则

有意识被救者的救援：在救援过程中，应优先考虑救援有意识且在呼救的落水者。有意识的落水者更容易配合救援人员，提高救援的成功率。

无意识被救者的救援：在确保有意识救援完成后，再考虑救援无意识且已经下沉的落水者。无意识救援需要救援人员具备更高的技能和经验，确保在复杂环境中能够安全救援。

2 水域救援技术构成

2.1 总　　述

水域救援技术体系的构成包括个人技术、团队技术和装备应用技术三个方面。个人技术是救援人员在水域救援中需要掌握的基本技能，包括基础游泳技术、救援技术和复杂环境救援技术。团队技术是救援团队在水域救援中需要掌握的协作方法，包括团队组织架构、团队协作方法和团队沟通与指挥。装备应用技术是水域救援中需要使用的各种装备，包括个人防护装备、便携式救生装备、声光通信装备、团队救援装备。通过掌握这些技术和装备，救援人员和团队可以有效应对各种水域救援任务，提高救援的成功率和安全性。

2.2 个 人 技 术

1. 基础游泳技术

熟悉水性：救援人员需要熟悉水性，包括在水中的呼吸、浮力、阻力等基本物理特性。通过熟悉水性，救援人员可以更好地适应水中环境，提高救援效率。

基本泳姿：救援人员需要掌握多种基本泳姿，如蛙泳、自由泳、仰泳等。这些泳姿在不同的救援场景中具有不同的应用价值，如自由泳（图 2-1）适用于快速移动。

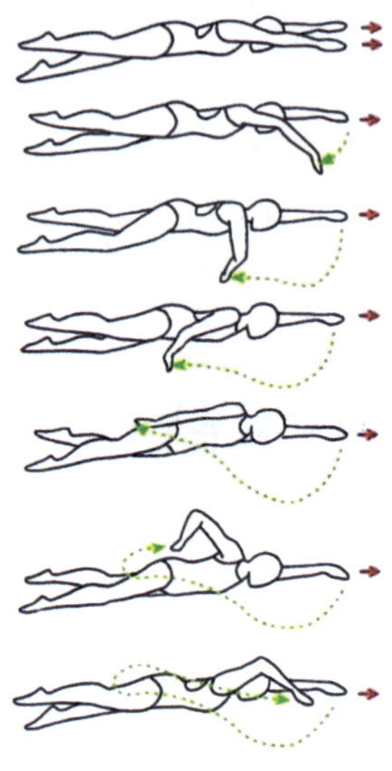

图 2-1　自由泳泳姿

实用泳姿：救援人员还需要掌握一些实用泳姿，如踩水、反蛙泳、侧泳、潜泳等。这些泳姿在救援过程中可以提供更好的控制和灵活性，如踩水可以保持在水中的稳定位置，潜泳可以用于水下搜索和救援。在急流水域救援中救援人员还必须掌握攻击式（图 2-2）、防御式、确保式三种泳姿的运用场景和灵活切换。

图 2-2　攻击式泳姿

2. 救援技术

入水技术：救援人员需要掌握正确的入水技术，如平跳式（图 2-3）、跨步式、打桩式、滑入式等。正确的入水技术可以减少入水时的冲击力，保护救援人员。

图 2-3　平跳式入水

接近技术：救援人员需要掌握接近被救者的技术，如直线接近、曲线接近等。接近技术的目的是在保证自身安全的前提下，尽快到达被救者身边（图 2-4）。

图 2-4　接近被困者

防卫技术：救援人员需要掌握防卫技术（图 2-5），以防止被救者或其他物体伤害。防卫技术包括躲避、阻挡、控制等，可以有效保护救援人员的安全。

图 2-5 防卫技术

解脱技术：救援人员需要掌握解脱技术（图 2-6），以应对被救者或其他物体缠绕的情况。解脱技术包括自我解脱和协助解脱，可以迅速摆脱困境。

图 2-6 解脱技术

带人技术：救援人员需要掌握水中带人技术，以确保被救者在救援过程中的安全。水中带人技术包括拖带、托举、抱夹等，可以根据被救者的状态和救援环

境选择合适的水中带人方法（图 2-7）。

图 2-7 双腿夹腋带人技术

登岸技术：救援人员需要掌握登岸技术（图 2-8），以确保被救者和救援人员在到达岸边时的安全。登岸技术包括岸边登岸、水中登岸等，可以有效避免在登岸过程中发生意外。

图 2-8 协助被救者登岸

自我保护技术：救援人员需要掌握自我保护技术，以确保在救援过程中的自身安全。自我保护技术包括保持体力、避免疲劳、防止失温等，可以提高救援人员的生存能力。

3. 复杂环境救援技术

急流救援技术：在急流环境中，救援人员需要掌握急流救援技术，如急流中的游泳技术、舟艇操控技术、舟艇救援技术（图 2-9）、绳索救援技术等。这些技术可以帮助救援人员在快速流动的水中保持稳定，有效实施救援。

图 2-9 舟艇救援技术

寒冷水域救援技术：在寒冷水域中，救援人员需要掌握寒冷水域救援技术，如防寒装备的使用、低温环境下的救援方法等（图 2-10）。这些技术可以防止救援人员和被救者在救援过程中发生失温等危险情况。

图 2-10 冰面救援

潜水救援技术：在需要潜水救援的情况下，救援人员需要掌握潜水救援技术（图2-11），如潜水装备的使用、水下搜索、水下打捞等。这些技术可以确保救援人员在水下环境中有效实施救援。

图2-11 潜水救援技术

2.3 团队技术

1. 团队组织架构

结构组成：水域救援团队通常由指挥员、救援人员、安全员、医疗急救人员、后勤保障人员等组成（图2-12）。指挥员负责整体指挥和协调；救援人员负责具体的救援行动；安全员负责现场安全；医疗急救人员负责救援现场医疗急救；后勤保障人员负责保障参与救援行动人员的饮食及器材装备和油料等工作。

单元（小组）编成：团队可以根据任务需求，编成不同的单元或小组，如搜索小组、救援小组、医疗小组等。每个小组有明确的职责和任务，协同完成救援行动。

岗位职责：团队成员需要明确各自的岗位职责，如指挥员负责制定救援方案，救援人员负责实施救援行动，安全员负责现场安全管控等。明确的岗位职责可以提高团队的协作效率。

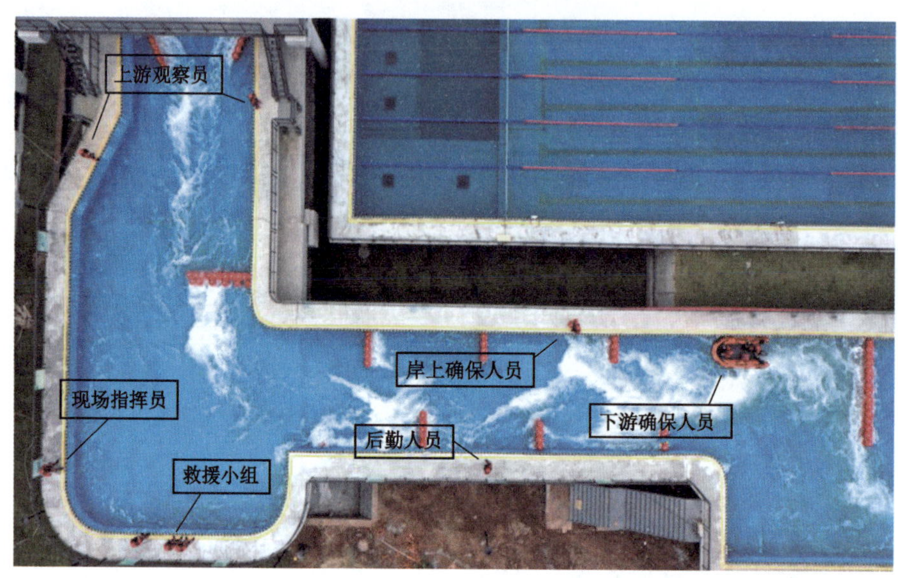

图 2-12　救援力量部署

2. 团队协作方法

绳索横渡：团队成员可以利用绳索进行横渡（图 2-13），通过建立绳索系统，确保在急流等复杂环境中的安全移动。绳索横渡需要团队成员密切配合，确保绳索系统的稳定和安全。

图 2-13　水面绳索横渡

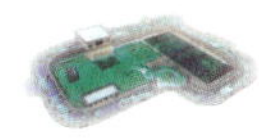

舟艇编队：团队成员可以利用舟艇进行编队（图 2-14）救援，通过合理的编队和配合，提高救援效率。舟艇编队需要团队成员具备良好的舟艇操控技术和团队协作能力。

图 2-14　舟艇编队行驶

接力救援：在长距离或复杂环境的救援中，团队成员可以通过接力的方式（图 2-15），分段完成救援任务。接力救援需要团队成员之间有良好的沟通和协调，确保救援行动的连续性。

图 2-15　接力转运人员

无人机与水面机器人协同救援：无人机与水面机器人协同救援（图 2-16）是现代化水域救援的重要技术突破，通过空-水立体化协同配合、快速搜寻定位显著提升救援效能。

图 2-16 协同救援

3. 团队沟通与指挥

沟通方式：团队成员需要掌握多种沟通方式，如手势（图 2-17）、哨音、旗语、对讲机等。有效的沟通可以确保团队成员之间的信息传递，提高救援效率。

图 2-17 手势信号沟通

指挥系统：团队需要建立完善的指挥系统（图2-18），明确指挥员的职责和权限。指挥系统可以确保救援行动的有序进行，提高救援成功率。

图2-18 建立指挥系统

行动程序：团队需要制定明确的行动程序，包括救援前的准备、救援中的实施、救援后的总结等。明确的行动程序可以确保救援行动的规范性和安全性。

2.4 装备应用技术

1. 个人防护装备

水域救援头盔：水域救援头盔（图2-19）在水域救援的过程中用于保护救援人员的头部免受水中障碍的伤害，防止在救援过程中受到撞击。头盔通常由强化聚合物制成，内有泡棉，质轻舒适。

图2-19 水域救援头盔

水域救援服：水域救援服（图 2-20）是一种既能防止救援人员在水中体温过快的流失，同时又能保护皮肤不被剐蹭受伤的个人防护装置。根据水域救援服内部是否进水，可以分为湿式救援服和干式救援服两种。湿式救援服由氯丁橡胶材质制成，结构上有分体式和一体式，厚度有 3 mm、5 mm、7 mm 等；带有涂层的氯丁橡胶材质可以在较低的温度中提供非常好的热反射性能，同时保护身体承受轻度擦撞。干式救援服为多层压缩防水复合材料制成，肘部、膝部及臀部一般都增加凯芙拉面料补强层，设有高密度的泡棉缓冲垫，可有效提高运动安全性。

图 2-20　水域救援服

急流救生衣：急流救生衣（图 2-21）须具备 120N 以上的浮力，既能为救援人员提供浮力，防止溺水，又能给被救者提供额外浮力，是可以同时帮助救援人员和被救者两人漂浮于水面的救生装置。急流救生衣必须有快速解脱装置，如遇到保护绳索与水中障碍物缠绕无法拉回岸边等紧急情况，可以做到快速解脱。

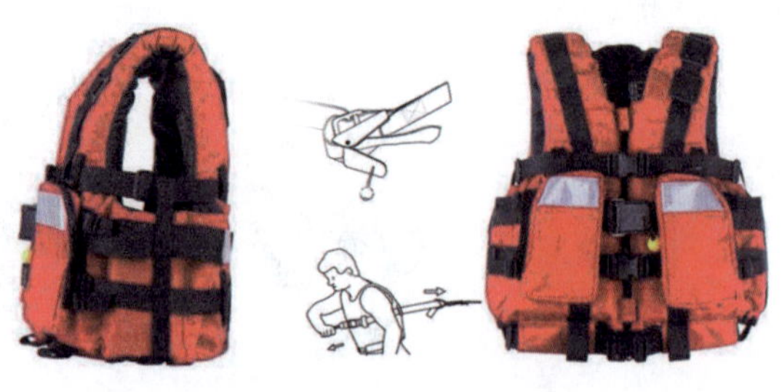

图 2-21　急流救生衣

水域救援手套：水域救援手套（图 2-22）可以保护救援人员的手部，防止在救援过程中受到水的侵蚀。水域救援手套通常采用复合面料制成，手掌面有防滑设计。

图 2-22 水域救援手套

水域救援靴：水域救援靴（图 2-23）可以保护救援人员的脚部，防止被水中的尖锐物体刺伤。水域救援靴通常具有高帮、防滑、贴脚、浮水性等特点。

图 2-23 水域救援靴

水域方位灯：水域方位灯（图 2-24）悬挂或安装在急流救生衣和其他救援装备上，在视线受阻或夜间救援现场起到灯光定位的作用，由 LED 灯组、灯置、防水密封圈、电池组等部分组成，可在高亮状态下持续工作。水域方位灯应固定于救生衣肩部、头盔顶部等位置。

图 2-24 水域方位灯

2. 便携式救生装备

抛绳包：抛绳包（图 2-25）是便携式个人救援装备，分手提式和腰包式，外形小巧、平顺简洁，结实耐用，易于抛投，是水域救援人员、救生员、职业水上运动员及船员必备救生设备。

图 2-25 抛绳包

救生圈：救生圈（图 2-26）是一种便携式的救援装备，可以提供浮力，确保被救者在水中的安全。救生圈通常由轻质材料制成，易于携带和使用。

图 2-26 救生圈

救生杆：救生杆（图 2-27）是一种长杆状的救援装备，可以用于近距离的递物救援。救生杆通常由轻质材料制成，具有良好的伸缩性和稳定性。

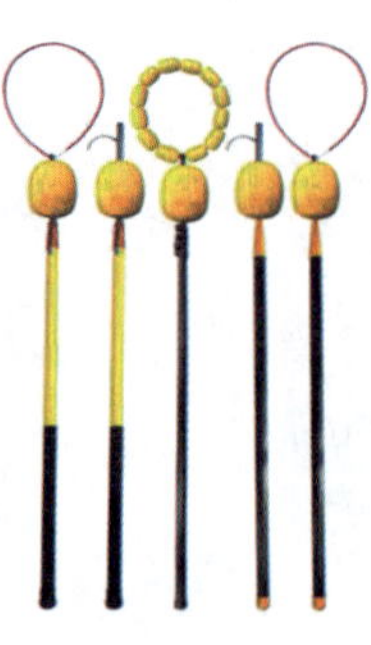

图 2-27 救生杆

组合攀爬梯：组合攀爬梯（图 2-28）是可用于执行水域救援任务时的快速组装，并将被救者进行向上或向下救援的便携式爬梯，具有强度大、质量轻、组装时间短、收纳空间小、救援效率高等特点。

图 2-28 组合攀爬梯

水域救援刀：水域救援刀（图 2-29）可快速切割绳索、扁带、安全带、杂草、渔网等缠阻物，常用于救援人员解脱用。常见的形式有匕首式和 Z 字形两种，也叫外刃和内刃。匕首式有切口、钩口和割口等。Z 字形的刀尺寸比较小，质量比较轻，刀刃向内，常用于绳索，扁带、安全带等纤维织物的切割，具有较安全的特点。

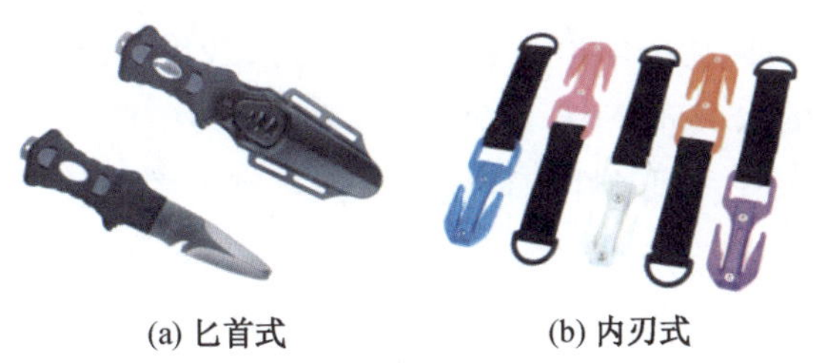

(a) 匕首式　　(b) 内刃式

图 2-29 水域救援刀

3. 声光通信装备

防水高亮手电：防水高亮手电（图 2-30）通常具备高流明强光输出，可穿透暴雨、浓雾、浑浊水体等低能见度环境，帮助救援人员看清障碍物（如漂浮物、礁石）或被淹没结构（如车辆、房屋）。强光聚光模式可照射百米以上距离，用于远距离搜索落水者或标记目标区域。

图 2-30 防水高亮手电

高音哨：高音哨（图 2-31）能吹出尖锐的高音，在水域救援嘈杂现场用于发出联络信号和求救信号。由进气道、共鸣腔等部分组成，材质多为 ABS，无滚珠设计（因为滚珠在水中浸泡后很难发出声音）。作业时将高音哨用细绳固定在救生衣上，不用时收纳在急流救生衣的前方口袋内。

图 2-31 高音哨

手持对讲机：手持对讲机（图 2-32）在水救援行动中具有重要作用，尤其是在复杂、紧急的水域环境中，其快速、可靠的通信能力对保障救援效率和安全至关重要，其可靠性、即时性和环境适应性直接关系到救援成功率与人员安全。

图 2-32 手持对讲机

4. 团队救援装备

充气式救援艇：充气式救援艇（图 2-33）是水域救援中常用的装备，可以搭载救援人员和被救者。充气式救援艇通常具有良好的稳定性和操控性，适用于各种水域环境。

图 2-33 充气式救援艇

冲锋舟：冲锋舟（图 2-34）是一种快速机动的救援装备，通过外挂船外机之后具有机动的能力，可以快速到达救援现场，具有体积大和载量大的优点，缺点是自重大、不易携行，适用于大型湖泊或城市内涝的静水环境中对人员和物资进行转运。用于救援的冲锋舟型号主要是在 4.6 m 及以上的，一般为 460、520、600 三个型号。

图 2-34 冲锋舟

硬壳充气式救援艇：硬壳充气式救援艇（图 2-35）的硬质船底和充气艇身具备了硬壳艇和充气式救援艇两款船艇的优点和缺点，一方面增强了舟艇破浪能力，操控性和航行稳定性进一步提高，另一方面不可折叠和质量导致携行能力降低。

图 2-35 硬壳充气式救援艇

水上摩托艇：水上摩托艇（图 2-36）体积小、速度快、吃水浅的优点，可快速机动到被救者附近救援被救者。由于推进系统是泵推式设计，没有螺旋桨，不会伤及水中人员。

图 2-36 水上摩托艇

水面拦截网：水面拦截网（图 2-37）是实施水域救援行动重要的救生器材，张网作业方便高效，无论是静水水域还是急流水域，均可快速投入使用。

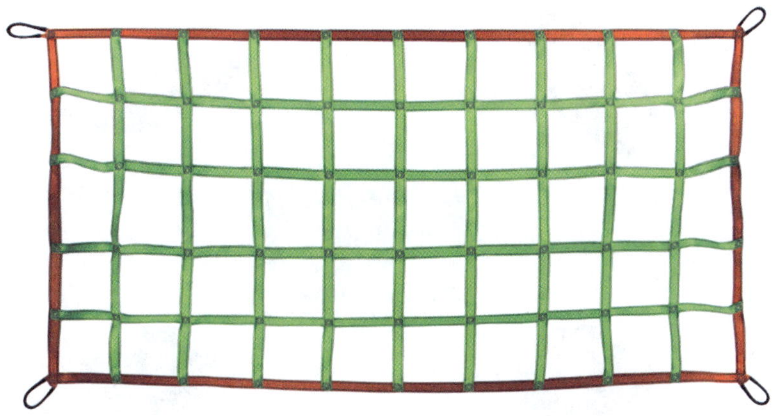

图 2-37 水面拦截网

救生抛投器：救生抛投器（图 2-38）是水域救援中的关键装备之一，通过“非接触式救援”，以压缩空气为动力，向目标端精准、快速地发射绳索及浮具，可跨越激流、礁石、塌方等危险区域，尤其在急流、洪水、海上等复杂环境中，能够快速、安全地将救生设备投送至被困者位置，大幅降低救援人员风险，显著提升救援效率和安全性。

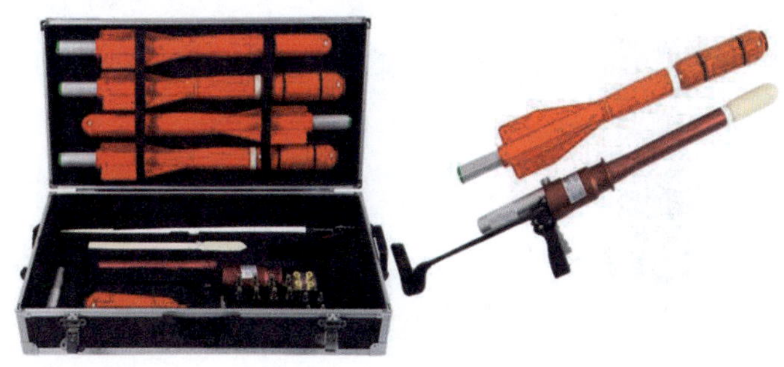

图 2-38 救生抛投器

水面机器人：水面机器人（如遥控救援艇、遥控救援飞翼等，图 2-39）作为智能化救援装备，在水域救援中正逐步成为核心力量。其通过自主导航、远程操控和多功能模块化设计，能够在危险或复杂水域替代或辅助人力执行任务，显著提升救援效率和安全性。

图 2-39　水面机器人

水面漂浮担架：水面漂浮担架（图 2-40）是水域救援中专门设计用于在水环境中安全转移受伤或行动不便的被救者。其结合了浮力支撑和快速转移功能，可在复杂水域环境中显著提升救援效率和安全性。

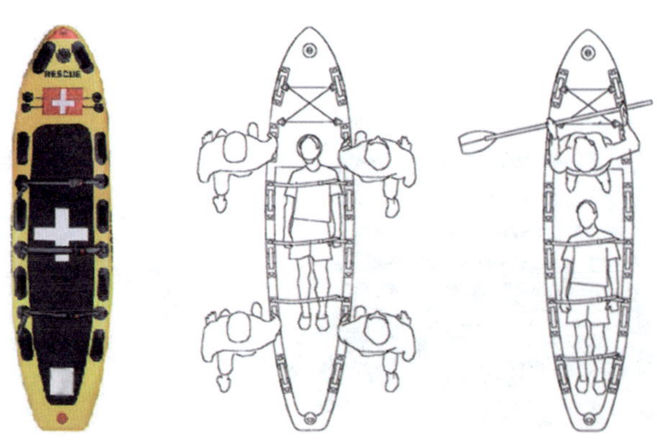

图 2-40　水面漂浮担架

5. 特殊环境装备

防寒装备：在寒冷水域中，救援人员需要使用防寒装备，如干衣底衣（图 2-41）、防寒手套等。防寒装备可以防止救援人员在救援过程中发生失温等危险情况。

图 2-41　干衣底衣

潜水装备：在需要潜水救援的情况下，救援人员需要使用潜水装备（图 2-42），如潜水服、潜水镜、水肺系统等。潜水装备可以确保救援人员在水下环境中的安全和有效实施救援。

图 2-42　潜水装备

冰面救援装备：在冰面救援中，救援人员需要使用冰面救援装备（图 2-43），如冰爪、冰镐等。冰面救援装备可以确保救援人员在冰面上的稳定和安全。

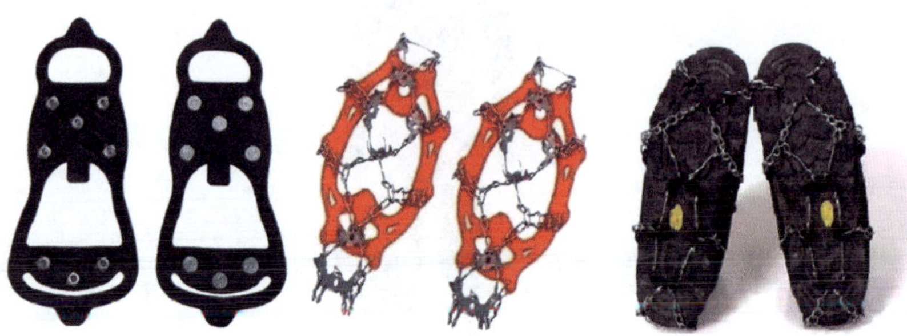

图 2-43　冰面救援装备

3 水域救援技术教学

3.1 水域救援技术教学的目标与原则

坚持将技术创新作为第一动力，激发基层的首创精神，为训练改革高效赋能；将协调作为内生特点，把握好训练与作战、需求与保障、质量与速度、重点与一般等各方面关系；将绿色作为普遍形态，区分岗位功能、优化课程设计、统筹训练资源，以最优路径提升训练效能；将开放作为必由之路，加强训练交流、学习互鉴，丰富训练手段，拓展教学平台。本节将以新领域新任务新装备训练教材为抓手，规范教学程序，逐一明确各科目的目标内容、操作方法、组织程序、注意事项。定期开展调研评估，修订教材教案，实践成熟一个，推广训练一个，让广大基层指战员知道练什么、怎么练。

1. 教学目标

1）理论知识目标

掌握水域救援的基本概念和重要性：了解水域救援的定义、目的和任务，认识其在救援体系中的重要地位和作用。

熟悉水域救援的基本原则和操作流程：掌握水域救援的基本原则，如安全第一、简单高效、团队协作等，熟悉水域救援的操作流程，包括实地侦察、警戒疏散、安全防护、救援准备、救援展开和清理现场等。

了解水域救援的危险性和安全注意事项：认识水域救援中可能遇到的危险，

如水流速度、水深、水质、天气条件等，掌握相应的安全注意事项，确保救援人员和被救者的安全。

2）技能掌握目标

掌握水域救援的基本技能：包括基础游泳技术、救援技术、复杂环境救援技术等。基础游泳救援技术如攻击式泳姿、防御式泳姿、确保式泳姿等；救援技术如入水技术、接近技术、防卫技术、解脱技术、带人技术、登岸技术和自我保护技术等；复杂环境救援技术如急流救援技术、寒冷水域救援技术和潜水救援技术等。

熟练使用水域救援装备：掌握水域救援所需的各种装备和工具（如救生圈、急流救生衣、绳索、救生艇、冲锋舟等）的使用方法，确保在救援过程中能够正确、高效地使用这些装备。图 3-1 为个人装备。

图 3-1 个人装备

具备团队协作能力：掌握团队协作的方法和技巧，能够在团队中发挥自己的作用，与队友密切配合，共同完成救援任务。包括团队组织架构、团队协作方法和团队沟通与指挥等方面的内容。

3）安全意识目标

树立安全第一的意识：在水域救援中，安全是最重要的原则。救援人员必须始终将自身安全和被救者的安全放在首位，避免因盲目行动而导致意外事故。

掌握安全防护方法：学会在救援过程中如何保护自己和被救者，如穿戴好个人防护装备、使用正确的救援技术、保持良好的体力和精神状态等，避免受到水流、水温、水质等因素的影响。

培养风险评估能力：在救援行动前，能够对救援现场进行全面的安全评估，如评估水流速度、水深、水质、天气条件等，识别潜在的危险因素，并制定相应的应对措施。

4）应急处置目标

掌握应急处置方法：学会在遇到突发情况时如何迅速、正确地作出反应，如遇到被救者突然失去意识、救援装备出现故障等情况时的应对方法，采取有效的应急处置措施。

具备心理调适能力：在紧张、危险的救援环境中，保持冷静、稳定的心理状态，避免因心理压力过大而影响救援行动的顺利进行。

培养决策能力：在救援过程中，能够根据现场情况迅速作出正确的决策，选择合适的救援方法和行动路线，确保救援行动的高效性和成功率。

5）团队协作目标

明确团队成员的职责和分工：了解团队中每个成员的职责和任务，如指挥员负责整体指挥和协调，救援人员负责具体的救援行动，安全员负责现场安全监管，医疗急救人员负责医疗急救，后勤保障人员负责后勤保障等。

掌握团队协作方法：学会与队友密切配合，共同完成救援任务。如在绳索横渡、舟艇编队、接力救援等团队协作方法中，如何与队友协同行动，确保救援行动的顺利进行。

提高团队沟通能力：掌握多种沟通方式，如手势、哨音、旗语、对讲机等，确保在救援过程中能够与队友保持良好的沟通，及时传递信息。

2. 教学原则

1）科学性与实用性相结合原则

注重理论知识的科学性：教学内容应基于科学的理论基础，确保所传授的知识和技能是经过验证的、可靠的。如水域救援的物理原理、水文知识等，应以科学的理论为依据。

强调技能的实用性：教学应注重培养学员的实际操作能力，确保所学的技能能够在实际救援中发挥作用。如，基础游泳技术、救援技术等，应通过实际操作训练，使学员熟练掌握。

结合实际案例教学：通过分析实际的水域救援案例，让学员了解在不同情况下如何应用所学的知识和技能，提高学员的实践能力和解决问题的能力。

2）循序渐进与因材施教相结合原则

循序渐进地安排教学内容：教学应按照从易到难、从简单到复杂的顺序逐步推进，使学员能够逐步掌握水域救援的技术和方法。如，先学习基础游泳技术，再学习救援技术，最后学习复杂环境救援技术。

根据学员的实际情况进行教学：针对不同学员的身体素质、技能水平和学习能力，采取不同的教学方法和训练强度，确保每个学员都能够跟上教学进度，达到教学目标。

个性化指导与反馈：在教学过程中，教员应关注每个学员的学习情况，及时给予个性化的指导和反馈，采用“一对一、手把手”的教学方式，帮助学员解决学习和训练中遇到的问题，提高学习效果。

3）理论与实践相结合原则

理论教学为基础：通过课堂讲授、多媒体教学等方式，向学员传授水域救援的基本理论知识，如水域救援的定义、目的、任务、原则等，为后续的实践教学打下基础。

实践教学为核心：通过实际操作训练、模拟演练等方式，让学员在实践中掌握水域救援的技能和技术。如，在游泳池、河流、湖泊等水域环境中进行实际操作训练，提高学员的实践能力和应对能力。

理论与实践相互促进：在实践教学中，及时总结经验，深化对理论知识的理解；在理论教学中，结合实际案例和操作演示，使学员更好地理解和掌握理论知识。

4）安全第一原则

始终强调安全意识：在教学过程中，始终将安全意识贯穿于各个环节，使学员充分认识到安全在水域救援中的重要性。

严格遵守安全操作规程：在实践教学中，严格遵守安全操作规程，确保学员在安全的环境下进行训练。如穿戴好个人防护装备、使用合格的救援装备、遵守操作规程等。

培养学员的安全评估能力：通过教学，使学员学会在救援行动前对现场环境进行安全评估，识别潜在的危险因素，并制定相应的应对措施。

5）团队协作与沟通原则

培养团队协作精神：通过团队协作训练和模拟演练，培养学员的团队协作精

神，使学员学会在团队中发挥自己的作用，与队友密切配合，共同完成救援任务。

加强团队沟通能力：教授学员多种沟通方式，如手势、哨音、旗语、对讲机等，确保在救援过程中能够与队友保持良好的沟通，及时传递信息。

明确团队成员的职责和分工：在教学中，明确团队成员的职责和分工，使学员了解在团队中自己的角色和任务，确保在救援行动中能够有条不紊地开展工作。

6）持续学习与改进原则

鼓励学员持续学习：教学应鼓励学员在完成培训后，继续学习和关注水域救援新技术、新方法和新装备，不断提高自己的专业水平。

定期进行技能复训：为了保持和提高学员的技能水平，应定期组织学员进行技能复训，使学员能够熟练掌握水域救援的技术和方法。

总结经验，不断改进：在教学过程中，及时总结经验，发现教学中存在的问题和不足，不断改进教学方法和内容，提高教学质量。

3. 教学目标与原则的实施

1）教学内容的组织与安排

制定教学计划：根据教学目标和原则，制定详细的教学计划，明确教学内容、教学方法、教学时间和教学地点等。

合理安排教学内容：按照循序渐进的原则，合理安排教学内容，确保学员能够逐步掌握水域救援的技术和方法。

注重理论与实践的结合：在教学内容中，注重理论与实践的结合，使学员在学习理论知识的同时，能够通过实践操作加深理解和掌握。

2）教学方法的选择与应用

课堂讲授：通过课堂讲授的方式，向学员传授水域救援的基本理论知识，如水域救援的定义、目的、任务、原则等。

多媒体教学：利用多媒体教学手段，如 PPT、视频等，展示水域救援的实际案例和操作演示，使学员更直观地了解救援过程和方法。

实际操作训练：在游泳池、河流、湖泊等水域环境中，组织学员进行实际操作训练，使学员在实践中掌握水域救援的技能和技术。

模拟演练：通过模拟演练的方式，让学员在模拟的救援场景中进行实践操作，提高学员的应对能力和团队协作能力。

3）水域救援教学的评估与反馈

建立教学管理制度：建立完善的教学管理制度，包括学员管理、教学设施管理、教学装备管理、安全风险管控等，确保教学过程的顺利进行。

实施教学评估：通过定期考核和评估，了解学员的学习情况和教学效果，及时发现教学中存在的问题和不足，进行针对性的改进。

反馈与改进：及时向学员反馈教学评估结果，帮助学员了解自己的学习进度和存在的问题，同时根据学员的反馈意见，不断改进教学方法和内容。

4）教学资源的保障与优化

配备专业的教学设施和装备：为了确保教学质量和效果，应配备专业的教学设施和装备，如游泳池、救生艇、冲锋舟、救生圈、急流救生衣等。

加强师资队伍建设：选拔和培养一批具有丰富经验和专业知识的教员，担任水域救援技术教学任务，确保教学的专业性和权威性。

开发和利用教学资源：开发和利用多种教学资源，如教学课件、视频教程、模拟训练软件等，丰富教学内容，提高教学效果。

3.2 水域救援技术教学的内容与方法

3.2.1 理论教学

理论教学包括课堂讲授、案例分析、模拟沙盘演练、多媒体教学、混合式教学、角色扮演等。

1. 课堂讲授

1）方法概述

课堂讲授是水域救援技术理论教学的基础方法，通过教员的系统讲解，向学员传授水域救援的基本概念、重要性、基本原则、操作流程、危险性及安全注意事项等理论知识。教员在课堂上扮演主导角色，通过讲解、示范和演示的方式向学员传递信息，帮助学员建立完整的理论知识体系，为后续的实践操作奠定基础。

2）实施流程

课前准备：教员需精心备课，明确教学目标，设计教学内容，制作教学课件（如 PPT 等），确保教学内容的科学性、系统性和实用性。同时，教员应提前了解学员的基础知识和学习需求，以便更好地调整教学策略。

课堂讲授：教员按照教学计划，系统地讲解水域救援的理论知识，包括但不限于水域救援的定义、目的、任务、原则、操作流程等。在讲解过程中，教员应

注重语言的清晰度和逻辑性，结合实际案例和图片、视频等多媒体资料，使抽象的理论知识更加直观易懂。

课堂互动：教员应鼓励学员积极参与课堂讨论，提问和解答学员的疑问，促进教与学之间的互动交流。通过提问、讨论等方式，激发学员的思考，加深对理论知识的理解和记忆。

总结与答疑：在课堂讲授的最后阶段，教员应对本节课的重点内容进行总结，强调关键知识点和易错点。同时，留出时间解答学员在学习过程中遇到的问题，确保学员对所学内容有清晰的认识。

3）优势与注意事项

优势：课堂讲授能够在短时间内向学员传授大量的理论知识，帮助学员快速建立起对水域救援技术的整体认识。此外，教员的系统讲解和示范，能够确保教学内容的准确性和权威性，为学员提供可靠的学习资源。

注意事项：教员在课堂讲授中应避免单一的教学模式，以免学员产生疲劳和厌倦情绪。应适当结合多媒体教学、案例分析等方法，丰富教学形式，提高学员的学习兴趣。同时，教员应关注学员的反馈，及时调整教学节奏和内容，确保教学效果。

2. 案例分析

1）方法概述

案例分析是通过实际案例来讲解和分析课程内容的方法。教员提供真实或虚拟的案例，学员通过分析和讨论案例，理解和应用课程知识。这种方法可培养学员解决问题的能力和决策能力，加深他们对课程内容的理解和应用。

2）实施流程

案例准备：教员根据教学内容和目标，精心挑选或编写案例。案例应具有真实性、完整性和争议性，能够激发学员的兴趣和思考。同时，教员要准备好相关教学资料，如案例背景介绍等。

案例呈现：教员向学员呈现案例，可以通过文字、图片、视频等多种形式展示案例内容，让学员对案例有一个全面的了解。同时，教员提出一些引导性问题，帮助学员明确分析方向和重点。

案例分析与讨论：学员分组对案例进行分析和讨论，运用所学知识，探讨案例中的问题和解决方案。教员在学员讨论过程中进行巡视和指导，鼓励学员发表不同的观点和见解，促进学员之间的思想碰撞。这是案例教学法的核心环节。

总结与评价：各小组汇报讨论结果，教员进行总结和评价。总结案例中的关键知识点和问题解决方法，评价各小组的表现，包括分析问题的深度、团队协作能力等。同时，引导学员进行自我评价，总结在案例分析过程中的收获和不足。

3）优势与注意事项

优势：案例分析能够将抽象的理论知识具象化，使学员更容易理解和接受。它还能培养学员分析问题、解决问题的能力，以及批判性思维和团队协作精神。通过对实际案例的分析，学员能够更好地了解行业实际情况，提高实践能力和职业素养。

注意事项：在实施案例教学时主要面临三个挑战。一是案例的选择，需要教员挑选出与教学内容高度契合又具有代表性、典型性的案例；二是教员的引导，教员要能有效地组织学员进行讨论，准确解答学员提出的各种问题，引导讨论的方向，把控讨论的节奏，避免讨论偏离主题；三是时间的把控，要确保在有限的时间内完成案例的分析和讨论，控制教学节奏，达到预期的教学效果。

3. 模拟沙盘演练

1）方法概述

模拟沙盘演练是通过模拟实际救援场景，让学员在接近实战的环境中进行练习，提高学员的实践能力和应对能力。这种方法可以让学员在安全的环境中体验和应对各种复杂情况，增强学员的应急处置能力和团队协作能力。图 3-2 为水域流态教学模型。

图 3-2　水域流态教学模型

2）实施流程

场景设计：教员根据教学内容和目标，设计模拟沙盘演练的场景。场景应尽可能接近实际救援环境，包括水域环境、天气条件、救援对象等。同时，教员应准备相应的教具。

组织实施：教员向学员介绍模拟沙盘演练的场景和任务，明确学员的分工和职责。学员按照预定的方案进行模拟沙盘演练，教员在旁观察和指导，及时纠正学员的错误和不足。

总结评估：模拟沙盘演练结束后，教员对学员的表现进行总结和评估。评估内容包括学员的技能掌握程度、团队协作能力、应急处置能力等。教员应给予学员充分的反馈，帮助学员认识到自身的不足，提出改进的建议。

3）优势与注意事项

优势：模拟演练能够让学员在接近实战的环境中进行练习，提高学员的实践能力和应对能力。通过模拟演练，学员可以更好地理解理论知识在实际救援中的应用，增强学员的应急处置能力和团队协作能力。

注意事项：在进行模拟沙盘演练时，教员应根据学员的实际情况，合理设计演练难度，避免难度过高或过低影响学员的学习效果。

4. 多媒体教学

1）方法概述

多媒体教学（图 3-3）是利用视频、动画、图片等多媒体资料，辅助教学内容的展示和讲解。通过多媒体教学，可以将抽象的理论知识转化为直观的视觉

图 3-3　多媒体教学

信息，帮助学员更好地理解和记忆。

2）实施流程

资料准备：教员根据教学内容，收集和制作相关的多媒体资料，如视频、动画、图片等。这些资料应具有针对性和实用性，能够有效地辅助教学内容的讲解。

课堂展示：在课堂讲授过程中，教员通过多媒体设备展示相关的多媒体资料，结合讲解，帮助学员更好地理解和记忆教学内容。

互动讨论：教员可以利用多媒体资料引发学员的讨论和思考，鼓励学员发表自己的观点和见解，促进学员之间的互动交流。

3）优势与注意事项

优势：多媒体教学能够将抽象的理论知识转化为直观的视觉信息，帮助学员更好地理解和记忆。同时，多媒体资料的多样性和丰富性，能够提高学员的学习兴趣，增强教学效果。

注意事项：教员在使用多媒体教学时，应避免过度依赖多媒体资料，以免忽视了学员的思考和理解。同时，教员应确保多媒体资料的质量和准确性，避免使用错误或不合适的资料影响教学效果。

5. 混合式教学

1）方法概述

混合式教学是结合线上和线下教学的优势，为学员提供更为全面和灵活的学习方式。通过线上学习平台，学员可以自主学习理论知识，完成相关的练习和测试；通过线下集中培训，学员可以进行实践操作和模拟演练，提高实践能力和团队协作能力。

2）实施流程

线上学习平台：教员利用网络平台，提供 PPT 课件、视频教程等学习资源，供学员自主学习。学员可以根据自己的时间和进度，灵活安排学习内容，完成相关的练习和测试。

线下集中培训：教员组织学员进行集中式培训（图 3-4），由专业教员进行授课，以实践操作为主，理论讲解为辅。学员在教员的指导下，进行实践操作和模拟演练，提高实践能力和团队协作能力。

线上线下互动：教员可以通过线上学习平台，发布学习任务和作业，学员在线上完成并提交。教员在线上进行批改和反馈，及时解答学员的疑问。同时，教

员可以利用线上平台，组织学员进行讨论和交流，促进学员之间的互动（图 3-5）。

图 3-4　线下集中培训

图 3-5　集中交流

3）优势与注意事项

优势：混合式教学结合了线上和线下教学的优势，为学员提供了更为全面和灵活的学习方式。学员可以根据自己的时间和进度，自主安排学习内容，提高学习效率。同时，通过线下集中培训，学员可以进行实践操作和模拟演练，提高实践能力和团队协作能力。

注意事项：教员在实施混合式教学时，应确保线上学习平台的稳定性和安全性，提供充足的学习资源和技术支持。同时，教员应合理安排线下集中培训的时间和内容，避免与学员自主学习的时间节点发生冲突。

6. 角色扮演

1）方法概述

角色扮演是一种通过模拟真实情境，让学员扮演不同角色进行互动的教学方法。这种方法能够帮助学员更好地理解不同角色的职责和行为，提高学员的实际操作能力和应变能力。

2）实施流程

情景设计：教员设计一个与水域救援相关的模拟情景，明确各个角色的职责和任务。

角色分配：学员被分配到不同的角色，如救援人员、被救者、指挥员等，应该熟悉不同角色的职责及操作程序、注意事项。

实景模拟：学员按照角色进行互动，模拟全要素救援过程。

总结反馈：教员对学员的表现进行总结和反馈，指出优点和不足。

3）优势与注意事项

优势：角色扮演能够帮助学员更好地理解不同角色的职责和行为，提高学员的实际操作能力和应变能力。

注意事项：教员需要设计合理的情景，确保角色分配的公平性和合理性。同时，教员需要在模拟过程中进行适当的指导，确保学员能够紧贴救援实景化训练。

3.2.2 实践教学

实践教学包括游泳池训练、急流训练、开放水域训练、潜水训练、海上训练、实战演练等。

1. 游泳池训练

1）基础泳姿训练

（1）教学目标：使学员熟练掌握各种基础泳姿，如攻击式泳姿、确保式泳姿、防御式泳姿等，提高在水中的移动速度和效率。

（2）教学方法：

① 分解教学：将攻击式泳姿的手臂动作分解为高肘抱水、向后推水、空中

移臂、双臂交替等多个步骤，逐一进行讲解和示范。在水域救援实战中，通常使用攻击式泳姿作为基础泳姿。

a）入水：

手臂伸展：手臂向前伸直，手掌朝下，手指先入水。

入水点：手臂应在肩部前方入水，避免过中线。

b）抓水：

手臂弯曲：入水后，手臂稍弯曲，手掌向内，准备抓水。

抓水动作：手掌和小臂开始向后推水，保持肘部高于手。

c）划水：

用力推水：手臂继续向后推水，肘部保持高位，手掌和小臂提供主要推力。

身体转动：划水时，身体自然向一侧转动，增加推进力。

d）推水：

加速推水：手臂接近大腿时，加速推水，手掌向内，完成最后推进。

完全伸展：手臂推至大腿外侧，完全伸展。

e）出水：

抬肘出水：推水结束后，肘部先出水，手臂放松。

手臂放松：手臂从水中抽出，保持放松。

f）空中移臂：

手臂前移：手臂在空中向前移动，肘部保持高位，手掌朝下。

准备入水：手臂前移至肩部前方，准备再次入水。

个别指导：针对学员的不同情况，特别是新入职消防员群体进行个别指导和纠正。例如，对于手臂动作不规范的学员，教员可以手把手地帮助其纠正动作。

② 反复练习：让学员在游泳池中借助浮板或划水掌反复练习，帮助掌握动作，逐渐形成肌肉记忆。

（3）注意事项：

安全第一：在训练过程中，教员应时刻关注学员的安全，确保学员不会因疲劳或动作不当而发生危险。

循序渐进：教员应根据学员的身体状况和技能水平，循序渐进地进行训练。

纠正动作：教员借助视频录制学员动作并与标准动作对比，及时纠正学员的错误动作，确保学员掌握正确的泳姿。

2）实用救援技术训练

（1）教学目标：使学员熟练掌握各种实用救援技术，结合攻击式泳姿的特点，帮助提升救援效率与安全性，提高在不同救援场景中的应对能力。

（2）教学方法：

① 分解教学：将救援技术的接近技术、水中脱困、水中拖带等技术要点分解为多个步骤，逐一进行讲解和示范。例如，接近溺水者时要从后方或侧后方接近，用双手拖住溺水者的腋下或下巴，避免正面接触。

② 模拟救援场景：通过模拟不同的救援场景，让学员在实际操作中掌握救援技术。例如，模拟被救者在水中挣扎的情况，让学员练习如何接近和控制被救者（图 3-6）。

图 3-6　攻击式泳姿实景运用

③ 反复练习：让学员在游泳池中使用攻击式泳姿（自由泳）进行短距离冲刺（25 m 或 50 m），专注于手臂划水和腿部打水的协调性，逐渐形成肌肉记忆。练习时模拟救援场景，设定一个目标点（如浮标或池边），以最快速度游到目标，提升耐力和速度。

水中观察与定位训练：在游泳过程中保持对溺水者的观察。使用浮标或标志物作为模拟目标，练习在快速游泳中调整方向，接近目标，确保不丢失目标。

救援姿势转换训练：从攻击式泳姿快速转换为其他姿势。在接近目标时，需从被救者后方或侧后方靠近，以便安全地进行救援。

抓握与拖带训练：掌握抓握溺水者并安全拖带的技巧。使用假人或同伴模拟溺水者，练习从后方或侧后方接近并抓握其肩部或腋下，确保溺水者头部保持在水面上。在拖带过程中，练习控制呼吸和节奏，确保自身安全。

救援中的自我保护训练：避免被溺水者抓抱，确保自身安全。练习接近溺水者时保持一定距离，避免正面接触。模拟被溺水者抓抱的情况，练习脱身技巧（如下沉脱身、旋转脱身等）。强调救援时保持冷静，避免与惊慌的溺水者直接对抗。

（3）注意事项：

安全第一：在训练过程中，教员应时刻关注学员的安全，确保训练有条不紊开展。

循序渐进：教员应根据学员的身体状况和技能水平，循序渐进地进行训练。

纠正动作：教员应及时纠正学员的错误动作，确保学员掌握正确的救援技术。

3）入水技术训练

（1）教学目标：

掌握入水救援的基本技能：学员需要熟练掌握各种入水技术，如平跳式入水（图 3-7）、静跳式入水、滑入式入水、跨步式入水、打桩式入水等，提高在不同救援场景中的应对能力。

图 3-7　平跳式入水

熟练使用入水救援装备：学员应掌握入水救援所需的各种装备和工具的使用方法，确保在救援过程中能够正确、高效地使用这些装备。

具备团队协作能力：学员需要学会在团队中与队友密切配合，包括团队组织架构、团队协作方法和团队沟通与指挥等方面的内容，共同完成救援任务（图3-8）。

图 3-8　团队协作

树立安全第一的意识：在入水救援中，安全是最重要的原则。学员必须始终将自身安全和被救者的安全放在首位，避免因盲目行动而导致意外事故。

掌握安全防护方法：学员应学会在救援过程中如何保护自己和被救者，避免受到水流、水温、水质等因素的影响。如穿戴好个人防护装备、使用正确的救援技术、保持良好的体力和精神状态等。

培养风险评估能力：在救援行动前，学员应能够对救援现场进行全面的安全评估，识别潜在的危险因素，并制定相应的应对措施。

（2）教学方法：

① 分解教学：将入水技术的环境识别、入水要点、装备检查等分解为多个步骤，逐一进行讲解和示范。例如，平跳式入水时，学员需要掌握起跳、空中姿势、入水等步骤。在水域救援过程中，平跳式入水是一种常见的运用技术。平跳

式入水的基本动作教学：

a）站立姿势：双脚并拢，站在池边，脚趾稍微伸出边缘，身体直立，双臂自然下垂。

b）屈膝准备：微屈膝盖，身体稍前倾，重心前移。

c）手臂动作：两臂前后自然摆动，准备借力。

d）起跳：双脚用力蹬离池边，身体保持直立，双臂引导身体向前。

e）空中姿势：身体伸直，即起跳后，身体保持笔直（与水面平行），双腿并拢，脚尖绷直。

f）入水动作：

入水角度，身体与水面平行。

手臂引导：手臂先入水，头部和身体紧随其后。

身体控制：入水后保持身体直线，避免弯曲。

g）常见错误与纠正：

身体弯曲：提醒学员保持身体直立。

入水角度过大：强调小角度入水，减少水面与脸部的冲击。

手臂分开：要求双臂并拢，保持流线型。

② 模拟救援场景：通过模拟不同的救援场景，让学员在实际操作中掌握入水技术。例如，模拟被救者在水中挣扎的情况，让学员练习如何快速入水并接近被救者。

③ 反复练习：让学员在游泳池反复练习起跳和空中姿势，再逐步结合入水动作，逐渐形成肌肉记忆。

（3）注意事项：

安全第一：初学者（新入职消防员）应在教员指导下练习，在训练过程中，教员应时刻关注学员的安全，确保学员不会因疲劳或动作不当而发生危险。

避免过度疲劳：合理安排练习时间，防止疲劳导致动作变形。

循序渐进：教员应根据学员的身体状况和技能水平，循序渐进地进行训练。

纠正动作：教员应及时纠正学员的错误动作，确保学员掌握正确的入水技术。

2. 急流训练

1）急流环境适应训练

（1）教学目标：急流训练旨在提高学员在湍急水流中的救援能力，使学员适应急流环境（图 3-9），掌握在急流中保持平衡和移动的技术，主要适用于水上救援、漂流等场景。

图 3-9　急流水域

（2）教学方法：

① 分解教学：将急流环境适应训练的装备检查、风险评估、流态识别、水中姿态等要点，逐一进行讲解。例如，学员需要掌握如何在急流中保持平衡、如何在急流中移动等技术。

a）基本技能教学：

水流认知：讲解急流的特点，如水流方向、漩涡、洄流区等。

身体姿势：指导学员保持身体放松，背部微拱，头部抬高，目视前方。

呼吸控制：强调在急流中保持规律呼吸，避免呛水。

b）游泳技术训练：

顺流游泳：指导学员顺流游泳时保持身体流线型，利用水流推动前进。

逆流游泳：练习逆流游泳时采用侧身或仰泳姿势，减少阻力。

横渡急流：指导学员如何以 45°角横渡急流，利用水流推力到达对岸。

② 模拟急流场景：通过模拟不同的急流场景，让学员在实际操作中掌握急流环境适应技术。例如，模拟急流中的障碍物、漩涡等情况，让学员练习如何在急流中保持平衡和移动（图 3-10）。

图 3-10　漩涡流脱困

③ 常见错误与纠正：

身体僵硬：提醒学员保持身体放松，避免过度紧张。

呼吸紊乱：强调规律呼吸，避免因紧张而屏气。

方向错误：指导学员观察水流方向及时调整急流泳姿和方向。

④ 练习与反馈：

分解练习：先练习基本技能，再逐步合成训练。

反复练习：通过多次练习巩固技能，逐渐形成肌肉记忆，提高应对急流的能力。

及时反馈：教员应及时纠正错误，给予正面鼓励。

保持平衡：学员需要掌握如何在急流中保持身体的平衡。例如，学员可以通过调整身体姿势、手臂和腿部的动作来保持平衡。

移动技术：学员需要掌握如何在急流中移动，避免被急流冲走。例如，学员可以通过调整手臂和腿部的动作、利用急流的流向来移动。

（3）注意事项：

安全第一：初学者应在教员指导下练习，避免单独行动。在训练过程中，教员应时刻关注学员的安全，确保学员不会因疲劳或动作不当而发生危险。

避免过度疲劳：合理安排练习时间，防止疲劳导致动作变形。

备份预案：制定备份预案，确保在突发情况下能够迅速反应。

循序渐进：学员应根据自己的身体状况和技能水平，循序渐进地进行训练，避免过度疲劳或受伤。

纠正动作：教员应及时纠正学员的错误动作，确保学员掌握正确的急流训练的基础技能，提高在急流中的生存和救援能力。

2）洄流区应用训练

（1）教学目标：使学员掌握洄流区的应用技术，提高在急流中的救援能力。

（2）教学方法：

① 分解教学：将洄流区应用训练的环境评估、流态识别、水中姿态、泳姿转换等步骤，逐一进行讲解和示范。例如，学员需要掌握如何进入洄流区、如何在洄流区中保持平衡等技术。

a）洄流区的基本认知：

解释洄流区的形成原理：水流遇到障碍物后，部分水流会反向流动，形成相对平静的区域。

强调洄流区的作用：休息、调整方向、等待救援或重新进入急流。

b）实地观察：

带领学员观察急流中的洄流区，识别其位置和范围。讲解如何通过水面波纹、泡沫等特征判断洄流区的边界。

c）进入洄流区的技巧：

指导学员在急流中提前规划路线，瞄准洄流区的位置。

身体姿势：保持身体放松，头部微抬，目视洄流区。双臂向前伸展，帮助引导方向。

d）在洄流区中的控制技巧：

进入洄流区后，应迅速找到安全区域调整观察，始终保持身体稳定平衡。并利用手臂划水，调整位置，避免被水流带出洄流区（安全区域）。

e）离开洄流区的技巧：

观察急流方向，选择水流较缓或者利用水流的推力，采用强有力的攻击式泳

姿进行划水动作，迅速进入主流区，避免被洄流区产生的漩涡流拖回。

② 模拟洄流区场景：通过模拟不同的洄流区场景，让学员在实际操作中掌握洄流区应用技术。例如，模拟洄流区中的障碍物、漩涡等情况，让学员练习如何进入和利用洄流区。

③ 反复练习：在缓流或中等流速的水域设置模拟回流区（图 3-11，如使用浮标或障碍物），让学员练习进入、停留和离开的技巧，提高学员的熟练度和紧急避险的能力。

图 3-11 洄流区

（3）教学内容：

进入洄流区：学员需要掌握如何在急流中进入洄流区，避免被急流冲走。例如，学员可以通过调整身体姿势、手臂和腿部的动作来进入洄流区。

利用洄流区：学员需要掌握如何在洄流区中保持平衡和移动，利用洄流区的规律进行救援。

（4）注意事项：

① 常见错误与纠正：

a）错过洄流区（安全区域）：提醒学员提前观察下游水流形态，避免因划水效率不高或方向错误错过洄流区。

b）被冲出洄流区：强调在洄流区中保持划水动作，避免完全静止。

c）身体僵硬：提醒学员保持放松，保持匀速呼吸，灵活调整姿势。

② 安全第一：初学者应在教员的指导下练习，避免单独行动。制定备份预案，确保在突发情况下能够迅速反应。在训练过程中，教员应时刻关注学员的安全，确保学员不会因疲劳或动作不当而发生危险。

③ 循序渐进：教员应根据学员的身体状况和技能水平，循序渐进地进行训练，避免过度疲劳或受伤。

④ 纠正动作：教员应及时纠正学员的错误动作，讲解示范，确保学员掌握正确的洄流区应用技术。

3）抛绳救援训练

（1）教学目标：使学员熟练掌握抛绳救援技术（图 3-12），提高学员对抛绳的熟练度和在急流中的救援能力。

图 3-12 抛绳救援训练

（2）教学方法：

分解教学：将抛绳救援训练的绳包检查、绳索收整、抓握方式、抛投方式等步骤逐一进行讲解和示范。例如，学员需要掌握如何正确地抛掷绳包、如何在溺水者抓住绳索后将其拉回岸边等技术。

模拟救援场景：通过模拟不同的救援场景，让学员在实际操作中掌握抛绳救

援技术。例如，在岸上模拟对溺水者的抛绳救援，让学员练习如何抛掷绳包并使用“钟摆”原理将溺水者拉回岸边的基础技能。

反复练习：让学员在开阔场地短距离、目标移动的场景中练习，再进阶到急流环境设置障碍实景训练，提升学员的实战能力。例如，学员可以在急流环境中进行连续的抛绳救援练习。

（3）教学内容：

① 抛绳技术：学员需要掌握如何正确地抛掷绳包，确保绳包能够准确地到达溺水者可触及范围内。例如，学员可以通过调整抛掷的角度和力度来提高抛绳的准确性。

② 抛绳姿势：站立姿势，双脚分开与肩同宽，身体侧对目标，重心降低。

③ 握绳方法：一手握住抛绳袋，另一手握住绳索一端，确保绳索可以顺畅抛出。

④ 抛掷动作：将抛绳袋向后摆动，利用惯性向前抛出。抛掷时，手臂伸直，身体重心前移，确保抛掷方向准确。

⑤ 抛绳技巧训练：

短距离抛掷：在短距离（5～10 m）内练习抛掷，确保绳索能够准确到达目标。

长距离抛掷：逐步增加距离（15～20 m），练习抛掷的力度和准确性。

移动目标抛掷：在岸上模拟被困者在水中移动的情况，练习抛掷移动目标。

⑥ 被困者接绳方法：引导被困者如何抓住抛来的绳索，并将其放置在身体一侧。

⑦ 拉绳技术：学员需要掌握如何在被困者抓住绳索后将其拉回岸边，借助水流推力，可利用“钟摆”原理，使被困者安全靠岸。

⑧ 岸上救助姿势：指导岸上救援人员采用低重心姿势，双脚站稳，双手交替拉回绳索。

⑨ 团队协作：练习多人协作，确保救援过程高效且安全。提醒救援人员在回收绳索过程中注意被困者的状态，避免造成二次伤害。

（4）注意事项：

常见错误与纠正：提醒学员注意抛掷力度和方向，多加练习。指导学员在抛掷前理顺绳索，并压实绳包，避免缠绕。强调岸上救援人员需降低重心，及时观察被困者状态。

安全第一：在训练前评估水域环境，避免潜在危险。制定备份预案，确保在突发情况下能够迅速反应。在训练过程中，教员应时刻关注学员的安全。

循序渐进：教员应根据学员的身体状况和技能水平，循序渐进地进行训练。

纠正动作：教员应及时纠正学员的错误动作，如，抛绳过高或绳索缠绕等现象，教员要及时给予正面鼓励，确保学员掌握正确的抛绳救援技术。

3. 开放水域训练

1）开放水域适应训练

（1）教学目标：使学员适应开放水域环境（图 3-13），掌握在开放水域中进行游泳和救援的技术，提高在开放水域中的救援能力。

图 3-13 开放水域适应训练

（2）教学方法：

分解教学：开放水域适应训练应评估学员的游泳能力、心理素质及河流的流速、水深、水温、障碍物等多个步骤。例如，需要掌握学员水域装备的穿戴是否规范，如何在开放水域中保持方向感、如何在开放水域中进行游泳训练等技术。

模拟开放水域场景：通过模拟不同的开放水域场景，让学员在实际操作中掌握开放水域适应技术。例如，模拟开放水域中的障碍物、水流等情况，让学员练习如何在开放水域中保持方向感。

反复练习：让学员在开放水域中反复练习，学会选择最佳路线，避开急流和

障碍物，避免碰撞或被水流冲走。

（3）教学内容：

方向感训练：学员需要掌握如何在开放水域中保持方向感，避免迷失方向。例如，学员可以通过观察周围的环境、利用地标等方法来保持方向感。

游泳技术：学员需要掌握如何在开放水域中进行游泳，避免因疲劳或动作不当而发生危险。例如，学员可以通过调整呼吸、手臂和腿部的动作来提高游泳效率。

（4）注意事项：

风险评估：在训练前对水域环境进行评估，确保训练的安全性。

安全第一：在训练过程中，教员应时刻关注学员的安全，确保训练有条不紊开展。

循序渐进：教员应根据学员的身体状况和技能水平，循序渐进地进行训练。

纠正动作：教员应及时纠正学员的错误动作，确保学员掌握正确的开放水域适应技术。

2）方向感训练

（1）教学目标：使学员掌握在开放水域中保持方向感的技术，提高在开放水域中的救援能力（图 3-14）。

图 3-14 方向感训练

（2）教学方法：

分解教学：通过岸上参照物的方位图标，指导学员通过长距离游泳练习，帮助学员快速识别方向。例如，学员需要掌握如何利用地标、观察周围的环境等方法来保持方向感。

模拟开放水域场景：通过模拟不同的开放水域场景，让学员在实际操作中掌握方向感训练技术。例如，模拟开放水域中的障碍物、水流等情况，让学员练习如何利用地标、观察周围的环境来保持方向感。

（3）教学内容：

利用地标：学员需要掌握如何利用地标来保持方向感，避免迷失方向。例如，学员可以通过观察远处的建筑物、山峰等地标来确定方向。

观察环境：学员需要掌握如何观察周围的环境来保持方向感，避免迷失方向。例如，学员可以通过观察水流的方向、风向等环境因素来确定方向。

（4）注意事项：

安全第一：选择安全的水域并进行评估，避免在地形复杂、危险的水域开展训练。教员应时刻关注学员的安全。

备份预案：制定详细的备份预案，确保在突发情况下能迅速介入。

循序渐进：教员应根据学员的身体状况，循序渐进地进行训练。

纠正动作：教员应及时纠正学员的错误动作，确保学员掌握正确的方向感训练技术。

3）低温适应训练

（1）教学目标：使学员适应低温水域环境，掌握在低温水域中进行游泳和救援的技术，提高在低温水域中的救援能力（图 3-15）。

（2）教学方法：

分解教学：学员需要掌握如何在低温水域中保持体温、如何在低温水域中进行游泳等多个步骤，教员应逐一进行讲解和示范。

模拟低温水域场景：通过模拟不同的低温水域场景，让学员在实际操作中掌握低温适应技术。例如，模拟低温水域中的寒冷、水流等情况，让学员练习如何在低温水域中保持体温和进行游泳。

（3）教学内容：

体温保持：学员需要掌握如何在低温水域中保持体温，避免因低温而发生危险。例如，学员可以通过穿戴保暖装备、调整呼吸等方法来保持体温。

图 3-15 低温适应训练

游泳技术：学员需要掌握如何在低温水域中进行游泳，避免因疲劳或动作不当而发生危险。例如，学员可以通过调整手臂和腿部的动作、保持呼吸节奏等方法来提高游泳效率。

（4）注意事项：

健康评估：低温训练前，进行健康评估，确保身体状况适合。

避免过度训练：避免在极端低温下过度训练，防止身体过度疲劳和损伤。

防止失温：时刻关注身体状况，出现颤抖、麻木、头晕或呼吸困难，应立即停止训练并做好保暖措施。

循序渐进：教员应根据学员的身体状况和掌握的技能水平，循序渐进地进行训练。

纠正动作：教员应及时纠正学员的错误动作，确保学员掌握正确的低温适应技术。

4. 潜水训练

1）潜水装备使用训练

（1）教学目标：使学员熟练掌握潜水装备的使用方法，提高在水下的救援能力（图 3-16）。

（2）教学方法：

分解教学：将潜水装备的性能、构造及使用环境逐一进行讲解和示范。例

图 3-16　潜水训练

如，学员如何掌握正确使用潜水面镜、呼吸器、BCD 浮力装置等装备。

模拟潜水场景：通过模拟不同的潜水场景，让学员在实际操作中掌握潜水装备的使用技术。例如，模拟水下的障碍物、水流等情况。

反复练习：让学员在水下将基础的技能反复练习，确保学员熟练掌握潜水技能，逐渐结合多种情景再进阶训练。例如，学员可以在水下进行呼吸控制、面镜排水、耳压平衡、浮力控制等训练。

（3）教学内容：

潜水面镜佩戴：学员需要掌握如何正确佩戴潜水面镜，确保潜水面镜能够紧密贴合面部，防止水进入潜水面镜。

呼吸器使用：学员需要掌握如何正确使用呼吸器，确保在水下能够正常呼吸。例如，学员可以通过练习呼吸器的吸气和呼气动作来提高呼吸效率。

（4）注意事项：

风险评估：在训练前对水域环境进行评估，确保训练的安全性。

安全第一：在训练过程中，教员应反复强调潜水安全知识，如深度限制、气量管理、紧急上升速度等程序，确保学员在训练中的安全。

备份预案：制定详细的备份预案，确保在突发情况下能迅速介入。

循序渐进：教员应根据学员的身体状况和技能掌握水平，循序渐进地进行训练，避免发生安全事故。

纠正动作：教员应及时纠正学员的错误动作，确保学员掌握正确的潜水装备使用技术。

2）潜水安全训练

（1）教学目标：使学员掌握潜水安全技术，提高在水下的安全意识和应对能力（图 3-17）。

图 3-17 潜水安全训练

（2）教学方法：

分解教学：介绍装备的功能、维护保养，让学员熟悉装备的穿戴，达到训练要求，强调潜伴制度，紧急情况处理和信号沟通。例如，学员需要掌握如何预防和处理潜水病、如何在水下应对突发情况等技术。

模拟潜水安全场景：通过模拟不同的潜水安全场景，让学员在实际操作中掌握潜水安全技术。例如，模拟水下的空气耗尽、装备故障等突发情况，让学员练习如何应对和处理。

反复练习：让学员在水下反复进行面镜排水、面镜互换、调节器故障等练习，通过结构性、系统性的重复训练，提升潜水安全。

（3）教学内容：

预防潜水病：学员需要掌握如何预防潜水病，避免因潜水而发生危险。例如，学员可以通过调整潜水深度、时间等方法来预防潜水病。

应对突发情况：学员需要掌握如何在水下应对突发情况，确保自身和被救者的安全。例如，学员可以通过调整呼吸、手臂和腿部的动作来应对突发情况。

（4）注意事项：

风险评估：评估潜水环境的风险，如水流、能见度等。

安全第一：强调潜水前的健康评估，避免潜在危险。

循序渐进：教员应根据学员的身体状况和掌握技能水平，循序渐进开展训练，帮助学员建立自信心。

纠正动作：教员应及时纠正学员的错误动作，确保学员掌握正确的潜水安全技术。

3）水下救援技术训练

（1）教学目标：使学员熟练掌握水下救援技术，提高在水下的救援能力（图3-18）。

图3-18 水下救援技术训练

（2）教学方法：

分解教学：通过课堂讲解、视频演示等方式教授潜水救援的基础知识、安全规范、装备使用和救援技巧。例如，学员需要掌握如何在水下进行搜索、如何在水下进行救援等技术。

模拟水下救援场景：通过模拟不同的水下救援场景，让学员在实际操作中掌握水下救援技术。例如，模拟水下的障碍物、水流等情况，让学员练习如何在水

下进行搜索和救援。

反复练习：学员在水下进行连续的搜索和救援练习，设置不同救援场景（如溺水、装备故障等），提升学员的应变能力和心理素质。

（3）教学内容：

水下搜索与救援：学员需要掌握如何评估风险、目标定位、搜索范围、搜索方法等，通过调整呼吸、身体姿势、手臂和腿部的动作来扩大搜索范围。例如，找到被救者的位置如何接近、水下拖带、水面拖带、解脱技巧、水下搜索等。

团队协作：强调团队合作，训练学员在救援中的沟通与协作能力。

（4）注意事项：

风险评估：每次搜索前评估环境、装备和团队成员状态。

备份预案：制定安全预案，在装备故障、迷失方向、受伤等突发情况能第一时间介入。

循序渐进：教员应根据学员的身体状况和技能水平，循序渐进地制定教学内容并评估学员的综合搜索能力。

纠正动作：教员应及时纠正学员的错误动作，确保学员掌握正确的水下救援技术。

5. 海上训练

1）海上环境适应训练

（1）教学目标：使学员适应海上环境，掌握在海上进行游泳和救援的技术，提高在海上的救援能力（图 3-19）。

图 3-19　海上环境适应训练

（2）教学方法：

分解教学：介绍海洋环境的基本特征，如潮汐、波浪、海流、气象等。讲解海上安全规则、救生设备使用、应急措施等。通过团队任务（如海上救援等）培养学员的团队协作能力。

模拟海上场景：通过模拟不同的海上场景，让学员在实际操作中掌握海上环境适应技术。例如，模拟海上的波浪、风向等情况，让学员练习如何在海上保持平衡和进行游泳。

（3）教学内容：保持平衡，即学员需要掌握如何在海上保持身体的平衡，避免因波浪或风向而发生危险。例如，学员可以通过调整身体姿势、手臂和腿部的动作来保持平衡。

（4）注意事项：

安全第一：训练前密切关注天气预报，避免在恶劣天气（如大风、暴雨、大浪）下进行训练；训练前检查舟艇、通信设备、救生装备等是否完好，确保其处于完整好用状态；制定详细的应急预案，包括人员落水、设备故障、突发疾病等情况的处理措施。

循序渐进：教员应根据学员的身体状况和技能水平，循序渐进地进行训练。

纠正动作：教员应及时纠正学员的错误动作，确保学员掌握正确的海上环境适应技术。

2）海上救援技术训练

（1）教学目标：使学员熟练掌握海上救援技术，提高在海上的救援能力（图 3-20）。

（2）教学方法：

分解教学：使用多媒体视频、动画等工具，直观展示救援过程和技术细节。利用 VR 或 AR 技术，模拟海上救援场景，提升学员的应急反应能力。邀请资深救援人员分享经验，提升学员的实战能力。

模拟海上救援场景：通过模拟不同的海上救援场景，让学员在实际操作中掌握海上救援技术。例如，模拟海上的被救者在水中挣扎的情况，让学员练习如何使用救生艇进行救援。

（3）教学内容：

救生艇使用：学员需要掌握如何在海上使用救生艇，确保救生艇能够稳定地漂浮在水面上。例如，学员可以通过调整救生艇的重心、保持救生艇的平衡等方

图 3-20 海上救援技术训练

法来提高救生艇的稳定性。

救援技术：学员需要掌握如何在海上进行救援，将被救者安全地转移到救生艇上。例如，学员可以通过调整救生艇的位置、使用救援绳索等方法来提高救援效率。

（4）注意事项：

安全第一：救援前评估天气、海况、潮汐等环境因素，确保安全；识别潜在危险，如风浪、暗流、礁石等，制定应对方案；制定并熟悉应急预案，确保突发情况下的快速反应。

循序渐进：教员应根据学员的身体状况和技能水平，循序渐进地进行训练。

纠正动作：教员应及时纠正学员的错误动作，确保学员掌握正确的海上救援技术。

3）海上应急处置训练

（1）教学目标：使学员掌握海上应急处置技术，提高在海上的应急处置能力和生存能力（图 3-21）。

（2）教学方法：

分解教学：播放应急处置视频，增强学员的直观理解；利用 VR 技术模拟海上应急场景，提供沉浸式体验；分析救援案例，帮助学员理解应急处置的关键点；进行心肺复苏、止血包扎等急救技能训练。

模拟海上应急场景：通过模拟不同的海上应急场景，让学员在实际操作中掌握海上应急处置技术。例如，模拟海上的恶劣天气、被救者受伤等情况，让学员练习如何应对和处理。

图 3-21　海上应急处置训练

（3）教学内容：

应对恶劣天气：学员需要掌握如何在海上应对恶劣天气，避免因天气原因而发生危险。

急救技术：学员需要掌握如何在海上进行急救，确保被救者的安全。例如，学员可以通过学习心肺复苏、止血等急救技术来提高急救能力。

（4）注意事项：

安全第一：识别潜在危险，评估事故的严重性和潜在风险。如风浪、暗流、礁石等；根据事故类型启动相应的应急预案；持续与岸基或附近舟艇保持联系，报告位置和情况；采取措施防止燃油泄漏等环境污染。

循序渐进：学员应根据自己的身体状况和技能水平，循序渐进地进行训练。

纠正动作：教员应及时纠正学员的错误动作，确保学员掌握正确的海上应急

处置技术。

6. 实战演练

1）模拟救援演练

（1）教学目标：使学员能够将所学的水域救援技术应用到实际救援中，提高学员的实战能力和应对能力（图 3-22）。

图 3-22 模拟救援演练

（2）教学方法：

模拟救援场景：通过模拟不同的救援场景，让学员在实际操作中掌握救援技术。例如，模拟被救者在水中挣扎的情况，让学员练习如何接近和控制被救者。

团队协作：通过团队协作的方式，让学员在模拟救援演练中学会如何与队友配合，提高团队的救援效率。

反复练习：让学员在模拟救援演练中反复练习救援技巧，教员结合演练中存在的不足及时给予技术指导，帮助学员纠正错误。

（3）教学内容：

救援流程：学员需要掌握从发现被救者、接近被救者、实施救援到将被救者安全转移的整个救援流程。

救援技术：学员需要掌握各种救援技术，如入水技术、接近技术、防卫技术、解脱技术、带人技术、登岸技术等。

经验分享：邀请经验丰富的救援人员分享实战经验，增强学员的实战意识。

（4）注意事项：

风险评估：在演练前评估水域环境，确保演练的安全性。

备份预案：制定详细的备份预案，确保在突发情况下能迅速介入。

循序渐进：教员应根据学员的身体状况和技能水平，循序渐进地进行训练。

纠正动作：教员应及时纠正学员的错误动作，确保学员掌握正确的救援技术。

2）团队协作演练

（1）教学目标：使学员学会在团队中扮演不同的角色，通过团队协作完成救援任务，提高学员的团队协作能力和沟通能力（图 3-23）。

图 3-23　团队协作演练

（2）教学方法：

角色分配：将学员分成不同的小组，每个小组扮演不同的角色，如救援人员、指挥员、安全员等。

模拟救援场景：通过模拟不同的救援场景，让学员在实际操作中学会如何与队友配合，提高团队的救援效率。

（3）教学内容：

团队协作：学员需要学会如何在团队中与队友配合，共同完成救援任务。

沟通技巧：学员需要学会如何在团队中与队友沟通，确保信息的准确传递。

（4）注意事项：

安全第一：提前评估演练中可能的风险，如溺水、装备故障等；提前了解演练水域的天气、水流、潮汐等情况，避免恶劣天气作业。

循序渐进：学员应根据自己的身体状况和技能水平，循序渐进地进行训练。

纠正动作：教员应及时纠正学员的错误动作，确保学员掌握正确的团队协作技术。

3）应急处置演练

（1）教学目标：使学员学会在遇到突发情况时，迅速作出正确的决策和应对措施，提高学员的应急处置能力和生存能力。

（2）教学方法：

模拟应急场景：通过模拟不同的应急场景，让学员在实际操作中学会如何应对突发情况。例如，模拟救援过程中遇到装备故障、恶劣天气等情况，让学员练习如何应对和处理。

（3）教学内容：

应急决策：学员需要学会在遇到突发情况时，迅速作出正确的决策。例如，学员可以通过学习应急决策的方法，提高应对突发情况的能力。

应对措施：学员需要学会在遇到突发情况时，采取正确的应对措施。

（4）注意事项：

安全第一：训练过程中应时刻关注天气、海况、潮汐等环境因素，确保安全；避开暗流、礁石、污染区、敏感生态区；制定落水、溺水、低温症等紧急情况的应急预案；警惕潮汐变化、离岸流，配备海上通信设备。

循序渐进：学员应根据自己的身体状况和技能水平，循序渐进地进行训练。

纠正动作：教员应及时纠正学员的错误动作，确保学员掌握正确的应急处置技术。

4 急流水域救援技术教学

4.1 个人自救技术

1. 游泳技术

急流水域救援中的游泳技术教学是专业水域救援人员必备的核心技能之一，尤其对于面临复杂的水流和急流环境下的救援任务，它不仅关系到救援人员的生死存亡，也影响着被困者的生死。因此，教学过程需要详细、系统，且切实提高救援人员在急流中应对突发情况的能力。图 4-1 为消防水域救援初级技术培训课程表。

2. 教学目的

在急流水域救援中，游泳技术教学不仅是基础技能的培养，更关系到救援行动的有效性与安全性。教学目的主要体现在以下几个方面：

1）提高救援人员的水性适应能力

急流环境中的水流速度、水流深度、障碍物等因素增加了水域救援的复杂性。救援人员需要通过基础的游泳训练来增强对水流的适应性，避免因恐惧和不适应环境而发生危险。

2）培养救援人员的自救能力

急流中，最先面对危险的是被救者，如何在复杂水流中迅速找到自我脱困的机会，成为救援培训的关键目标之一。救援人员必须掌握水中漂浮、水流规律、

表二 消防水域救援初级技术培训课程表

序号	课程名称	课程内容	学时	场地
1	水域救援基础理论	①急流河道基础知识； ②水域救援装备基础知识； ③急流安全风险与管控	4	教室
2	游泳基本技术	①蛙泳技术； ②自由泳技术	48	游泳池
3	救援实用游泳技术	①踩水； ②反蛙泳； ③侧泳； ④抬头自由泳； ⑤潜泳	24	游泳池
4	间接救援技术	①抛绳救援技术； ②探杆递物救援技术； ③救生圈抛投救援技术	8	游泳池
5	直接救援技术	①入水技术； ②接近技术； ③水中解脱技术； ④助浮用具拖带技术； ⑤双手托腋拖带技术； ⑥上岸技术	8	游泳池
6	考核	①理论考核； ②实操考核	4	教室 游泳池
7	总计	12天	96	

图 4-1 消防水域救援初级技术培训课程表

保持体力等技巧，以最大限度提高自救能力。

3）提高救援人员的他救能力

游泳技术不仅是救援人员自救的需要，还是能够有效救援他人的需要。教学中需要让救援人员学会如何在急流中接近被困者、如何稳妥地施救，并在确保自身安全的前提下把被救者带到安全区域。

4）培养团队协作能力

急流救援往往是多人合作的任务。游泳教学要特别强调救援人员之间的合作与配合，通过团队协作来完成复杂任务。例如，如何进行人员分工、如何在水中进行协调配合，确保每个成员都能高效完成任务。

5）增强心理素质与应急反应能力

急流环境中的救援任务通常充满不确定性，救援人员的心理素质对任务的完成至关重要。教学中不仅要提升救援人员的游泳技能，也要注重心理素质的培养，让救援人员在面临压力与紧急情况下仍然保持冷静，作出迅速而正确的决策。

3. 教学内容

急流水域救援中的游泳技术教学内容较为丰富，涉及多个方面的技能培养与理论知识。以下是主要的教学内容。

1）水性适应性训练

在急流水域中，救援人员首先需要适应水流带来的压力、冲击力以及水流变化的方向性。水性适应训练的内容包括：

（1）水中漂浮训练：急流环境下，漂浮能力至关重要。救援人员需要掌握如何在水中保持漂浮，减少因急流冲击导致的沉溺、撞击等风险。练习时要注意救援人员的呼吸、肢体控制以及体位调整，使救援人员能够在不主动游泳的情况下保持浮力，等待救援。

（2）急流横渡训练：在急流中行进时，救援人员必须学会如何利用水流规律，结合攻击式泳姿朝上游水流45°方向快速通过，避免被急流冲至下游。

（3）水流方向感知训练：急流的水流并非单向，救援人员需要具备对水流方向的敏感度。通过训练，救援人员可以在遇到急流时迅速判断水流的流向，利用水流为自己提供助力，避免被冲走。

（4）水中推力与控制技巧：救援人员需学习如何通过身体姿态和肢体动作来控制水流带来的推力，使自己能够在水中保持稳定。救援人员要通过不断的练习，提升水中游泳的稳定性和控制力。

2）游泳技巧与自救技术

急流水域的游泳技巧，尤其是自救技术，是游泳教学中的核心内容。此部分教学内容包括：

（1）自由泳与蛙泳的应用：自由泳与蛙泳是最基本的游泳技能，这两种泳姿对于水域救援非常重要。救援人员在教学中需要重点练习自由泳和蛙泳，在急流中合理切换使用，确保游泳效率。

（2）漂浮与滑行技术：在遇到困难或需要保存体力时，救援人员需要学会漂浮与滑行。通过漂浮，救援人员能够减少水流的冲击，保持体力，并且可以在

水中休息以等待救援。

(3) 自救技能训练：自救技能是急流中最为重要的技能之一。救援人员需要学会如何借助水流反向游泳、如何利用漂浮物保持体力等方法来进行自救。自救训练包括如何在水流中找到稳定点、如何利用泳具或自然环境中的物体保持漂浮。

(4) 水中浮力控制与方向调整：救援人员需要学会如何通过调整呼吸、体位、肢体动作来改变水中的浮力状态，以此控制身体的浮沉。在水流强劲的环境下，合理的浮力调整能帮助救援人员更好地保持稳定。

3) 他救技能与救援方法

急流救援中，救助他人是游泳技能的应用之一。救援人员需要掌握多种他救技能，包括：

(1) 救生器材使用技能：救援人员需要熟悉并掌握各种水上救生器材的使用方法，如救生圈、漂浮板、救援绳等。在急流中，正确使用这些设备能够显著提高救援效率。

(2) 徒手救援技巧：在急流中进行徒手救援，救援人员需要学会如何接近被救者，如何利用游泳技巧将其带至安全区域。徒手救援要求救援人员具备较强的游泳技能和良好的体力，以应对被救者的反抗和水流的干扰。

(3) 紧急救援技巧：救援人员需要学会如何在突发情况下进行紧急救援，如何在水中迅速判断被救者的位置、姿势以及如何在急流中安全接近和施救。

(4) 多方位救援技巧：教学中需要让救援人员了解多种施救方法，例如如何采用拖带式、夹带式等不同的救援姿势与方法，应对不同被救者的情境。

4) 团队协作与紧急应变训练

急流救援往往涉及多个救援人员的共同作战，团队协作与应变能力成为决定救援成功与否的重要因素。团队协作训练的内容包括：

(1) 角色分配与协调：在实际救援中，合理的角色分配是确保任务顺利完成的前提。救援人员需要学会在团队中分工合作，协同完成救援任务。

(2) 紧急状况下的冷静应对：急流环境中不可预见的状况随时可能发生，救援人员需要经过模拟训练，学会如何应对突发的危机。此部分训练要求救援人员在快速评估现场情况下，冷静应对并快速制定有效的行动计划。

(3) 团体合作游泳训练：团体游泳技能训练是提高团队协作的核心训练。救援人员需要通过团体练习，增强团队之间的默契配合，尤其是在紧急情况下如何通过集体游泳完成一项任务。图 4-2 为团队游泳训练图。

图 4-2 团队游泳训练

4. 教学方法

教学方法在急流水域救援中扮演着至关重要的角色，良好的教学方法可以提高救援人员的学习效果，使其在实际操作中更加灵活自如。以下是针对急流水域救援游泳技术教学的多种有效方法。

1）理论教学法

理论教学法是任何专业技能学习的基础，尤其是急流环境下的游泳技术。理论教学不仅可以帮助救援人员了解水域救援的基本原理，还可以建立对水域环境的认知和判断能力。具体包括：

（1）理论讲解：教员通过讲解急流水域的特点（如水流的速度、方向变化、水流形态等），分析急流对游泳技术的影响。救援人员需要理解如何利用这些自然规律来应对不同的水流环境，学会如何分析水流、如何判断急流的危险区域以及如何避免常见的救援误区。

（2）安全知识普及：急流水域救援中，安全至关重要。理论教学中还应当强调水上安全，传授救援人员如何避免过度疲劳、避免在没有充分准备的情况下进入危险水域等基本原则。

（3）情景分析与预判：通过真实案例或模拟视频，帮助救援人员分析在不

同急流情况下可能面临的挑战。通过模拟教具教学强化救援人员对急流环境的敏感性，培养他们在实际救援时迅速作出判断的能力。图 4-3 为水域流态教学模型。

图 4-3 水域流态教学模型

2）示范教学法

示范教学法是一种通过教员亲自演示技能的教学方式，救援人员通过观看教员的技术动作演示来更好地理解和模仿操作要领。具体步骤包括：

（1）教员演示技术：在急流环境中，教员需要根据救援人员的学习进度，逐步演示各种游泳技巧和救援方法，例如如何在急流中保持身体平衡、如何逆流游泳、如何使用救生器材等。通过亲自示范，能够使救援人员清晰地理解动作要领及注意事项。

（2）分解动作教学：复杂的游泳技术和救援方法需要分解成若干个小步骤进行演示，教员可以将动作分解，逐个演示每个步骤的重点，让救援人员更容易掌握。

（3）多角度演示：教员可从不同角度（如侧面、背面、正面等）演示技术动作（图 4-4），让救援人员能从各个角度理解动作要领，确保救援人员的理解更加全面。

图 4-4　示范示教

3）参与式训练法

参与式训练法（图 4-5）通过让救援人员主动参与操作和练习，使他们在实际操作中掌握游泳技能。这种方法能够增强救援人员的实践经验，提高他们的动手能力和应急反应能力。具体步骤包括：

图 4-5　参与式训练

（1）分组训练：将救援人员分成若干个小组，在教员的指导下进行水中操作练习。在训练中，救援人员可以通过与队友合作，相互纠正技术动作，增强实际操作经验。

（2）角色轮换：在训练中，救援人员轮流扮演不同的角色，包括救援者和被救者。这不仅能够帮助救援人员理解自己在实际救援中的角色，还能够帮助他

们从不同的角度理解操作流程。

（3）实战模拟：通过模拟急流水域的环境和场景（如在复杂水域等条件下进行训练），救援人员能够在真实的情境中练习所学技能。这种训练方法有助于增强救援人员在真实急流环境中的应急反应能力。

4）视频反馈法

视频反馈法是通过录制救援人员训练过程中的表现，并将视频回放给救援人员进行自我评估和改进的一种教学方法。它有助于救援人员在视觉上更清晰地看到自己在训练中的优点和不足，从而进行有针对性的调整。具体步骤包括：

（1）录制救援人员训练过程：在训练过程中，通过录像设备记录下救援人员的游泳动作或急流救援操作。特别是在重要的救援操作中，录制能够清晰地捕捉到救援人员的每个动作细节。

（2）回放与分析：训练结束后，教员和救援人员一起回放录像，分析其中的技术细节，如动作的规范性、体力的分配、应急反应能力等。这种反馈方法能够帮助救援人员发现自身不足，并及时改进。

（3）总结与纠正：通过视频反馈，救援人员可以自我检查并进行纠正，教员可以在救援人员操作的基础上进一步提供指导，帮助救援人员在实践中完善技术。图 4-6 为视频教学回溯。

图 4-6　视频教学回溯

5）情景模拟法

情景模拟法是通过设置特定的情景，模拟急流救援任务中的真实场景（图4-7），以此提高救援人员的应急反应能力和团队协作能力。该方法的核心在于将救援人员置于模拟的急流环境中，通过实战演练来应对各种突发情况。

（1）多场景模拟：例如模拟水流流速突变、舟艇翻覆、被救者体力不支等常见情境，帮助救援人员学会如何快速作出决策和反应。

（2）提高应急反应能力：救援人员需要根据教员设定的情境在规定时间内采取有效的应急措施，这对于提升救援人员的临场反应能力和实际救援能力至关重要。

（3）提升心理适应性：情景模拟不仅能够锻炼救援人员的身体素质，还能帮助救援人员提高在极限压力下作出决策的能力。通过模拟紧急救援场景，救援人员能更好地克服水流带来的恐惧与焦虑，增强心理承受能力。

图4-7　实景化漂流

5. 教学注意事项

教学过程中，为确保救援人员能够在急流水域环境中高效、准确地运用所学技能，教员必须特别注意以下几个方面。

1）安全保障

（1）救生装备使用：每次训练开始前，确保每位救援人员穿戴完备的救生

装备，如急流救生衣、干（湿）式救援服等，确保救援人员在训练中的生命安全。

（2）教员与救援人员配对：为了确保训练安全，教员需要密切关注每位救援人员的状态，尤其在进行高风险训练（如救援技术训练或远距离游泳）时，要确保每个救援人员都有伴随的教员或救援人员。

（3）危险预警与防范：教员应提前进行环境评估，对潜在危险进行预判并采取适当的防范措施，如避免在恶劣天气条件下进行训练，确保所有救援人员掌握紧急撤离路线。

2）循序渐进式教学

（1）循序渐进：训练内容应从最基本的水性适应训练开始，逐步过渡到更高难度的游泳技术和救援操作。每个救援人员的进步速度不同，教员要灵活调整训练进度，确保救援人员掌握基础技能后再进行更复杂的操作训练。

（2）分阶段练习：教学过程中，要分阶段设置目标，确保救援人员在每一阶段都能通过量化评估掌握核心技能。例如，在自救能力阶段，救援人员需要完成水流识别、漂浮技巧等基本训练，然后再进入更高阶的他救训练。

3）个性化教学

（1）因材施教：救援人员的体力、游泳技能、心理素质差异较大，教员应根据救援人员的不同特点设计个性化的训练方案。在初期训练阶段，可以适当降低难度，逐步培养救援人员的信心；对于进阶救援人员，可以增加训练的挑战性，提升他们的技能水平。

（2）关注心理状态：对于初学者或有恐水症的救援人员，教员要特别关注其心理状态，及时进行疏导，帮助救援人员克服对水流的恐惧。在急流救援训练中，心理承受力同样重要，教员应根据救援人员的心理状态调整训练强度。

4）强调团队合作

（1）培养协作意识：急流救援中，单独行动的效果往往不理想。教员需要强调团队协作的重要性，训练中可采用集体任务形式，使救援人员在实践中学会如何分工合作、协调救援行动。

（2）多样化合作训练：通过小组训练、团体合作游泳等形式，救援人员可以在合作中提高应急反应能力和协作技巧。此外，还可以设计团队救援任务，帮助救援人员在不同角色中找到自己的定位与责任。

5）持续反馈与改进

（1）定期回顾与总结：在训练过程中，教员要定期组织救援人员进行自我总结与反思。通过集体讨论或小组反馈，救援人员能够更好地理解自己在训练中的不足，从而调整和优化自己的技巧。

（2）改进教学内容：根据救援人员的反馈和实际训练情况，教员需要不断调整教学内容和方式，以确保每个救援人员都能够在最佳状态下接受训练。图4-8为课程反馈表。

图4-8　课程反馈表

4.2 急流入水法

1. 教学目的

急流入水法教学的核心目标是帮助救援人员掌握在复杂急流环境中进入水域的技术，确保救援人员在执行任务时能够保持安全，避免因错误的入水方式导致自身被水流拖拽、受伤甚至溺水。具体的教学目的包括：

1）提高安全性

急流环境具有较大的水流冲击力，入水的方式对于救援人员的安全至关重要。通过学习正确的急流入水法，救援人员能够更好地避免在入水过程中出现被水流卷走或遭遇水流冲击的风险，减少救援伤亡的发生。

2）增强水流适应能力

急流水域的水流强度大、变化复杂，入水方式要求救援人员在进入水域后能够迅速适应水流的方向与速度，避免在水中失控。通过教学，救援人员可以提高对水流的认知，增强水流环境下的自控能力。

3）保持体力和灵活性

通过掌握急流入水法，救援人员能在进入水域后快速适应水流并作出正确的姿势，避免体力的过度消耗，为接下来的救援任务提供更多的时间和体能保障。

4）提高救援效率

急流入水法不仅是进入水域的技术，更是与后续救援任务紧密相连的关键一环。通过高效、规范的入水方式，救援人员能够缩短进入水域的时间，增强在水中行动的灵活性，提高整体救援效率。

5）培养冷静应对的心理素质

急流入水法要求救援人员在面对强劲水流时保持冷静，迅速判断入水的最佳时机与位置。通过教学训练，可以有效提升救援人员在复杂环境下的应急反应能力与心理素质。

2. 教学内容

急流入水法的教学内容应从理论到实践、从简单到复杂，逐步提高救援人员的技能水平，确保每位救援人员都能够熟练掌握各类入水方法，并能根据不同的急流环境进行灵活应用。具体的教学内容包括以下几个方面。

1）急流入水法的理论知识

（1）急流环境特点：急流环境具有较强的水流、陡峭的水岸、不稳定的水温等特点。救援人员需要了解急流的基本特性，如水流的速度、水流的方向、水流的深度等，掌握如何判断这些因素对入水动作的影响。

（2）入水的安全性分析：入水方式决定了救援人员的安全性。在急流环境下，正确的入水方法能够有效避免水流对救援人员产生的危险。教学中需要强调如何选择合适的入水角度和入水时机，以确保自己不被水流吞噬或拖拽。

（3）水流与救援的关系：在急流环境中，水流的变化对救援任务的成败至关重要。救援人员需要掌握如何快速判断水流的速度、方向、深度等因素，并根据这些因素选择合适的入水方式。

（4）急流入水法的适用场景：教学中要介绍不同的急流入水方法及其适用的具体场景。例如，针对不同流速的急流，采用什么样的入水方式最为有效；在有障碍物的水域中如何避免撞击。

2）急流入水法的基本技术

（1）平跳式入水法（图 4-9）：适用于急流、岸高、无法涉水、水面浑浊、深水区域或无障碍水域。

图 4-9　平跳式入水法

（2）静跳式入水法：适用于在浅滩区或浅水区涉水后使用，涉水至齐腰水深处。

（3）跨步式入水法：适用于水底清澈，水中无障碍物，且入水点与水面距离不超过 1 m，同时有足够水深的情况。跨步式入水的优势在于入水后头部仍保持在水面之上，方便持续关注被困者。

（4）滑入式入水法：适用于水底环境及水深不明的情况下，且入水的位置在岸边。

（5）打桩式入水法：常用于入水位置较高，同时有足够水深的情况。能够做到安全、快捷、有效地进入水中，提高救援效率。

3）急流入水法中的体位与动作技巧

（1）保持水平体位：入水后，救援人员需要保持身体的水平位置，以减少水流的冲击力，并保持较好的控制力。此体位可以帮助救援人员迅速适应水流，并有效避免水流的侧面冲击。

（2）手脚协调配合：救援人员需要学会在入水后如何协调双手和双脚的动

作，利用肢体的力量来稳定自己在水中的位置。例如，通过双手划水来调整入水后的浮力与前进速度。

（3）水中保持呼吸通畅：急流环境中水流的冲击力较大，救援人员在入水后要确保呼吸通畅，避免呛水。救援人员需要在训练中掌握如何通过手部挡水和调整头部角度保持呼吸道畅通，并学会如何在水流湍急的情况下有效控制呼吸。

4）急流入水法中的救援技巧

（1）与队友配合入水：急流救援任务往往是团队协作的过程。救援人员需要学会如何在团队中配合其他救援人员一起完成入水，并保证进入水域后的配合默契，确保救援行动不受影响。

（2）急流中接近被救者的方法：入水后，救援人员需要学会如何快速接近被救者，如何判断被救者的位置并调整自己的游泳路径。这要求救援人员具备良好的水性及适应能力和敏锐的判断力。

（3）水中救助方法：进入水域后，救援人员不仅要保证自己的安全，还需要学会如何对被救者进行有效的救助。教学中要包含水中施救的基本技能，例如如何固定被救者、如何快速带领其脱离危险区等。

5）急流入水法的环境适应训练

（1）模拟不同水流强度的入水训练：救援人员需要在不同的急流环境中进行多种入水方法的训练，帮助救援人员根据水流的速度和方向选择适当的入水技巧。

（2）应对恶劣天气下的训练：在强风、暴雨等恶劣天气下，救援人员需要学会如何根据天气变化来调整入水方式。模拟多种恶劣天气条件下的训练有助于增强救援人员在极端环境中的应变能力。

3. 教学方法

在急流入水法的教学过程中，应采用多样化的教学方法。这些方法要涵盖理论教学、技能训练、模拟实践、反馈与改进等方面，确保救援人员能够逐步掌握技能并在复杂的环境中运用自如。以下是几种有效且多样化的教学方法。

1）课堂理论讲解与现场讨论

理论知识是技术学习的基础，尤其是急流入水法涉及的水流特性、环境判断、技术选择等内容。课堂理论讲解（图 4-10）和现场讨论能帮助救援人员理解复杂的理论背景，并从中获得有用的判断和决策技巧。

图 4-10　理论授课

(1) 内容设计：课堂讲解重点应包括急流环境的水流速度、急流带来的危险、入水的基本原理、不同急流环境下入水方法的选择等。理论讲解要结合案例和具体情境，帮助救援人员理解技术背后的原理。

(2) 互动讨论：通过设定情景问题，鼓励救援人员参与讨论，分享自己对急流环境和入水技术的理解。讨论有助于救援人员更好地消化理论内容并培养快速判断能力。

(3) 小组作业：根据不同的环境条件（如大雨后急流、夏季水流较快、冬季水温低等），小组合作讨论不同的入水方法与风险评估。讨论后进行全班分享，教员提供反馈，帮助救援人员深化对理论知识的理解。

2）示范教学法

示范教学法是学习任何技术时都不可或缺的一环，尤其在急流入水法中，救援人员可以通过观察教员的动作理解入水技巧的要点。通过实际操作演示（图 4-11），救援人员可以清楚地看到动作的正确实施方式，并能通过模仿来提高自己的技能。

(1) 反复演示：教员应多次演示入水动作，并重点讲解每个动作的要点与技术细节，例如如何调整身体的角度、如何通过手脚协调减少水流的冲击等。通过多次反复示范，帮助救援人员建立对正确动作的认知。

图 4-11 示范示教

（2）多角度示范：可以从侧面、正面和上方等不同角度进行示范，确保救援人员能够全方位理解入水动作的要领。

（3）示范与分析：示范后立即分析动作的优缺点，讲解避免水流冲击力的正确的姿势和技巧。救援人员在教员的示范中能够更直观地理解和记住正确的入水方式。

3）实战演练与情境模拟

急流入水法的实战演练是提高救援人员技术水平和应对能力的关键。通过设置模拟情境，救援人员可以在逼真的急流环境中进行训练，培养他们在复杂环境中的适应能力、应急反应能力以及心理承受能力。

（1）情境模拟：通过设置不同的情境模拟训练，救援人员可以应对不同流速、障碍物等因素带来的挑战。例如，在较为平静的水域进行基础入水法训练，然后逐步过渡到水流较强、湍急的急流环境，帮助救援人员适应不同的水域条件。

（2）模拟灾难现场：模拟救援任务中的急流救援场景，救援人员需要在短时间内根据不同环境条件和任务要求，选择适当的入水方法并完成救援任务。这种模拟演练不仅能提高救援人员的技能，还能帮助救援人员体验压力下的快速决策与执行。

（3）压力测试：通过模拟紧急情况或极端天气（如大雨、风暴等），测试救援人员在高压环境下的应急反应和冷静判断。这能够让救援人员在真实环境中遇到困难时保持冷静和有效操作。

4）角色扮演法

角色扮演法不仅能帮助救援人员理解急流入水法的技术细节，还能增强其团队合作和协作能力。通过让救援人员扮演不同角色（如救援者、被救者等），他们可以从不同角度体验急流救援过程。

（1）角色轮换：救援人员轮流扮演救援者与被救者，帮助救援人员理解不同角色在入水过程中的行为和技巧要求。例如，被救者可以练习如何保持漂浮状态，救援者则学习如何迅速接近被救者并安全将其带离危险区域。

（2）团队配合演练：通过模拟多个救援者共同参与的救援任务，帮助救援人员学会如何与队友协同工作。合理分配任务、有效协调和沟通是确保急流救援任务顺利完成的关键。

5）视频反馈法

视频反馈法是一种高效的教学手段，通过录制救援人员的入水过程，教员可以通过视频进行回放，帮助救援人员清晰地看到自己在操作过程中的优点与不足，提供精准的改进意见。

（1）录制技术动作：教员通过拍摄救援人员的实际操作，帮助救援人员回顾自己的动作，并对其中的不足之处提出改善建议。这种方法能帮助救援人员及时发现细节问题，进行针对性训练。

（2）分析动作细节：通过视频回放，教员可以详细分析救援人员的入水姿势、动作协调性以及进入水域后的控制能力；结合逐帧回放，详细解释动作中的技术问题，并给出改进建议。

（3）救援人员自我反馈：让救援人员自己观看视频后进行自我评价，反思自己入水时的表现，强调动作的改进点并进行复练。自我反思能够增强救援人员的自主学习能力，提高其技术掌握程度。

4. 教学注意事项

急流入水法的教学是一项高风险的水上技术，因此，教学过程中的注意事项至关重要，其能够确保救援人员的安全、提高技术水平，并避免出现意外事故。以下是一些关键的教学注意事项。

1）强调安全第一

安全是急流入水法教学中的核心，教员必须确保每位救援人员在训练过程中的生命安全。具体安全措施包括：

（1）佩戴救生装备：无论是在室内泳池训练还是在户外急流环境下进行训练，救援人员都应佩戴合适的救生装备，如急流救生衣、头盔等，以确保安全。

（2）设立安全员：在训练过程中，应安排专职安全员进行现场监管，确保

救援人员在执行入水任务时处于安全范围内。一旦发生意外，能够迅速采取应急措施。

(3) 水域安全评估：每次在真实的急流环境进行训练前，教员要进行现场水域评估，确定水流强度、气象条件、水深等，确保训练场地不构成危险。

2) 渐进式训练

急流入水法的训练要遵循循序渐进的原则。救援人员的学习过程应该从简单到复杂、从理论到实践，逐步提升技术水平。

基础入水法训练：对于初学者，应该从简单的入水方法开始训练，如平躺式入水法、基本水流判断和适应性训练。避免急于求成，让救援人员逐步掌握每一项技能。

逐步增加难度：在救援人员掌握了基础技巧后，逐步增加训练的难度，如增加水流速度、模拟复杂障碍、训练应急反应等。通过增加挑战来提高救援人员的心理与技术水平。

分阶段考核：训练应设置多个考核阶段，每个阶段针对不同技能进行评估，确保救援人员在某一阶段掌握了必要的技能后，才能进入更高难度的训练。

3) 因材施教

不同救援人员的能力、经验和反应速度不同，教员应根据救援人员的特点和实际水平来调整教学内容和方式。

个性化教学：对于水性较差的救援人员，可以通过基本的水性训练和入水技巧开始；对于已经具备一定基础的救援人员，可以直接进入复杂的急流训练。

心理素质训练：急流救援不仅考验身体素质，也考验心理素质。对于心理承受力较弱的救援人员，教学中需要增加心理训练，帮助他们克服对水域的恐惧，并能在高压环境下保持冷静。

4) 强调体能和耐力训练

急流入水法的训练需要良好的体力支持。救援人员不仅要掌握入水技巧，还需要具备足够的体能来应对强水流的压力和长期的水中救援操作。

体能训练：救援人员应定期进行游泳训练和水中抗压训练，增强心肺功能和肌肉耐力，为急流环境中的持续运动提供支持。

耐力提升：通过长时间的游泳训练，提升救援人员的耐力和抗疲劳能力，确保他们在复杂环境下能够保持体力、避免因体力不足导致失败。

5) 重视团队协作

急流入水法的成功与否，往往与救援团队的协作密切相关。教员需要在教学过程中不断强调团队合作，帮助救援人员培养有效沟通和协调能力。

团队模拟演练：将救援人员分组进行急流入水法演练，模拟救援任务中的协作。通过角色分配，救援人员学习如何互相配合，确保救援任务的顺利进行。

分工明确：在训练过程中，要明确每个救援人员的职责与任务，如一部分救援人员负责准备入水，另一部分救援人员负责水中救助。通过明确分工，提升整体协作效率。

4.3 急 流 泳 姿

急流水域救援中的急流泳姿（图 4-12）是急流救援操作中至关重要的一部分，它直接影响到救援人员在急流环境中的生存能力、灵活性和高效性。掌握合适的急流泳姿，能确保救援人员在强烈的水流中维持稳定的身体姿势，避免被水流拖走或遭受其他伤害，并能够迅速接近被困者展开营救。因此，急流泳姿的教学不仅要注重泳姿的基本技巧，还要结合急流救援的实际需求，全面提升救援人员的水中生存技能和应急反应能力。

图 4-12 急流泳姿

1. 教学目的

1）提高水中稳定性和自控力

在急流环境中，水流的速度和湍急程度通常使得泳姿不稳定。通过教授合适的泳姿，救援人员能够保持身体的稳定性，避免因水流过快或冲击力过强而失去控制，减少被水流冲走的风险。

2）增强水流适应能力

急流水域中的水流复杂多变，救援人员需要通过适当的泳姿提高自己对水流的适应能力，能够在不同流速和方向的水流中灵活调整姿势和动作，以确保自己能够安全、高效地游泳。

3）提高救援效率

正确的泳姿不仅能够保证救援人员自身的安全，还能提高其在水中的机动性，使其能够迅速接近被救者并展开有效救援。因此，急流泳姿的教学要确保救援人员能够高效地运用各种泳姿，在复杂环境中迅速完成救援任务。

4）提高体力利用和耐力

急流环境中的水流强度往往使得救援人员需要付出更多的体力，合理的泳姿能够帮助救援人员更好地节省体力，提升游泳效率，延长在水中的活动时间，确保救援行动能够持续进行。

5）培养心理适应能力

急流救援往往会带来强烈的心理压力，救援人员在训练中掌握不同的急流泳姿，不仅能提升身体适应能力，还能增强心理承受能力。救援人员通过训练，可学会在水流湍急的情况下保持冷静，从而提高应急反应和救援决策能力。

2. 教学内容

急流泳姿的教学内容不仅包括泳姿本身的基本技巧，还涵盖了对急流环境的理解、泳姿的选择与调整，以及在实际救援中如何运用不同泳姿以提高效率和安全性。教学内容大致可以分为以下几个方面。

1）急流环境与泳姿选择

（1）急流环境的基本特征。

急流环境的水流速度、湍急程度、障碍物等因素，都会对泳姿的选择产生直接影响。救援人员需要了解急流环境的特点，包括水流的速度、方向、波动等，判断哪些泳姿适合在特定的急流环境中使用。

（2）不同急流条件下泳姿的选择。

根据急流的不同流速和水面条件，教学中需要讲解并示范哪些泳姿适用于湍急水流、障碍物较多的环境等。例如，流速较快的水域中适合使用确保式泳姿和攻击式泳姿，而在水流较为平稳的环境下可以考虑使用防御式泳姿。

(3) 急流泳姿的基本技巧。

① 确保式泳姿。

确保式泳姿（图 4-13）是一种以节省体力、保持呼吸和观察环境为核心的水中生存技术，常用于救生、长时间待命或紧急情况。以下是它的基本技巧和关键要点。

图 4-13　确保式泳姿

a) 身体姿势：仰面漂浮，稳定与放松。

仰面漂浮：身体保持水平，头部完全露出水面，下巴微收，视线平视前方或观察周围环境。

放松核心：避免紧绷腰腹，通过轻微调整身体重心（如微微后仰或前倾）来维持平衡，减少体力消耗。

b) 手臂动作：双手抓住急流救生衣紧贴身体。

c) 腿部动作：两脚并拢、膝盖微弯。

d) 呼吸技巧：自然顺畅。

e) 平衡与浮力调节：利用浮力装备，若穿戴急流救生衣，可减少肢体动作幅度，从而可更专注于观察环境。

② 防御式泳姿。

防御式泳姿（图 4-14）在急流水域中，是一种关键的生存技能，主要用于应对激流、洪水或其他危险水域环境。它的核心目标是保护身体、减少体力消耗并避免受伤，同时争取时间等待救援或移动到安全区域。以下是它的基本技巧和关键要点。

图 4-14　防御式泳姿

a）身体姿势：仰面漂浮。

仰面朝上：身体平躺，背部贴近水面，头部微微后仰，下巴抬高，确保口鼻露出水面呼吸。

双腿朝向下游：双腿自然伸直并略微抬起，脚部朝向下游方向（利用脚探测障碍物，避免头部撞击）。

手臂辅助平衡：双臂向两侧展开，手掌轻划水以保持稳定（类似“T”字形姿势）。

b）呼吸控制：

持续呼吸：保持规律呼吸，避免因紧张而屏息。

避免呛水：若水花较大，可短暂闭气后快速呼气，再恢复呼吸。

c）腿部动作：缓冲障碍物。

“探路”功能：双腿在前方探测岩石或障碍物，发现障碍时用脚蹬离（避免身体直接撞击）。

避免下沉：交替打腿（幅度小、频率低），防止下半身下沉。

d）方向控制与避障：

利用水流转向：通过手臂划水和身体倾斜调整方向（如想向右移动，则右臂向后划水、身体向右倾斜）。

避开漩涡与回流：若被卷入漩涡，保持仰面姿势，待水流自然释放（避免挣扎消耗体力）。

③ 攻击式泳姿。

攻击式泳姿（图4-15）是一种主动应对急流的游泳技术，适用于需要快速移动、突破水流障碍或接近目标的场景（如救援或自救）。其核心是高效利用水流动力、保持推进力并灵活避障。以下是攻击式泳姿的基本技巧和关键要点。

图4-15　攻击式泳姿

a）身体姿势：流线型与高位。

俯身位：身体俯卧，头部略微抬起，视线紧盯前方（观察障碍物或目标）。

核心收紧：腹部和背部肌肉发力，保持身体平直，减少水流阻力。

肩部抬高：划水时肩部出水，增加手臂划水幅度（类似自由泳高位体位）。

b）手臂动作：强力划水。

高肘划水：手臂入水后屈肘呈90°，向后快速推水（模仿自由泳划水，但更

强调爆发力）。

交替频率：双臂交替划动，加快频率以应对急流阻力。

方向修正：单侧划水时配合身体转向（如右臂划水时左肩下沉，辅助向右转向）。

c）腿部动作：强力打水。

自由泳腿：双腿快速交替打水，幅度小、频率高，提供持续推力。

避障辅助：遇到障碍物时，双腿迅速蜷缩或并拢上浮避开。

d）呼吸控制：短促换气。

屏息冲刺：在需要全力突破水流时短暂屏息，减少换气频率。

e）水流利用技巧：

切浪角度：身体与水流呈45°角切入，减少正面阻力。

“之”字路线：通过折线游动避开强流区，寻找水流较缓路径。

2）不同场景的应对策略

（1）穿越主流强流区：

选择方向：提前预判好上游45°方向，利用“鳄鱼翻滚”技术，借助水流推力完成脱困。

爆发冲刺：提前蓄力，以高频率划水和打水快速通过。

侧身切流：身体侧倾，单臂划水减少迎流面。

（2）绕过障碍物（如岩石、树枝）：

蹬壁借力：接近岩石时用脚蹬击表面，反弹加速脱离。

（3）救援目标（如被救者）：

上游接近：从目标上游斜向切入，避免被水流冲离。

双腿夹带：从侧后方接近被救者，随后将其置于急流救生衣上方，变换防御式泳姿进行拖带。

3）注意事项

（1）体力分配：攻击式泳姿耗能高，仅用于短距离突破，避免长时间使用。

（2）穿戴装备：佩戴头盔、急流救生衣，防止撞击或体力不支下沉。

（3）环境预判：提前观察水流形态（如V形水流、翻滚流），选择最佳路线。

（4）团队协作：在急流中与队友保持沟通，协同突破复杂区域。

4）常见错误与纠正

(1) 错误：过度抬头导致下半身下沉。

纠正：保持视线水平，核心收紧维持身体高位。

(2) 错误：划水幅度过大导致动作迟缓。

纠正：缩小划水幅度，加快交替频率。

5) 训练建议

(1) 力量训练：强化划水肌群（背阔肌、三角肌）和腿部爆发力（蛙跳、深蹲）。

(2) 模拟急流：在泳池中使用阻力带或逆流泳池练习划水效率。

(3) 实战演练：在专业教员指导下，逐步挑战低风险急流环境（如漂流训练河道）。

6) 急流泳姿的高级技巧与应用

(1) 适应急流环境中的泳姿变化。急流环境中，水流会不断变化，救援人员需要学会根据水流的强度和方向调整自己的泳姿。

(2) 快速转换泳姿。在复杂的急流环境中，救援人员可能需要根据具体情况快速切换不同的泳姿。教学中要加强救援人员在游泳过程中快速转换泳姿的训练，提高其应急反应能力。

(3) 泳姿与急流救援配合。急流救援通常要求救援人员在接近被困者后，快速完成救援。救援人员需要学习如何根据救援任务的需要，选择合适的泳姿进行接近、施救和带领被困者逃离危险区域。教学中要包括实际救援操作的模拟训练，如如何用攻击式泳姿接近被救者并实施拖带，如何在水流较强时使用确保式泳姿保持自身稳定。

3. 教学方法

急流泳姿的教学方法需要结合理论讲解、实践操作、情境模拟和反馈调整等多种方式，确保救援人员能够全面掌握急流泳姿的技巧和应变能力。具体教学方法如下。

1) 理论讲解与示范

(1) 理论讲解：首先通过课堂讲解，帮助救援人员了解急流环境的特点以及急流泳姿的重要性。讲解应包括急流水域的不同类型、急流泳姿的应用场景、每种泳姿的优缺点等内容。

(2) 示范演练：在讲解完理论后，教员需要进行示范操作。通过示范教学，帮助救援人员直观地理解每种泳姿的关键动作，展示如何在急流中有效保持稳

定、提高游泳效率。

2）实践操作与情境模拟

（1）逐步训练：初学者可以从基础泳姿的学习开始，逐步增加游泳的难度与水流强度，帮助救援人员适应不同水域环境。在教学过程中，教员需要根据救援人员的水平制定个性化的训练计划，逐步提升救援人员的技能。

（2）情境模拟：通过模拟不同的急流环境，帮助救援人员更好地应对实际救援中的情况。例如，可以通过模拟水流强度的变化，训练救援人员在不同水流条件下如何调整泳姿，如何快速接近被救者。

3）视频回放与反馈

（1）视频回放：将救援人员的泳姿训练过程拍摄下来，通过视频回放帮助救援人员看到自己的动作细节，分析是否存在问题，并加以改进。视频回放不仅可以帮助救援人员更直观地了解自己的技术水平，还能帮助教员提供更具针对性的改进建议。

（2）一对一反馈：教员在每次训练后，针对每个救援人员的表现提供详细的反馈，指出其在泳姿上的优点和需要改进的地方。救援人员可以通过这种方式清楚地知道自己的进展，并在下次训练中进行有针对性的调整。

4. 教学注意事项

1）安全第一

在急流泳姿教学中，救援人员的安全始终是第一位的。教学时必须确保救援人员在每一个环节都做好充分的安全防护措施，包括佩戴救生装备、使用安全绳索等。避免救援人员在未熟练掌握技能时进入高风险水域。

2）循序渐进的训练方式

急流泳姿的学习是一个循序渐进的过程，不同救援人员的水性差异较大，教员要根据救援人员的实际水平，逐步提高训练强度和难度。对于初学者，应先从平稳水域开始，逐步过渡到急流环境中。

3）注重细节和动作精准度

急流泳姿的动作要求精确，任何一个细微的错误都可能导致在水中失去平衡或过度消耗体力。因此，教学中要注重救援人员动作的准确性，强调每个动作细节的重要性。

4）持续的体能训练

急流泳姿需要强大的体能支持，救援人员在学习泳姿的同时，还要加强体能训练，如耐力训练、力量训练等，确保自己能够应对长时间和高强度的水中操作。

5）模拟多样化的紧急情况

急流环境中，救援任务通常充满不确定性，教员需要在训练中模拟各种复杂情况，如突然的水流变化、被困者的反抗、气候变化等，帮助救援人员提高应急反应能力。

6）团队合作与沟通训练

急流救援任务通常需要多人配合完成，因此在教学中要加强救援人员之间的合作与沟通训练。模拟团队合作的场景，培养救援人员如何在水中与队友协作，达到最佳救援效果。

4.4 间接救援技术

4.4.1 抛绳包抛投救援技术

急流水域救援中的抛绳包抛投救援技术是一项至关重要的技能，它在紧急救援行动中能够迅速将抛绳包抛投到被困者手中，帮助其脱离危险区域，成功完成救援任务。抛投救援技术要求救援人员能够在短时间内准确、迅速地将救生绳投掷到被救者所在位置，无论是在急流、湍急水域还是复杂障碍物密集的环境中，都必须具备较高的技术水平和精准度。

为了确保救援技术的有效性，抛绳包抛投技术的教学（图 4-16）不仅需要传授基本的投掷技巧，还要培养救援人员在不同环境条件下迅速反应、正确判断的能力。此外，在教学中还需要考虑到救援人员的身体素质、心理素质、应急能力和团队协作等多方面的因素，确保他们能够在实际救援中作出最佳决策，迅速而准确地进行抛绳包投掷。

1. 教学目的

抛绳包抛投技术的教学目的在于确保救援人员掌握如何在急流或复杂水域环境中使用抛绳包进行有效的救援。具体目标包括：

（1）提高准确投掷能力。救援人员需要掌握如何精确地将绳包投掷到被困者附近，使其能够迅速抓住绳索进行自救或将被救人员拉回安全区域。

（2）增强反应速度与应变能力。在实际救援中，环境条件和水流情况通常

图 4-16 抛绳救援

发生变化，救援人员需要能够快速判断水流方向、被救者的位置，并在短时间内作出最佳的投掷决策。教学中要训练救援人员的应急反应能力和快速判断能力。

（3）提高救援效率。在复杂的急流环境中，抛绳包的投掷时效性是救援成功的关键。救援人员必须熟练掌握投掷技巧，确保在最短的时间内完成抛投，最大限度地缩短被困者获救的时间。

（4）确保抛投的安全性。抛投技术要求精确且稳定，救援人员需要学会如何避免在紧急情况下作出不准确的投掷，以防止投掷错误造成二次危险或浪费宝贵的救援时间。

（5）培养团队协作能力。抛绳包投掷不仅是个体技能，也通常是团队协作的一部分。在训练中，救援人员需要学会与队友配合，共同完成救援任务。

2. 教学内容

抛绳包抛投救援技术的教学内容包括从基础理论到具体操作技能，再到实际应用场景模拟的各个环节。具体教学内容如下。

1）抛绳包的基本概念

（1）抛绳包的定义与作用：抛绳包是用于急流救援中的重要装备，内含一段水面漂浮绳。其作用是通过准确的抛投，将绳索投掷到被困者附近，供其抓住进行自救或由救援者拉回安全区域。

(2) 抛绳包的构造与使用方法：抛绳包通常由一个结实的包袋、耐用的绳索和快速开包的设计组成。救援人员需要了解抛绳包的基本构造、使用原理，以及如何在实际救援中快速且正确地打开抛绳包，释放绳索。

2) 抛投救援的基本技术

(1) 抛投的基本姿势：正确的抛投姿势是保证抛绳包准确命中的关键。救援人员需要学习如何站立、调整身体姿势，保持平衡，并根据实际情况调整投掷的力度和角度。

(2) 投掷的基本技巧。

① 抛绳包的基本准备。

检查装备：确保绳索无缠绕紧实，绳包开口朝上；确认绳索长度适合目标距离（通常为 15~30 m）。

固定自身：站在根基稳固位置，避免被水流冲走；将绳索末端固定在锚点（如树木、岩石）或救援者身上。

沟通目标：向被救者喊话，指示其抓住绳索。

② 抛绳包的投掷方式。

根据不同的环境和距离需求，抛绳包有三种主要投掷方式：过肩抛、侧手抛和低手抛。

a) 过肩抛。

(a) 适用场景：中长距离投掷（10~20 m）；需要较高抛物线以越过障碍物（如岩石、浪花）。

(b) 基本技巧：

握持绳包：用主手（如右手）握住绳包开头处，确保绳索能顺畅释放。

站立姿势：双脚前后分开，重心放在后脚；身体略微侧向目标，非投掷手（如左手）指向目标方向。

投掷动作：将绳包举过头顶，手臂向后伸展；快速向前挥臂，利用手腕力量将绳包投出；投掷时重心从后脚转移到前脚，增加投掷力量。

绳索释放：投掷后保持绳索顺畅释放，避免缠绕。

b) 侧手抛。

(a) 适用场景：中短距离投掷（5~15 m）；需要快速、精准投掷（如绕过障碍物或低空飞行）。

(b) 基本技巧：

握持绳包：用主手握住绳包开口处。

站立姿势：双脚平行或前后分开，身体侧向目标；非投掷手（如左手）指向目标方向。

投掷动作：将绳包从身体侧面拉回，手臂弯曲；快速向前挥臂，手臂与地面平行，利用手腕力量将绳包投出；投掷时重心从后脚转移到前脚。

绳索释放：投掷后保持绳索顺畅释放，避免缠绕。

c) 低手抛。

(a) 适用场景：短距离投掷（5~10 m）；需要低抛物线投掷（如避免绳索被风吹偏或绕过低矮障碍物）。

(b) 基本技巧：

握持绳包：用主手握住绳包开口处。

站立姿势：双脚前后分开，重心放在后脚；身体略微前倾，非投掷手（如左手）指向目标方向。

投掷动作：将绳包从身体前方拉回，手臂自然下垂；快速向前挥臂，手臂从下向上摆动，利用手腕力量将绳包投出；投掷时重心从后脚转移到前脚。

绳索释放：投掷后保持绳索顺畅释放，避免缠绕。

3) 关键注意事项

(1) 目标选择：投掷目标应为被困者双手可触及范围内，便于被困者快速抓住绳索。

(2) 抛投实施：投掷前确保绳索无缠绕，投掷后应根据水流流速收绳或适当放绳，确保被救者以“钟摆”原理安全靠岸。

(3) 环境适应：根据风速、水流速度和障碍物调整投掷力度和角度。

(4) 团队协作：多人配合时，明确分工（如一人投掷，一人固定绳索）。

4) 常见错误与纠正

(1) 错误：绳索缠绕或释放不畅。

纠正：投掷前检查绳索，确保绳包开口朝上和绳包紧实。

(2) 错误：投掷力度不足或方向偏差。

纠正：练习时调整站姿和挥臂动作，增加力量与精准度。

(3) 错误：未固定绳索末端。

纠正：在水流速度较快的流域中，投掷前需将绳索末端固定在锚点上。

5）训练建议

（1）模拟练习：在平静水域或陆地上练习三种投掷方式，熟悉动作要领。

（2）实战演练：在急流环境中模拟救援场景，提高投掷精准度和反应速度。

（3）力量训练：强化手臂和核心力量，提升投掷距离和稳定性。

3. 教学方法

为了确保救援人员能够掌握抛绳包抛投技术，教学方法应多样化、层次分明，结合理论与实践，渐进性地提高救援人员的技能水平。具体教学方法如下。

1）理论教学与视频讲解

（1）理论讲解：在教学开始时，讲解抛绳包抛投救援技术的基本概念、技巧原理以及不同环境下的应对策略。通过课堂讲解、图示、实物展示等方式，使救援人员能够全面了解该技术的背景、作用和应用。

（2）视频讲解与案例分析：通过展示真实的急流救援案例和抛绳包使用的视频，帮助救援人员直观地了解抛投技术在不同情况下的应用（图 4-17）。讲解和分析案例中的成功与失败，帮助救援人员总结经验。

图 4-17　抛绳包理论授课

2）实操演练与模拟训练

（1）基础投掷训练：首先，救援人员需要通过简单的基础投掷训练，掌握正确的姿势和投掷方法。可以选择平稳的环境进行练习，帮助救援人员逐步提高精准度。

（2）模拟不同水流环境的训练：在模拟水流较弱或较强的环境中进行抛投训练，救援人员可以逐步适应不同的水流速度和水流方向，调整投掷的角度和力度。在这种训练中，救援人员不仅能够提高投掷的准确性，还能增强其应对复杂环境的能力。

（3）跨越障碍物的投掷训练：设置模拟水域障碍物（如岩石、漂浮物等），让救援人员练习如何在这些障碍物的影响下进行准确的抛投。通过这种训练，救援人员可以提高面对障碍物时的应对能力。

（4）实战模拟与全员协作：通过进行实战模拟训练，救援人员不仅要单独完成抛投任务，还要与其他救援人员进行协作，模拟复杂的救援任务（图 4-18）。这一训练可以帮助救援人员加强与团队成员的沟通和协作，提高救援行动的整体效率。

图 4-18 岸上抛绳训练

3）反馈与调整

（1）视频回放与反思：每次训练后，通过录像回放帮助救援人员观察自己的投掷动作，并进行自我评估，分析错误原因。教员根据视频内容提供详细反馈，并指导救援人员进行改进。

（2）个性化辅导与指导：针对每个救援人员的不同情况，提供个性化的辅导。教员可以根据救援人员的技术水平、动作特点，提供不同的调整和建议，确保每位救援人员都能在短时间内掌握投掷技巧。

4. 教学注意事项

(1) 安全优先：急流水域救援训练具有一定的危险性，因此在教学过程中，要时刻关注救援人员的安全，确保每个训练环节都具备足够的安全保障措施，如穿戴全套水域救援服、佩戴抛绳包等。

(2) 循序渐进的训练方法：抛绳包的抛投技术需要通过逐步训练来掌握，初学者不应直接进行高强度、高难度的训练，应从简单的训练开始，逐渐增加水流强度、环境复杂度等因素，确保救援人员能够在不同环境下都能成功完成投掷任务。

(3) 情境模拟多样化：实际救援环境中，水流、天气、障碍物等因素都会发生变化，因此，训练中需要设计多种复杂的情境，模拟不同的应急情况。通过这些情境训练，帮助救援人员提高应对突发事件的能力。

(4) 团队合作与沟通：抛绳包抛投救援技术不仅仅是个人技能，还需要团队成员之间的密切配合。在训练中，要强调团队合作的重要性，救援人员应学会如何与队友有效沟通，并在共同完成任务时相互支持。

4.4.2 探杆递物救援技术

急流水域救援中的探杆递物救援技术是一种高效的水域救援方式，通过长杆递送物品（如救生圈、绳索、急救包等）给被困者，帮助他们脱离危险。

1. 教学目的

探杆递物救援技术的教学目的主要有以下几个方面。

1) 掌握操作技术

救援人员需要通过培训掌握正确的操作技巧，确保在急流水域中能够高效、安全地使用探杆递送救援物品。正确的操作技巧包括选择适当的探杆递送物品的方式、控制操作的角度和力度等。

2) 提高救援效率

在急流环境下，快速而准确地将救援物品递送到被困者手中，是确保救援成功的关键。通过培训，救援人员能够在最短时间内完成递送任务，减少被困者暴露在危险中的时间。

3) 增强水流适应能力

(1) 保障救援人员安全。在急流中进行救援时，确保救援人员自身的安全

至关重要。通过救援人员的技能提升和风险评估，减少因误操作或失误造成的事故，使救援工作能够顺利进行。

（2）提高团队合作能力。探杆递物救援技术往往需要团队协作才能完成。救援人员在训练中需要学会如何与队友配合，确保在团队中发挥出最大的效能，快速高效地完成救援任务。

2. 教学内容

探杆递物救援技术的教学内容包括理论学习、操作技巧、实际应用和各种复杂环境下的应对策略。以下为教学内容的详细分类。

1）探杆递物救援技术的基础理论

（1）探杆递物救援技术的定义和原理：探杆递物救援技术指的是使用一根足够长、坚固且灵活的探杆，将救援物品（如救生圈、绳索、急救包等）递送到被困者手中的方法。这种技术适用于被困者无法通过常规方式接触到的情境，能够确保救援物资传递而不必冒险进入危险水域。

（2）探杆的种类与选择：探杆通常由铝合金、碳纤维等轻质材料制成，具有一定的弹性和强度。救援人员需要了解不同探杆的使用场合，选择合适的探杆长度、强度和材质。教学中应包括探杆的种类、特点及其适用的水域环境。

（3）递物救援的基本原理：探杆递物的基本原理是利用物品的漂浮性和水流的方向，通过精准控制探杆的角度、力度与方向，确保救援物资准确无误地送达被困者。救援人员需理解不同水流条件下，如何调整操作策略以提高递送的准确性。

2）探杆递物操作技巧

（1）探杆的正确使用方法：救援人员需要学习如何将探杆正确地使用在不同的水域环境中。具体操作如下。

握杆技巧：如何根据自己的手部力量和水流方向正确握住探杆。

递物技巧：如何通过探杆将救援物品送到被困者手中，避免物品被水流带走或错过目标。

控制力度与角度：如何根据不同水流的强度调整探杆递物的角度和力度，确保物品能够准确到达。

（2）递物时的角度与策略：不同的急流环境需要不同的递物策略。在水流较强的情况下，救援人员应学会如何调整递送角度，使物品能够顺利通过水流到达目标。同时，要学会观察水流方向，预判水流变化，并通过调整探杆位置应对不同的水流情况。

（3）多次递送的协调：在一些复杂的环境下，可能需要多次递送物品，救援人员要学会如何协调不同的操作步骤，确保每次递送都精准且高效。教学中需要模拟递送多种物品的情况，帮助救援人员提升操作的连贯性和熟练度。

3）急流水域环境下的递物技巧应用

（1）急流中的递物技巧：急流环境下水流较快、方向变化大，救援人员需要掌握如何在这种环境下通过调节探杆的高度、角度和力度，确保物品准确到达被救者手中。教学中要进行模拟急流环境的训练，让救援人员体会到不同流速对递物的影响。

（2）应对障碍物的技术：在急流中，水面上可能存在各种障碍物（如漂浮物、岩石等），这些障碍物可能影响救援物品的递送路径。救援人员需要学习如何通过调整探杆的角度和力度，避免与障碍物碰撞，并确保物品顺利送达。

（3）复杂气候条件下的递物训练：在风雨等恶劣天气条件下，救援人员需要学会如何在不利条件下保持递物的准确性。例如，在强风天气下，风速会影响探杆和物品的稳定性，救援人员需要根据风向调整投递的角度和力度。

4）实际操作中的应急反应与调整

（1）快速反应与操作调整：在实际救援过程中，水流和环境条件往往会发生剧烈变化，救援人员需要学会如何快速反应，并及时调整递物策略。教学中应设置多种模拟紧急情况，帮助救援人员提高应急反应能力，如遇到水流逆转、物品漂走等情况时，如何进行补救操作。

（2）递送失败后的补救方法：即使在熟练掌握技巧后，救援过程中也可能会出现递送失败的情况，如物品未能准确到达目标。救援人员需要学会如何快速评估失败原因并采取补救措施，如何迅速调整探杆方向、重新投掷物品等。

（3）递送多种物品的协调训练：在一些复杂的救援中，可能需要同时递送多个物品。救援人员需要学习如何合理安排顺序，确保多项任务的协调完成。

3. 教学方法

教学方法是保证救援人员能有效掌握探杆递物救援技术的关键。对于这种技术的训练，必须采取多样化、互动性强且渐进的教学方法，以确保救援人员能够在不同情境下灵活运用。以下是详细的教学方法。

1）理论讲解与演示

（1）基础知识讲解：教学的初期，先进行理论讲解，帮助救援人员理解探

杆递物救援技术的基本概念、应用场景、技巧要求等。通过课堂讲解，让救援人员了解救援操作中的各类工具、常见问题、常见错误等基本知识。

（2）多媒体演示：使用视频、动画等多媒体工具，展示不同环境下探杆递物救援技术的使用实例和成功案例。救援人员可以通过观察成功救援过程，清楚地看到每一步骤的具体操作方式和技巧。在演示过程中，要强调关键环节和注意事项。

（3）互动式讨论：通过引导救援人员进行互动讨论，分享过去的经验或遇到的挑战。讨论可以包括救援中常见的问题和错误，讨论如何根据不同环境来选择合适的技术与工具，增强救援人员的理解与分析能力。

（4）案例分析：通过分析救援中的成功与失败案例，救援人员可以从实践中获得经验。在分析过程中，要结合理论知识，指出技术的细节以及救援人员可能遇到的问题和解决方案。

2）现场示范与实操训练

（1）示范示教：教员首先通过亲自操作演示探杆递物救援技术，向救援人员展示如何调整探杆的角度、力度、方向等关键细节。在示范示教时，教员还要强调每个动作背后的原理和注意事项，帮助救援人员加深理解。

（2）逐步练习与技能掌握：初学者应从简单的递送任务开始练习。例如，在较为平静的水域，练习如何调整探杆和递送物品。随着技术的进步，可以逐渐增加水流强度、环境复杂度等条件，使救援人员逐步提高技能水平。

（3）模拟真实场景：模拟多种复杂水域环境，如急流、障碍物、低能见度等。在这些模拟情境下，救援人员能够更好地理解如何应对不同的水域环境，以及如何在紧急情况下有效快速地使用探杆递物救援技术。

（4）递送精准度训练：通过标定不同的目标位置，让救援人员反复练习物品的精准递送。在这个过程中，救援人员可以逐步调整自己的操作方法，学会如何调整投掷角度、力度以及时机，确保递送的物品能够精准命中目标。

3）分组练习与团队合作

（1）小组练习与竞赛：将救援人员分成小组，进行相互之间的训练与竞赛。小组成员互相协调，挑战在规定时间内准确、安全地完成任务。通过竞赛的方式，救援人员可以在实践中学习团队协作，体验压力管理，并提高协作能力。

（2）角色分配与协作训练：在训练中，给每位救援人员分配不同的角色，如递送者、接收者和观察员等，模拟复杂的救援场景，进行团队协作训练。救援人员需学习如何与其他队员进行协调和沟通，确保物品的精准递送和救援任务的顺利完成。

(3) 交替练习与多方配合：进行交替练习，每个救援人员都轮流进行不同角色的练习，从递送、接收到指挥等多方面的技能都进行训练。

4）角色扮演与情景模拟

(1) 模拟任务情景演练：通过设置复杂的救援情景，让救援人员进行角色扮演。例如，模拟被救者的不同状态（如受伤、极度疲惫等），救援人员需根据情况调整救援方法。

(2) 多层次任务挑战：设计具有挑战性的多层次任务，要求救援人员在完成第一层任务的基础上，继续进行下一阶段的操作。例如，递送一段绳索后，再进行物品递送，在接近水面时加入水流、障碍物等干扰因素，训练救援人员应对复杂局面时的协调性和反应速度。

5）视频反馈与技术改进

(1) 录制训练过程：将救援人员的训练过程录制下来，通过回放视频帮助救援人员自我分析与改进。救援人员可以观察自己的动作，找到操作中的漏洞和不足。

(2) 反复练习与改进：救援人员可以根据视频回放中暴露的问题进行改进，通过反复练习来巩固已掌握的技巧，避免重复错误。

6）实战演练与任务实操

(1) 真实环境模拟：在有经验的教员引导下，救援人员将在实际的水域中进行训练，模拟真实的急流环境。这种训练有助于救援人员适应实际救援中的多种复杂因素，如水流方向、障碍物、水位变化等，从而培养他们应对突发情况的救援能力。

(2) 多组协作实战：通过分组进行实战任务演练，每组救援人员必须完成一系列救援任务，包括探杆递物、协调救援等，最终达到有效的救援目标。通过这种实战演练，救援人员能够加强实战经验，检验并提升所学技能。

4. 教学注意事项

教学过程中，救援人员的安全、训练效果以及技能掌握的效果都是必须重点关注的事项。以下是一些教学过程中需要特别注意的细节和注意事项。

1）救援人员安全

(1) 全程监控与安全保护：在进行水域救援训练时，在所有人员都需全程

重视安全外，还必须配备上游观察员、现场安全员和确保人员，确保救援人员的安全。

（2）现场急救准备：在现场必须配备急救设施和急救人员，以应对任何突发的健康问题或意外伤害。救援人员需提前接受基本急救培训，了解如何应对救援中可能发生的意外。

2）分阶段、分难度的教学

（1）循序渐进的技能训练：教学中，救援人员的学习进度需要循序渐进。从基础的技术操作、简易的水流环境开始，逐步进入复杂的急流、水流湍急等高难度场景。确保救援人员从简单到复杂，逐步提升技能，不断巩固基础，形成高效的技术掌握。

（2）技能提升的实时反馈：对于救援人员在每个阶段中的表现，教员应给予实时反馈，及时指出技术细节的偏差以及需改进的地方。在初级阶段，要重点关注救援人员的操作规范和安全意识；在后期训练中，则要强化技术的灵活性和应变能力。

（3）多样化环境模拟与挑战：在训练过程中，要通过多样化的情境模拟，帮助救援人员适应各种复杂的急流环境。例如，模拟多种障碍环境、水流变化甚至夜间或恶劣天气等，让救援人员在真实条件下强化应对能力。

3）技术精细化与个性化辅导

（1）技术精细化要求：教员要关注救援人员每一个细节的技术表现，包括探杆操作的角度、力度、速度等，确保其动作的精确度和高效性。教学中要着重纠正任何不规范的动作，帮助救援人员将每一细节做到最好。

（2）个性化辅导：针对不同救援人员的特点和进度，提供个性化的辅导和训练计划。不同救援人员的体力、心理承受能力以及技能掌握程度不同，教员应根据每位救援人员的具体情况进行调整，使每个救援人员都能在自己的最佳状态下完成训练。

4）心理调节与压力管理

（1）应对紧急情况的心理素质训练：急流救援任务通常伴随很高的心理压力，因此，训练中要加入应急压力管理的内容。救援人员需要通过模拟高压、紧急的训练情境，学会如何在紧张环境中保持冷静、快速反应并作出正确决策。

（2）情境模拟中的心理调节：通过模拟高压、紧急的情境，帮助救援人员在压力中锤炼心态。救援人员要学会如何调整情绪，在长时间训练或面对困境时保持冷静和理智。这种心理素质的培养是提高救援效率和成功率的关键。

5）团队协作与沟通

（1）加强沟通训练：在探杆递物救援中，团队协作至关重要。训练时，必须通过角色扮演、团队任务等方式，提高救援人员的沟通能力。通过明确分工、密切配合，确保救援装备的精准递送和整体救援任务的顺利完成。

（2）团队协作中的指挥与配合：救援人员应学会在团队中根据任务需要扮演不同角色，并与队友保持良好的沟通和协调。在大规模救援中，教员应安排救援人员进行团队协作训练，模拟多组合作完成任务。

4.4.3 救生圈抛投救援技术

急流水域救援中的救生圈抛投救援技术（图 4-19）是一种在危险的水域环境中常见且非常有效的救援方法。通过正确的抛投技术，救援人员能够在紧急情况下为被困者提供及时有效的帮助。

图 4-19 救生圈抛投救援技术

在教学过程中，救生圈抛投救援技术的训练需要系统化、层次化，并且通过多样化的教学方法与实际操作，帮助救援人员掌握准确的技术要求。

1. 教学目的

急流水域救援中的救生圈抛投救援技术教学的主要目的是确保救援人员能够准确、高效地掌握救生圈的抛投技巧，并在实际救援过程中应用这一技能，以提

高被困者的生还概率。教学的具体目标包括：

1）掌握救生圈的基本操作技巧

救援人员需要熟练掌握如何正确地抛投救生圈，如何调整抛投角度、力度、距离，确保救生圈能够准确到达被救者触及范围内，便于被救者能够有效抓住。

2）提高救援物品投掷的精准度

抛投的精准度是决定救援成功与否的关键。救援人员要学会在复杂的水流条件下，如何调整自己的投掷技巧，保证救生圈的准确性，避免因投掷不准导致的救援失败。

3）培养快速反应与应急判断能力

急流水域的环境充满变化，救援人员需学会如何在短时间内判断被困者的准确位置，快速评估水流状况，选择最佳投掷时机和策略，从而提高救援的效率。

4）增强心理素质与压力应对能力

救援过程中，时间和压力通常决定着被困者的生死。救援人员需在训练中不断提高自己应对紧张局势的心理素质，能够冷静、迅速地作出决策。

5）提高团队协作与沟通能力

在救援过程中，往往需要团队的协作。救援人员不仅要掌握个人技能，还需学会如何与其他救援人员协调配合，确保整个救援过程顺畅、高效。

2. 教学内容

1）救生圈抛投救援技术概述

（1）救生圈抛投救援技术的定义：救生圈抛投救援技术是通过使用长绳与救生圈，将救生圈准确地抛投到被困者的附近，以帮助其脱离危险。此项技术特别适用于那些无法立即接近的水域或水流较急的环境。救生圈的抛投需要考虑水流、风速、投掷角度等多个因素，确保救生圈能够精确投送并被被困者接住。

（2）适用场景：救生圈抛投救援技术适用于各种水域环境，特别是在急流、视线受限的水域。它适用于距离岸边较远的被困者，尤其在无法直接接近或其他救援方式不适用的情况下，救生圈抛投救援显得尤为重要。

2）救生圈的构造与特点

（1）救生圈的种类：救生圈根据材质、设计等因素有多种类型，常见的有传统橡胶救生圈、充气式救生圈和复合材料救生圈等。救援人员需要了解不同类型的救生圈的特点，并学会选择适合不同环境的救援工具。

（2）救生圈的特点：救生圈通常具有浮力强、体积小、便于携带和使用等特点。救援人员需了解如何检查和确认救生圈的完好性，确保其在水域救援中能够有效使用。

（3）救生圈的操作要求：正确操作救生圈需要救援人员掌握固定和投掷技巧。首先需要确保救生圈的绳索牢固，并且在投掷时，救援人员需要掌握正确的角度和力度，避免因操作不当导致救生圈不稳定或无法到达被救者。

3）救生圈抛投技术的核心技巧

（1）抛投动作的基本要领：站位与姿势：救援人员需要保持稳定的站位，双腿微屈，双手持救生圈的绳索部分，确保在抛投时身体平衡。

投掷角度与力度：根据水流方向与被困者的位置，救援人员需调整投掷的角度和力度，确保救生圈能够漂浮到被救者附近，并尽量减少水流的干扰。

抛投时机的选择：在水流较急的环境下，选择合适的抛投时机非常重要。救援人员需要观察水流与被困者的动态，选择最佳时机投掷，避免被救者在投掷过程中被水流带走。

（2）救生圈抛投技术的方式：根据不同的环境和水流条件，抛投的方式可以有所调整。救援人员需要学习：

① 水平投掷：在较为平稳的水域中，采用标准的水平投掷方式。

② 高抛投掷：在水流较急或视线受限的环境下，采用高抛方式，确保救生圈能够穿越水流并准确到达目标。

③ 低抛投掷：适用于水流较急的情况，通过低抛的方式利用水流的助力来增加投掷距离。

（3）配合其他救援技术：在某些情况下，抛投救生圈的同时，还需要配合其他救援技术，如抛绳包抛投、探杆递物等。救援人员需要学习如何根据现场情况调整救援方案，并与队友协同作业。

4）不同水域环境中的抛投技巧

（1）急流中的抛投技巧：在急流中，救援人员需特别注意水流的方向和速度，学会根据水流的影响调整抛投角度、力度和时机。通过练习，救援人员可以逐步掌握如何将救生圈投掷到正确的地方，并避免水流的干扰。

（2）低能见度环境下的抛投技巧：在雨天、雾霾或夜间等低能见度环境下，救援人员需要通过声、光信号或其他辅助工具，帮助自己找到被困者的位置，并学会如何在这种情况下进行有效的救援。

5）救生圈抛投后的后续动作

（1）确保被困者接住救生圈：抛投后，救援人员还需要确保被困者能够及时抓住救生圈。若被困者距离过远或水流较急，救援人员需准备继续投掷或其他备份救援方案，避免因错失机会而导致被困者的情况恶化。

（2）与其他救援人员协作：一旦救生圈被成功投到被困者附近，救援人员和队友要协力配合，确保被困者能够安全地使用救生圈，脱离危险。

3. 教学方法

为了确保救援人员能够有效掌握救生圈抛投救援技术，教学方法应当多样化，并根据救援人员的学习进度和水平进行适当调整。以下是详细的教学方法。

1）理论讲解与视听辅助

（1）理论讲解：首先，进行救生圈抛投救援技术的基本理论讲解，帮助救援人员了解救生圈的构造、性能参数以及技术要求。结合案例分析，向救援人员展示救援过程中可能遇到的各种情境，增强救援人员的理解。

（2）视听辅助：通过视频、动画等多媒体资料演示，展示抛投救生圈的标准动作、常见错误及其纠正方法。在观看过程中，救援人员可以注意到每个细节，如抛投角度、力度、时机的选择等。

2）示范操作与现场演练

（1）教员示范：教员首先进行标准操作的示范，演示如何在急流或复杂水域中准确投掷救生圈。在示范过程中，教员应特别强调抛投的技巧要点、常见错误及其避免方法。

（2）分阶段训练：救援人员应先从简单的环境开始，逐渐增加训练难度。在平静水域中进行基础训练，然后转向流速较急的水域环境，最后在复杂的波涛汹涌环境中进行高难度训练。每个阶段结束后，教员要根据救援人员的表现进行反馈。

（3）模拟突发情况：通过设置模拟救援任务，救援人员将面对多变的水流情况、被困者的位置变化等挑战。救援人员能够练习如何应对突发事件，并提高应急反应能力。

3）互动式教学与小组合作

（1）小组合作训练：将救援人员分组进行协同配合训练。小组内，救援人员需要相互协作，调整各自的投掷动作，以确保救援物品能准确、迅速送达被困者可触及范围内。小组合作训练可以促进团队精神，增强团队协作能力。

（2）角色扮演：通过角色扮演的方式，让救援人员在模拟情境中扮演不同的角色，如救援人员、被困者等。通过多角度训练，救援人员能够更好地理解整个救援过程及其关键要素。

4）反馈与改进

（1）视频回放：录制救援人员的抛投过程，并进行视频回放，帮助救援人员分析自己的动作和技术上的不足。通过反馈和思考，救援人员可以更好地发现自己的问题，并进行改进。

（2）一对一指导：对于进步较慢的救援人员，教员可进行一对一的辅导，根据救援人员的具体问题进行针对性的技术指导，帮助其逐步纠正技术上的错误。

4. 教学注意事项

1）安全保障

（1）安全防护：救生圈抛投训练需要在确保安全的前提下进行。救援人员必须穿戴全套个人防护装备，确保一旦发生意外能够立即得到救援。

（2）训练管控：在进行实际水域训练时，教员必须始终在场，并配备足够的安全员管控救援人员的训练，避免发生任何意外事故。

2）技术细节与个性化辅导

（1）注意细节：抛投技术的成功与否，往往取决于细节。救援人员在训练中要特别注意每个动作的精准度，包括投掷时的角度、力度、时机等。

（2）个性化辅导：每个救援人员的进度和技能掌握情况不同，教员应根据救援人员的具体问题进行个性化指导，帮助其克服技术瓶颈。

3）多样化情境模拟

（1）复杂环境模拟：训练中要模拟多种复杂的水域环境，如急流、障碍物、夜间等不同情境，帮助救援人员应对各种复杂条件下的救援任务。

（2）心理素质训练：救援中的心理压力往往影响判断与操作，救援人员需要在训练中培养良好的心理素质，保持冷静高效的操作。

4.4.4 水面机器人救援技术

急流水域救援中的水面机器人救援技术（图 4-20）的教学方法与注意事项需要充分考虑水面机器人的特殊性，以及在实际急流环境下的操作要求。由于水面机器人在救援过程中扮演着越来越重要的角色，它可以有效弥补人工救援的不足，尤其是在救援人员难以接近或环境复杂的水域。

图 4-20 水面机器人救援技术

以下是关于水面机器人救援技术的详细教学内容，包括教学目的、教学内容、教学方法，以及教学注意事项的详细分析。

1. 教学目的

1）掌握水面机器人基本操作技术

救援人员通过学习，能够掌握水面机器人在急流水域救援中的基本操作技能，包括水面机器人的起航、导航、控制、任务执行等。

2）提高救援人员对水面机器人技术的应用能力

救援人员要了解水面机器人的性能参数和工作原理，能够有效判断其在急流环境中的作用，掌握如何根据不同水域环境调整水面机器人的设置来执行任务。

3）培养救援人员应对突发事故的反应能力

在急流环境中，救援人员需通过模拟训练，提高面对突发情况时的决策能力。救援人员需学会如何在不同的应急情境中灵活使用水面机器人进行救援任务。

4）增强团队协作能力

水面机器人的救援任务通常是团队合作的结果，因此救援人员需掌握与队友的沟通与协调配合，共同解决救援任务中的问题。

5）培养救援人员的技术适应能力与创新思维

由于水面机器人在不同的水域环境中有不同的表现，救援人员在教学过程中要学会分析水域情况，灵活调整操作方案。救援人员还应具备创新思维，提出优化操作流程或技术改进方案。

2. 教学内容

1）水面机器人基础知识与原理

（1）水面机器人概述：介绍水面机器人的定义、功能、结构以及在水域救援中的应用。重点讲解水面机器人在急流水域救援中的优势，如灵活性高、风险小、可进行长时间巡航和人员拖带等。

（2）水面机器人的工作原理：详细讲解水面机器人的基本原理，包括运动方式（如推力系统、推进器等）、导航系统（如 GPS、声呐、水流传感器等）、通信系统、控制系统等。

（3）水面机器人的类型与选择：介绍不同类型的水面机器人，如无人驾驶水面艇（USV）、水上滑翔机等，并讨论在不同环境下如何选择合适的水面机器人。

2）急流水域救援任务中的应用

（1）任务目标与需求：讨论急流水域救援中，水面机器人需要完成的任务，如搜寻被困者、投放救生物资、传输实时视频监控等。

（2）水面机器人的功能与配置：讲解水面机器人如何搭载不同的设备与传感器来完成任务，如红外传感器、声呐探测、视频监控、救援绳投放系统等。

（3）多场景应用案例：通过案例分析，展示水面机器人在不同类型水域环境（如急流、洪水、低能见度环境等）的实际应用，帮助救援人员理解水面机器人救援技术的应变能力与局限性。

3）水面机器人操作与控制

（1）水面机器人控制系统介绍：讲解水面机器人的控制系统，包括遥控器操作、自动驾驶系统设置、任务编程与控制指令等。

（2）导航与避障：救援人员需要掌握水面机器人在急流水域中导航与避障的技能。通过传感器和算法（如声呐、激光雷达等）来规避障碍物，保持稳定的行进方向。

（3）任务执行与数据采集：教学中要重点讲解如何调动水面机器人完成不同的救援任务，如被困者的搜寻、救生设备的投放、实时视频传输等，并介绍如何通过水面机器人采集水域数据、传输数据回指挥中心等。

4）应急救援操作与技术

（1）快速部署与回收：教学中会讲解如何快速部署与回收水面机器人，尤其是在急流环境下。救援人员需要掌握如何在不影响救援效率的情况下，迅速部署

机器人并确保其安全回收。

(2) 紧急任务应对：通过模拟紧急救援任务，救援人员将体验如何在急流中操作水面机器人进行紧急搜救。例如，在被救者无法准确定位时，如何调整水面机器人进行有效的搜索，并结合传感器传输的数据提高救援效率。

5) 水面机器人数据处理与分析

(1) 实时监控与数据反馈：教学中要涵盖如何通过水面机器人获取实时数据（如水流速度、温度、被困者位置等），并将这些数据实时反馈给指挥中心。

(2) 数据分析与决策：训练救援人员如何根据水面机器人采集的实时数据，进行有效分析，作出救援决策。例如，如何根据水流情况和环境因素判断是否需要调整任务路线。

3. 教学方法

1) 情景模拟与挑战性任务

情景模拟是急流水域救援技术中不可或缺的一部分，特别是在训练水面机器人操作时。模拟环境可以帮助救援人员快速适应真实的救援任务，并提高决策能力和应急反应。

(1) 多维度情境模拟：模拟不同水流强度的场景，如急流、浪涌、暴雨、台风等。救援人员在这些环境中将学会如何调整水面机器人的速度、航向、任务执行策略。

(2) 模拟不同大气状况：如低能见度（雾霾、夜间），救援人员需要通过调整传感器设置（红外线、声呐等）确保机器人能够有效地执行任务。模拟紧急任务场景，如被困者无法准确定位、机器人电量过低等问题，救援人员需快速调整任务策略并采取应急措施。

(3) 逐步增加任务难度：

① 初级任务：如简单的搜索任务、单一救援任务（如投放救生装备）。

② 中级任务：结合多个任务目标，如同时执行救援、实时数据采集、视频传输等。

③ 高级任务：要求救援人员在复杂环境下进行导航、避障、远程操控，并实时应对设备故障、信号丢失等突发事件。

2) 分层次、分角色的互动式小组训练

分层次、分角色的互动式小组训练有助于救援人员在团队合作中更好地了解各个环节的任务和责任，提升协作意识和解决问题的能力。

（1）分角色训练：将救援人员分成不同角色，如操作员、指挥员、保障人员等。在训练中，操作员负责操控水面机器人，指挥员负责决策和任务调整，保障人员负责设备维护和数据分析。

（2）小组合作与任务协同：通过设计需要多角色协作的任务，如搜救任务，确保每个小组成员的任务都与其他成员紧密衔接。救援人员不仅要熟悉自己的操作任务，还要学会如何与团队中的其他成员沟通和协调。设置多组救援人员进行合作对抗，互相挑战谁能更快、更准确地完成任务，并在过程中进行实时调整。

（3）小组间竞赛与反馈：每次小组训练结束后，教员可以组织小组间的竞赛，互相比拼谁能够更精准地完成任务，同时分析每组在执行任务中的亮点和不足。通过竞争激发救援人员的动力，提升团队合作效率。

3）基于数据驱动的反馈与分析

在水面机器人操作中，数据分析和实时反馈至关重要。通过让救援人员主动参与数据的采集、处理与分析总结，可以更深刻地理解任务执行过程中的决策依据和调整需求。

（1）实时数据传输与分析：在训练过程中，救援人员可以通过机器人实时传输的传感器数据（如温度、流速、位置等）对任务进展做出实时分析。

救援人员可通过模拟平台，查看任务执行中机器人的数据反馈，学习如何根据数据优化任务路径、调整执行策略。

（2）数据与操作反馈：在任务完成后，提供任务数据和视频回放，帮助救援人员复盘整个任务执行过程，分析过程中发生的错误并提出改进措施。

教员可以在训练中实时查看机器人数据，通过仪表板、传感器数据和摄像头实时画面，提供针对性的技术指导。

4）逆向教学法与反向训练

逆向教学法是一种帮助救援人员从解决问题的角度去理解技术和任务的教学方法。

（1）逆向任务拆解：在一些复杂任务中，先给救援人员展示任务最终的成功结果或失败结果，让他们通过反向推导了解在任务中涉及的每个环节和操作技术。例如，展示如何通过机器人成功投放救生圈后，再让救援人员了解每一步操作的细节，逐步拆解任务流程。

（2）问题解决导向训练：设置机器人操作中的常见问题（如传感器故障、机器电池突然耗尽、任务路线中断等），让救援人员通过逆向思维思考解决方

案。救援人员将学会如何在问题发生后迅速调整操作并解决突发情况。

5）情感共鸣与心理素质培养

救援人员执行水面机器人救援任务时通常面临复杂和危险的环境，救援人员的心理素质直接影响任务的执行效果。因此，教学中也要关注救援人员的心理建设和情感调节。

（1）模拟高压环境：通过模拟压力巨大的情境（如救援过程中的多次失败、高压指令、设备出故障等），锻炼救援人员的冷静决策能力。在高压力下训练救援人员保持理性、冷静，培养他们在紧急情况下迅速作出正确反应。

（2）情感共鸣训练：教员可以通过设定假想场景，让救援人员理解被困者的处境。救援人员通过“置身其中”的感受，增强同理心，提高任务的投入感。帮助救援人员理解救援任务不仅是技术操作，还涉及情感、沟通与责任。

4. 教学注意事项

1）设备安全管理

确保所有操作人员了解水面机器人设备的基本安全操作规程，避免因设备损坏或操作不当造成事故。

在进行操作前，详细检查机器人设备的电池、传感器、推进系统等是否正常，确保设备状态良好。

定期对水面机器人进行维护和检查，确保设备处于最佳工作状态。

2）环境安全注意事项

在模拟急流救援训练时，确保作业区域水流条件符合安全标准，避免过于剧烈的水流给救援人员带来危险。

对水域环境进行评估，确保无其他干扰因素，如船只、水面障碍物等，影响水面机器人救援。

3）心理与应急反应训练

急流水域救援往往具有较高的风险，要求救援人员具备冷静应对突发情况的能力。教学中应加入心理素质训练，帮助救援人员提高应急反应能力。

在模拟演练中，设置突发事件（如机器人设备故障、目标难以接近等），锻炼救援人员在压力下快速作出判断和决策。

4）理论与实践的平衡

教学过程中要注重理论与实践的有机结合，避免仅停留在理论讲解上，也要注重实践操作的指导。

每次操作演练后进行小组讨论与反思，帮助救援人员总结经验，提高操作技能。

5）教学方式的多样性

采用多样化的教学方法，结合讲解、演示、实际操作、视频展示、案例复盘等多种形式，增加救援人员的兴趣和参与度。

在不同的教学环节中，确保教学方式的适应性，根据救援人员的学习进度进行调整，确保每位救援人员都能得到充分的学习机会。

4.4.5 水面拦截救援技术

急流水域救援中的水面拦截救援技术（图 4-21）是应对高速、急流水域中受困人员的一种有效手段。通过水面拦截技术，可以在最短时间内控制救援目标，防止目标被水流带走，并为进一步救援争取时间。这种技术的应用通常依赖于先进的水面救援设备（如水面无人机、水面机器人等），通过精准的操作、判断和技术配合，进行精确拦截。

图 4-21 水面拦截救援技术

1. 教学目的

1）掌握水面拦截救援技术

使救援人员了解和掌握水面拦截救援技术的基本原理、操作步骤、使用的装

备，以及如何应用这些技术进行高效救援。

2）提升实际操作能力

通过实际操作训练，让救援人员能够熟练运用水面拦截技术进行目标拦截，熟悉各种复杂环境下的应急反应。

3）强化安全意识与应急应变能力

强化救援人员在急流水域环境下的安全意识，训练救援人员在突发救援任务中如何快速作出反应和决策，确保操作人员和被救者的安全。

4）增强团队协作能力

通过小组合作训练，提高救援人员在复杂情况下的团队合作能力，确保多方协作高效完成水面拦截任务。

5）提升心理素质

培养救援人员在高压环境下保持冷静，快速评估和处置突发问题，确保救援任务顺利进行。

2. 教学内容

1）水面拦截救援技术的基础知识

（1）水面拦截救援的定义与概念：介绍水面拦截救援的基本概念、工作原理和适用场景。明确水面拦截救援在急流救援中的独特作用和优势。

（2）水面拦截救援技术的重要性：分析在急流、湍水中，如何通过拦截技术迅速抓住救援目标，阻止其随水流漂移，避免更大的危险。

（3）与其他救援技术的比较：对比水面拦截与其他水域救援技术（如搜救、打捞等）的优劣，帮助救援人员理解在特定情况下选择最合适的救援方式。

2）水面拦截救援的设备与工具

（1）水面拦截设备：介绍水面拦截救援中使用的主要设备，包括水面无人机、水上拦截网等，重点介绍每种设备的功能、操作特点、优缺点及适用环境。

（2）设备控制系统：详细讲解水面拦截设备的控制系统、导航系统和通信系统，包括如何使用这些系统进行精确操作。

（3）急流水域救援装置：介绍如何使用水面机器人、无人机等设备在急流中设置拦截装置（如自动化拦截网、浮标系统等），以确保被困者能够在最短时间内被拦截并安全救起。

3）水面拦截救援操作技能

（1）拦截准备与环境评估：在进行水面拦截救援之前，如何进行环境评估，包括水流速度、水域障碍物的评估、风向和天气情况的判断等。

（2）拦截设备的操作流程：逐步讲解如何部署水面拦截设备，操作流程从启动设备到完成任务的每一步骤，确保救援人员能够准确、快速地完成操作。

（3）目标识别与定位：如何通过设备的传感器或视觉识别技术，精确锁定目标位置，避免由于操作不当导致目标无法成功拦截。

（4）拦截实施：如何根据实时情况调整拦截策略，结合水流、风速等因素进行最优拦截，包括拦截目标的接近、捕捉及固定等技术。

（5）应急响应与故障处理：在拦截过程中如何迅速应对设备故障或其他突发事件（如机器人停运、设备失灵等）。

4）急流水域的特殊应急处置

（1）急流环境下的拦截技巧：急流水域具有复杂的水流和地形特征，救援人员需要掌握如何在这些条件下实施水面拦截操作，避开水中的危险区域，快速且准确地接近目标。

（2）跨设备协同工作：介绍如何将多种设备（如水面机器人、无人机、舟艇等）进行联动，以形成强大的联合拦截力量，确保在复杂环境中达到最佳效果。

（3）拦截与救援任务的协调：讲解如何协调水面拦截与其他救援任务（如搜寻、打捞等），通过协调工作提高救援效率。

5）水面拦截救援案例分析

（1）成功案例分析：对国内外水面拦截救援的成功案例进行分析，讲解操作流程、成功因素、技术应用和团队协作等方面。

（2）失败案例分析：通过分析失败案例，总结经验教训，帮助救援人员避免常见的操作错误，提高决策水平。

（3）案例讨论与问题解决：组织救援人员对实际案例进行讨论，分析在不同情境下采取的技术和策略，培养救援人员解决实际问题的能力。

6）设备维护与保养

（1）水面拦截设备的日常保养：介绍如何对设备进行日常检查、保养和维护，延长设备的使用寿命，确保设备在紧急救援中的正常运行。

（2）紧急维修与故障排除：讲解设备发生故障时的应急维修方法，如何快速恢复设备的正常工作状态，避免影响救援任务。

3. 教学方法

1）基于情景的启发式教学

（1）启发式问答：通过设置实际救援中的问题，引导救援人员思考，启发其独立解决问题的能力。例如，教员可以提出："如果水流的速度超过了预定的值，你会如何调整拦截策略？"这种方式有助于培养救援人员的快速反应能力和判断力。

（2）情境模拟：设计突发的救援情境，如目标被强水流带走，要求救援人员根据现场的变化快速作出决策。通过情境模拟，救援人员能在没有压力的环境下提前预演实际操作，增加对紧急情况的适应性。

2）案例分析法

（1）真实案例剖析：引入国内外急流水域救援的经典案例，通过分析成功和失败的案例，让救援人员从中吸取经验教训。每个案例分析后，可以进行小组讨论，让救援人员提出自己的看法，并与教员和其他救援人员共享，鼓励批判性思维和创新思维的培养。

（2）案例重演：通过重新复盘案例中的关键环节，救援人员可以在模拟操作中体验问题的发生、应对以及如何避免类似问题的发生。通过演练，救援人员对案例的理解会更加深刻，能为实际操作提供指导。

3）合作学习与团队竞技

（1）团队救援任务：设计团队合作任务，要求救援人员分工协作，合作完成复杂的水面拦截任务。每个团队成员都有具体分工（如设备操作、任务协调、现场指挥等），这可以增强团队合作精神，提高协调性和领导力。

（2）竞技挑战：组织救援人员在规定时间内完成任务，任务可能包括设备布置、目标拦截和救援。这种教学方法可以增强救援人员的压力管理能力和时间管理能力，同时激发其主动性和创新能力。

4）小组反馈

在每次操作练习后，组织救援人员进行小组讨论，总结自己的操作经验与体会，并通过集体反馈找出操作中的不足。这不仅能够强化救援人员对问题的认识，也能帮助他们在未来遇到相似问题时作出正确判断。

5）模拟环境与虚拟现实

（1）虚拟现实训练：利用 VR（虚拟现实）技术模拟复杂的水面救援环境，使救援人员可以在没有风险的情况下模拟各种环境下的操作，增强对设备使用的熟练度及紧急情况的应对能力。

（2）高模拟实境训练：在设施中模拟急流、水下障碍和高风速等不利条件，让救援人员在极端条件下反复训练，提高其在复杂情况下的应急反应能力和决策能力。

4. 教学注意事项

1）救援人员安全与心理防护

（1）预设紧急撤离方案：在进行实地训练时，必须明确撤离通道与应急反应流程。确保每位救援人员在面对突发情况时都知道如何安全撤离或寻求帮助。

（2）心理疏导：特别是在训练中可能遇到高压环境时，要定期进行心理辅导，帮助救援人员管理焦虑与压力。例如，通过放松训练、冥想等方式帮助救援人员释放压力，保持冷静和清晰的判断力。

2）设备的正确使用与维护

（1）操作手册培训：对于每一项设备（如水面无人机、机器人、传感器等），必须通过详细的操作手册讲解，让救援人员了解每一项设备的功能、使用方法以及可能遇到的故障和解决方案。

（2）设备损坏应急处理：在训练时，模拟设备故障或损坏的情况，指导救援人员如何迅速采取应急措施。例如，设备无法启动时，应如何检查电源、连接状态或备份设备的启动方法。

3）教学内容与方法的灵活调整

（1）灵活调整教学进度：根据救援人员的实际学习进度，适时调整教学内容的深度与广度。例如，对于进步较快的救援人员，可以适当提高任务的难度；对于进步较慢的救援人员，给予更多的时间和帮助，以确保每位救援人员都能达到训练要求。

（2）实时反馈与调整：通过教员对救援人员操作的实时观察和反馈，及时调整教学方法。救援人员在操作过程中遇到的问题，教员应及时指出并提供相应的技术指导，确保教学效果。

4）多感官互动学习

（1）多感官刺激：通过视觉、听觉和触觉的多重刺激，加强救援人员的学习效果。例如，利用水流的声音、设备的震动反馈等多重感官体验，帮助救援人员快速适应环境，提高对设备控制的精准度。

（2）感知训练：在复杂的水域环境下，指导救援人员如何通过感觉与判断来进行操作。例如，在高速水流中，如何通过水流的声音、设备的反应来判断目标的位置和移动轨迹。

5）跨学科合作与技术融合

（1）跨学科课程设计：将水域救援技术与其他相关学科如物理、工程学、信息技术等结合，设计更具挑战性和创新性的训练内容。例如，结合水域环境的流体力学，讲解如何通过数学模型预测水流的变化，进而调整拦截策略。

（2）技术融合：随着科技的发展，水面拦截救援技术也不断更新。教学中要关注无人技术、人工智能、物联网等新兴技术的应用，帮助救援人员掌握最前沿的技术，并能在复杂的环境中灵活运用。

6）强化理论与操作的整合性

（1）理论课与操作课交替进行：理论讲解后紧跟实际操作，避免救援人员在理论知识和实际操作中形成断层。每一节课程结束时，都要回顾和总结救援人员在操作中遇到的问题，并通过理论讲解帮助其解决。

（2）系统化教学体系：课程内容应按系统顺序进行，从基础操作技巧到复杂情境下的应用，每一部分内容都有明确的衔接和重点。确保救援人员在学习过程中有清晰的知识路径，逐步提升技能。

7）救援人员的综合素质评估

（1）全面评估救援人员能力：不仅评估救援人员的操作技能，还要对其决策能力、团队协作能力、应急反应能力等进行综合评价。教学评估不限于考核操作技能，还要从救援人员的综合素质入手，培养其全面的救援能力。

（2）个人与团队表现并重：除了个体技能评估外，还应对团队合作表现进行评分，鼓励救援人员在合作中展现个人能力，同时加强团队整体效率和执行力。

4.5 直接救援技术

4.5.1 浅滩涉水横渡救援技术

急流水域救援中的浅滩涉水横渡救援技术（图 4-22）是水域救援中非常重要的一项技能，尤其是在急流、湍急的水域环境下，涉水横渡通常成为水域救援的一种手段。为了确保救援人员能够在各种复杂水域中迅速而安全地实施救援，教学内容必须详尽且富有针对性，且应通过合适的教学方法和注意事项来帮助救援人员有效掌握相关技术。

图 4-22　浅滩涉水横渡救援技术

1. 教学目的

1）掌握基本的涉水横渡技能

教学的首要目的是帮助救援人员掌握在浅滩、急流等复杂水域条件下的涉水横渡技巧。通过训练，救援人员能够熟练应对多种水域环境中的水流阻力，掌握稳定的步态和姿势，增强身体协调性。

2）提高救援人员的应急反应能力

在浅滩涉水横渡救援中，救援人员不仅要掌握横渡的技能，还要提高其在紧急情况下的应急反应能力，能够在变化的水流、潮汐或其他环境因素下迅速作出判断并采取有效的应对措施。

3）强化团队协作能力

浅滩涉水横渡往往需要团队协作来完成。在教学中，将着重培养救援人员的团队意识，在真实的救援过程中，救援人员能够与同伴通力合作，确保救援任务顺利进行。

4）确保救援人员的安全意识与自我保护能力

引导救援人员重视安全风险，提升自我保护意识。在横渡过程中，救援人员要学会如何预判水流的变化，如何确保自身不受伤害，同时还要学会如何应对潜在的风险。

2. 教学内容

1）浅滩涉水横渡的基础知识

（1）水域特征分析：分析浅滩、水流、岸边地形等因素对涉水横渡的影响。救援人员需要了解如何评估水流速度、深度、流向等。

（2）横渡时的姿势与步伐：讲解横渡过程中正确的步态、体位和重心控制，如何在水流中保持平衡。

（3）涉水的安全技术：包括如何避免被水流带走，如何正确运用救生器材（如探杆、船桨、绳索等），以及如何判断水深和水流的安全范围。

2）救援前的准备工作

（1）装备检查与准备：介绍涉水横渡过程中需要携带的必要装备，如全套水域救援个人防护装备、探杆、船桨、绳索等，并进行装备使用讲解和实际操作。

（2）团队协作与分工：如何进行团队分工，明确每个成员的任务，如破浪手、指挥员、辅助员等角色，并明确在横渡过程中的协作要求。

（3）安全预防措施：训练救援人员识别和应对常见的安全风险，如水流过急、底部障碍、暗流等。

3）水域环境评估与应急处理

（1）评估水流与底质：救援人员需要学习如何通过观察水流的速度、流向和浅滩的底质状况来决定横渡的最佳路径。

（2）应急预案与救援技巧：讲解遇到紧急情况时的应急反应方法，如救援人员若被水流带走，应如何使用自救技能，如何利用现有的装备进行自我恢复。

4）浅滩涉水横渡的实战训练

（1）基础技能训练：救援人员通过简单的水域环境，逐步练习涉水横渡的技巧，熟悉在水流中的平衡控制。

（2）模拟实战演练：设计模拟急流、障碍物和浅滩等多种复杂情境，让救援人员在实际操作中提高应急反应能力和解决问题的能力。

5）后期评估与总结

（1）技能考核：通过模拟实际救援任务，对救援人员的涉水横渡技术进行考核，评估救援人员的技能掌握情况。

（2）反思与总结：在每次训练后组织反思讨论，评估救援人员在任务执行中的优缺点，进一步改进技术。

3. 教学方法

1）任务导向的教学法

（1）情境驱动任务：将教学内容与实际救援任务紧密结合，每节课设定不同的紧急任务，模拟从救援计划的制定到实际执行的全过程。例如，设置一个突发急流水域事故的场景，要求救援人员在短时间内判断水流的变化、选择合适的横渡路径，并完成整个横渡任务。通过这种方法，救援人员不仅学会如何涉水横渡，还能锻炼其应对多重任务和压力的能力。

（2）任务分解与递进训练：将任务分解成若干小模块，在每个模块上进行专项训练。例如，单独训练如何判断水流、如何选择最佳的横渡姿势、如何避免被水流带走等，逐步提高救援人员的技能。

2）反思式学习法

（1）反思与总结：每次训练后组织救援人员进行分析和总结，特别是在发生错误时，通过复盘分析动作错误的原因，救援人员可以更加清楚地理解自己的弱点。组织讨论会让救援人员分享自己在训练中的经验和教训，帮助他们从错误中学习，避免在实际救援中重复相同的错误。

（2）自我评估与目标设定：救援人员自评自己的表现，并设定下次训练的目标。例如，可以通过“每次训练后做一次 10 分钟的反思，列出自己的进步和不足之处”这种方式，让救援人员自觉进行反思，促进自主学习。

3）“倒逼式”教学法

（1）从结果反推过程：让救援人员从最后的救援任务结果进行倒推分析，先讨论应如何完成横渡任务，最后再逐步拆解每个操作的具体方法。这种教学方法可以帮助救援人员在实际任务中形成系统化的思维模式，理解每个细节对任务结果的重要性。

（2）问题驱动式训练：通过提出具有挑战性的问题来激发救援人员思考，如“在急流中的浅滩如何避免站立不稳？”“水流太急时如何减缓冲击力？”这种方式迫使救援人员主动思考并寻找解决方案。

4）模拟与虚拟现实（VR）结合的教学法

（1）虚拟现实（VR）模拟：使用 VR 设备模拟真实的水域环境，让救援人员在虚拟环境中训练涉水横渡技能。通过虚拟环境的高度还原，救援人员可以在没有实际危险的情况下进行高风险情境的训练。例如，模拟湍急的水流、底部障碍物、浑浊的水域等，让救援人员熟悉在这些极端条件下横渡的技巧。

（2）互动式模拟演练：将救援人员分成小组，利用模拟设备进行互动式训练。每个小组有不同的任务，通过设备提供的反馈，救援人员能够及时调整自己的技术和策略，提高对水流、障碍和安全的敏感性。

5）多感官体验法

（1）感官结合训练：通过视觉、听觉、触觉等多个感官刺激来帮助救援人员更好地体验水域环境。例如，利用音频模拟水流的声音，帮助救援人员判断水流的强度和方向；同时，让救援人员通过触觉感知水流的速度，提升对水域环境的整体认知能力。

（2）多任务多感官训练：通过给救援人员设置多任务的训练目标，并利用多感官体验技术（如震动反馈、温度模拟等），让救援人员的各个感官都参与到任务中来，帮助他们全面提升反应速度和对环境的判断力。

6）游戏化与竞赛化教学法

（1）任务竞赛：设计一些竞赛式的任务，如“在规定时间内，利用横渡技巧通过一个急流区”，根据每个小组完成任务的速度和质量进行评分。通过这种方式，救援人员在紧张而富有挑战的竞赛中，提高操作技巧，同时增强自信心和团队协作能力。

（2）游戏化训练：例如，可以设计一款模拟水域环境的救援任务游戏，让救援人员在游戏中不断解锁新的技能和设备，完成救援任务。通过游戏化的方式，救援人员不仅能提高技能，还能增强参与感和成就感。

4. 教学注意事项

1）严格的安全管理

（1）水域安全动态监控：在训练场地要设立安全管控人员，实时管控救援人员的训练情况。每个训练环节都应设有安全员负责观察，确保救援人员的安全。

（2）分阶段进行安全训练：在初期训练中，重点进行基础的安全教育，如何判断水流的强度、如何识别危险的水域环境等。在救援人员逐步掌握基本技巧后，再逐步进行复杂和高风险的涉水横渡训练。

（3）紧急预案的模拟演练：定期组织模拟突发紧急情况的演练，救援人员在此过程中学会如何应对水域中的意外情况。例如，在训练中模拟救援人员落水的情境，考察其是否能够迅速采用自救技能恢复正常。

2）救援人员身体条件与个性化训练

（1）体能评估与差异化训练：在初期阶段，评估救援人员的身体素质，并根据个人体能进行分组和差异化教学。对体力较弱的救援人员，可以进行专项的体能提升训练，并逐步适应训练的强度。

（2）心理素质训练：对于容易产生紧张情绪的救援人员，应该加强心理素质的培养，模拟高压环境，帮助他们学会如何在压力下作出冷静决策。在实际训练中，可以设置“心理耐力训练环节”，如长时间与水流接触，帮助救援人员提高心理承受力。

3）合理的节奏与任务分配

（1）逐步递进的训练节奏：教学节奏应根据救援人员掌握情况合理调整。初期应从简单的涉水技巧和基本水域判断开始，随着技能的提高，逐步增加任务的难度，如涉及更多障碍物、湍急的水流等。

（2）分阶段反馈与评估：在每个阶段结束时进行总结和反馈，让救援人员了解自己的进展。通过分阶段评估，及时发现救援人员的不足，并提供针对性的建议，帮助其更好地提高。

4）增强团队合作与协作意识

（1）协作性训练：在涉及多人协作的横渡任务中，强调团队的分工与协作。每个救援人员在团队中的角色与责任要明确，如何相互配合，尤其在救援时如何默契合作，是有效完成救援任务的关键。

（2）团队竞赛与挑战：将多个小组结合进行合作竞赛，促进团队成员之间的互动和合作。在竞赛中不仅考察个人技能，还要考察团队的协调性和联合救援能力。

5）多维度评估救援人员

（1）技能、决策与心理多维评估：教学过程中不仅仅评估救援人员的操作技能，还要考察其决策能力、团队协作能力以及在高压环境下的表现。通过多维度评估，可以更全面地了解救援人员的综合素质，并帮助救援人员在未来的任务中做出更好的表现。

（2）回顾式评估：在每次训练结束后，让救援人员回顾自己的整个过程，并做出评估。这不仅能帮助救援人员自我认知，还能促使他们发现自己未曾注意到的问题。

6）课程内容的适时更新

（1）技术更新：随着水域救援技术的不断发展，教学内容应定期更新。例

如，引入新的涉水横渡装备、新的横渡救援理念、利用最新的物联网技术监测水域环境等，让救援人员在教学过程中能够接触到最前沿的技术。

（2）根据救援实际需求调整课程：如果有特定的救援任务或环境发生变化，课程内容应根据实际需求调整。例如，针对新型急流或复杂水流环境的特殊救援需求，调整教学方案和训练模式。

4.5.2 水面绳索横渡救援技术

急流水域救援中的水面绳索横渡救援技术（图4-23）是一项复杂且关键的技能，常用于救援过程中确保救援人员能够安全、有效地渡过湍急水流或其他不可通过的障碍物。尤其是在急流环境下，使用绳索横渡不仅是救援中保护自己和他人安全的一项必备技能，更是通过绳索和其他辅助工具进行定位、固定、牵引的重要手段。为了有效掌握这项技术，救援人员需要系统地学习相关的理论知识、实际技能、团队协作以及应急反应能力。

图4-23 水面绳索横渡救援技术

1. 教学目的

1）掌握水面绳索横渡的基本技能

教学的核心目标是帮助救援人员掌握在急流水域中使用绳索横渡的技术。救援人员需了解并能够熟练应用绳索横渡的基本技巧（与水流方向呈 45°）、装备使用及操作原理。通过实践训练，使救援人员在水流复杂、条件严苛的环境下，能够顺利完成横渡任务。

2）增强应急反应与自救能力

使救援人员在遭遇突发情况时，能够快速判断水流的变化、环境的复杂性，并作出正确的反应。在使用水面绳索横渡救援技术时，救援人员应能够在困难情况下自救或援救他人。

3）提高团队协作与合作意识

水面绳索横渡救援技术往往需要团队的配合，因此，加强救援人员的团队协作能力，帮助他们理解如何与同伴互相配合、分工协作是本课程的重要目标。

4）培养救援人员的安全意识与风险管理能力

在急流环境下，使用绳索横渡时，救援人员需要保持高度的安全意识，避免因技术不熟练或环境不当造成事故。通过教学，使救援人员学会如何规避水域环境中的潜在风险，并采取适当的防护措施。

2. 教学内容

1）水面绳索横渡救援的基础知识

（1）绳索横渡的基本原理：讲解绳索横渡的理论基础，如何通过绳索、滑轮系统、支点等基本工具来帮助跨越急流、峡谷等障碍物。

（2）水域环境分析：救援人员需了解急流水域的基本特点，如水流的强度、深度、底质、是否有暗流等。分析这些环境因素对绳索横渡救援技术的影响。

（3）绳索与装备的选择：详细讲解水面绳索的种类、规格，如何选择适当的绳索、锁具、滑轮、加固装置等，并进行实际的设备操作。

2）水面绳索横渡的具体技术

（1）基本横渡技巧：如何通过绳索在急流中横渡。讲解绳索的固定、张紧、使用角度等技术细节。如何利用支点将绳索固定在稳定位置，确保横渡过程中的安全与顺利。

（2）横渡过程中的自我保护技术：在横渡过程中，救援人员应学习如何保证自身不被水流带走。包括如何保持稳定的姿势，如何根据水流的速度调整自己的移动方式，如何运用安全带、浮具等辅助设备。

（3）固定与调整绳索的方法：讲解如何在急流中调整绳索的长度和张力，确保绳索能承受横渡时产生的力量，并维持稳定。特别是在遇到复杂水流或无法

稳固固定绳索的情况下，如何合理调整策略。

（4）使用滑轮与锚点的技巧：如何根据不同的环境选择适当的锚点，并使用滑轮系统来减少横渡过程中的摩擦力，使横渡更加顺利。讲解不同水域环境下如何使用滑轮系统提高效率和安全性。

3）团队协作与任务分配

（1）协作角色与分工：水面绳索横渡不仅是单一技术的应用，更多的是团队协作的表现。在训练过程中，救援人员需要分角色进行任务分配。包括绳索固定员、牵引员、横渡员等角色。如何有效分配任务、协调工作，并确保任务的顺利完成。

（2）多队员联合作战：在需要多人同时横渡的情况下，如何通过绳索、通信设备等工具进行团队合作，确保所有队员同步行动，及时调整策略。

4）急流环境中的风险管理与应急处置

（1）紧急救援技巧：在横渡过程中遇到突发情况时，救援人员需要学会如何应急反应。例如，如何在水流太急时通过调整绳索的使用方式或通过自救方法恢复安全。

（2）绳索断裂后的处理方法：在横渡过程中，如果发生绳索断裂或故障，救援人员需学会如何迅速应对，避免造成更大的安全隐患。

（3）不适合横渡的情况判断：救援人员应学会根据急流环境判断是否适合进行横渡，避免冒险行动，确保救援任务不至于带来额外风险。

5）后期总结与反馈

（1）教学反馈与评估：每次训练后要进行救援人员的技能评估与总结，指出救援人员在绳索横渡过程中的优点和需要改进的地方。通过反馈帮助救援人员认识自己的问题，并进一步提高技巧。

（2）常见问题分析与应对：组织救援人员分享在训练过程中遇到的困难和疑惑，集体讨论问题的解决方法，促进知识的互相传递与经验共享。

3. 教学方法

1）情境模拟法

（1）模拟真实环境：教学过程中，通过模拟实际救援中的情境，帮助救援人员感受实际操作中的挑战。例如，设置急流、浮动障碍物等环境，模拟救援现场（图4-24）。救援人员在模拟环境下进行横渡训练，不仅能学到技巧，还能增加适应复杂情况的能力。

图 4-24 水面绳索横渡教学模型

（2）分步模拟：每次训练时，根据任务的难度分阶段进行。例如，首先训练如何固定绳索和建立支点，然后逐渐引入水流、急流等因素，增加训练的复杂性。这种分步模拟可以帮助救援人员逐步建立信心和技能。

2）任务驱动法

（1）设定明确目标：为每位救援人员设定具体的训练任务，如“在规定时间内完成水面绳索横渡并安全返回”，并根据完成情况进行评分和反馈。任务驱动法可以让救援人员在时间压力和任务要求下锻炼应急反应和决策能力。

（2）任务多样化：根据不同的水域环境设计不同的任务。例如，在静水区域训练绳索固定与横渡技巧，在湍急水流区域进行横渡的协调与配合训练。通过任务的多样化，增强救援人员应对不同环境的能力。

3）分角色协作法

（1）小组合作与角色分配：在训练过程中，采用小组合作模式，救援人员分配不同角色（如绳索固定员、横渡员、安全员等），每个角色都有明确的任务。通过合作与协调完成任务，增强团队协作意识。

（2）角色互换训练：为了让救援人员全面掌握技术，每个救援人员在不同阶段轮换角色进行训练。这样不仅能了解其他队员的工作职责，还能帮助救援人员更全面地理解和应用救援技术。

4）反思式学习法

（1）训练后总结与反馈：每次训练结束后，组织救援人员进行反思和总结。通过对每次训练的回顾，救援人员可以识别自己在横渡过程中遇到的难题，教官可以及时纠正救援人员的错误，并提供改进意见。

（2）小组讨论与经验分享：训练后，救援人员可以在小组内分享自己的心得与经验，分析实际操作中的优缺点。通过集体讨论，救援人员能够从他人的经验中学习，提高自身的技能水平。

5）实战演练法

（1）模拟紧急情况：定期进行全方位的实战演练，在这种高压环境中，救援人员必须应对复杂的水流、设备问题、意外情况等。这种训练能有效锻炼救援人员的应急反应能力、团队配合以及决策判断能力。

（2）压力测试训练：模拟在紧急情况下的操作，如模拟水流中出现绳索断裂、救援人员失去平衡等，救援人员需要快速作出反应，使用应急技能恢复正常操作。

6）视频示范与讲解法

（1）示范操作：通过展示成功的水面绳索横渡救援视频或现场示范，让救援人员理解每个操作的正确步骤和技巧。救援人员在观察的过程中可以看到细节，如如何判断水流强度、如何调整绳索的张力等。

（2）细节分析与讲解：在观看视频后，详细分析视频中的操作流程和注意事项，重点讲解操作中的关键技术和可能的风险。

7）循序渐进法

（1）从简单到复杂：初期训练集中在绳索固定和简单的横渡动作，逐步加入更多的挑战，如增大水流的强度、加入水下障碍物等，逐渐提高训练的难度。

（2）重复训练与渐进技巧：重复进行基本训练，确保救援人员能够熟练掌握每一个环节。例如，救援人员可以先进行不带水流的简单横渡练习，逐步过渡到湍急水流中的横渡训练，直到完成完整的技术链。

8）个性化辅导法

（1）根据救援人员差异化教学：根据救援人员的体能、经验和理解力的不同，为救援人员提供个性化的指导。例如，体力较差的救援人员可以通过强化体能训练来提高耐力，而技术较弱的救援人员则可以重点训练绳索固定和姿势调整。

（2）一对一指导：在训练中遇到困难时，教官可以提供一对一的辅导，对救援人员的错误进行及时纠正，帮助其更好地理解技巧要领。

4. 教学注意事项

1）严格的安全管理

（1）充分的安全防护：在进行水面绳索横渡训练之前，必须确保所有救援人员穿戴齐全的个人防护装备，包括急流救生衣、安全带、头盔等。在进行横渡时，救援人员应始终穿戴好个人防护装备，并使用符合标准的绳索和器材。

（2）训练场地选择与监控：选择适当的训练场地，并设立安全监管员进行实时监控。水域环境应有清晰的水流特征，不宜选择过于危险或条件不稳定的水域作为训练场地。

（3）应急预案与演练：每次训练前，教官需对救援人员讲解紧急情况下的自救与他救方法，并定期进行应急演练，确保救援人员熟悉在紧急情况下如何快速反应。

2）因地制宜的适应性训练

（1）根据水流强度调整训练内容：针对不同强度的水流，训练的难度应相应调整。初学者应在相对平缓的水域进行练习，熟练后才可以进入湍急水流或复杂环境。

（2）环境适应性训练：训练内容应根据水域的不同特性进行调整。例如，在浅滩、深水区、漩涡区等不同环境中训练绳索横渡技术，以确保救援人员能够在各种复杂环境下作出正确判断。

3）细节控制与操作规范

（1）绳索固定与张力控制：教员必须强调在急流中如何安全地固定绳索，并根据实际情况调整绳索的张力。过紧或过松的绳索都会影响横渡的稳定性。

（2）横渡姿势的规范化：救援人员必须学习如何在横渡过程中保持正确的姿势，如如何利用绳索进行平衡，如何防止水流冲击造成摔倒或失去控制。

4）注意团队协作与信息传递

（1）团队分工明确：每个救援人员的角色和职责要明确划分，确保在横渡过程中每个人都知道自己应该做什么。例如，固定员负责固定绳索，横渡员负责通过绳索横渡，安全员负责监控横渡过程中的安全。

（2）有效的沟通与信息共享：在训练过程中，救援人员之间应保持清晰的沟通，如使用手势或无线电进行信息传递。在复杂环境下，及时的沟通能够避免许多不必要的事故。

5）体力与心理承受能力

（1）体力准备与训练：水面绳索横渡需要一定的体力支持，尤其是在水流湍急的情况下，救援人员需具备较强的臂力、核心力量和耐力。因此，在课程开始前，进行适量的体能训练至关重要。

（2）心理素质培养：救援人员在横渡过程中可能会面临紧张或恐惧心理，尤其是在初次尝试时。教官需要帮助救援人员建立信心，进行心理调适训练，缓解其恐惧心理。通过模拟的危险环境，让救援人员逐渐克服紧张情绪，保持冷静。

6）及时反馈与持续改进

（1）训练后的反馈与评估：每次训练后，教官应对救援人员的表现进行详细评估，指出其技术上、操作中的优缺点。提供具体的改进意见，帮助救援人员在后续训练中不断进步。

（2）制定个性化的训练计划：根据每位救援人员的实际表现，教官应为救援人员制定个性化的训练计划，帮助救援人员在技术、体能和心理素质等方面得到持续的提升。

4.5.3　水中拖带救援技术

急流水域救援中的水中拖带救援技术（图 4-25）是一项关键技能，旨在确保在复杂水域环境中，救援人员能够安全、有效地将被困者拖带至安全区域。

图 4-25　水中拖带救援技术

1. 教学目的

在急流水域的救援操作中，水中拖带救援技术是一项至关重要的技能。其主要目标是确保救援人员能够迅速有效地将被困者安全拖带至安全区域。通过本项技术的训练，救援人员不仅能提升实际操作技能，还能增强应急反应、团队协作和个人安全意识。具体来说，教学目的可以细化为以下几点：

1）熟练掌握拖带技巧

救援人员能够在急流水域中准确有效地进行拖带救援，快速将被困者带离危险区域，并确保拖带过程中不发生二次事故。

2）提升水域环境适应能力

救援人员能够在复杂多变的水域环境中进行有效的救援，不限于平静水域，还包括水流湍急、存在障碍物等复杂环境。

3）培养团队合作精神

水中拖带救援往往是团队协作的工作，救援人员能够在团队中准确理解和执行各自的角色职责，确保整个救援任务高效、安全地完成。

4）强化安全意识

救援人员通过训练掌握必要的自救与互救技能，避免在救援过程中出现自身受伤等不必要的安全隐患。

5）快速应急反应与决策能力

救援人员能够在突发事件发生时，冷静、迅速地作出正确判断，选择合适的拖带方式或其他救援措施。

2. 教学内容

教学内容涵盖水中拖带救援技术的理论知识、实操技能、团队协作与应急反应等方面。

1）水中拖带救援的基本理论

（1）水流特性分析：急流水域的水流特性，诸如流速、流向、波浪、漩涡等对救援操作的影响，救援人员需要了解不同水流的特性，以调整操作方法。

（2）拖带救援的基本原则：在进行拖带救援时的基本原则，如保证拖带的安全性、稳定性和速度，同时考虑被困者的状况（如意识状态、体力消耗等）进行灵活调整。

（3）救援过程中的风险与挑战：如何识别和规避救援过程中可能遇到的风险，如急流中的绳索缠绕、人员溺水、浮力问题等。

2）水中拖带救援技术

（1）水中拖带的基本方法：包括手动拖带、使用浮具辅助拖带、绳索拖带等不同的方法。每种方法的适用环境与优缺点需要救援人员掌握。

（2）拖带姿势与动作：教授拖带时的正确姿势，如双手拖腋、双腿夹腋、单手夹胸等，每种姿势的具体操作技巧及其适用情境。

（3）使用救援工具：介绍并实践常见的救援工具，如救生绳、浮具、拖带器、救生圈等的使用方法，确保救援人员能够根据实际情况选择合适的工具进行拖带。

（4）水中拖带的调整技巧：救援人员需要掌握根据水流强度、被救者状态以及现场环境及时调整拖带方式，如改变拖带姿势或改变拖带方向等。

3）团队协作与分工

（1）角色分配：在救援任务中，如何明确每个成员的角色，如主拖带员、副拖带员、安全员等，确保协同作战。

（2）团队协调与配合：训练团队成员之间的沟通技巧和协作策略，包括手势、信号、口令的统一，以确保动作一致和高效。

（3）应急协调：当出现紧急状况时，团队成员如何迅速反应并调整策略，协同应对如救援人员失误、被困者状况变化等突发情况。

4）安全保障

（1）个人防护装备：学习使用急流救生衣、救生器材、头盔等个人防护装备的重要性，确保救援人员在水中拖带过程中的自身安全。

（2）水域环境评估：教学如何评估水域的安全性，包括水流情况、水深、是否有障碍物等，确保在合适的环境下进行救援。

（3）应急预案与处理：在训练过程中模拟各类紧急情况，如绳索断裂、拖带过程中失控、被困者溺水等，救援人员需要学会如何在最短时间内作出应急反应。

5）自救与互救技术

（1）自救技巧：在执行拖带救援任务时，如何确保自身安全，防止被水流拖走或受伤。救援人员需要掌握自救技巧，如正确的浮身姿势、使用浮具等。

（2）互救技能：如果拖带人员在救援过程中失去体力或遇险，其他队员如何进行互救，确保整个救援行动不中断。

3. 教学方法

教学方法要多样化，并根据救援人员的基础水平、训练目标和救援环境的不同进行灵活调整。

1）理论讲解与互动讨论

（1）讲座与案例分析：首先通过讲座形式讲解水中拖带救援的基本理论和技术要点。接着，结合实际案例进行分析，帮助救援人员理解如何根据现场情况灵活调整救援策略。

（2）互动问答：通过课堂问答环节，确保救援人员理解并消化理论知识，鼓励救援人员提出问题并进行讨论，激发其思考。

2）情景模拟与实操训练

（1）模拟水中拖带情景：通过搭建模拟场景，设置不同的水流强度、障碍物等环境因素，让救援人员在模拟环境下进行水中拖带训练。这样可以帮助救援人员提前适应各种可能的复杂环境。

（2）实地训练：在合适的水域进行实地训练，模仿真实救援情境，救援人员通过实际操作，检验和提升拖带技能。

3）分角色团队合作

（1）小组训练：将救援人员分为若干小组，每组有明确的分工和任务，救援人员根据自己的角色进行训练，提升团队协作和执行力。

（2）角色轮换：为了提高救援人员的全面能力，每个救援人员应轮流担当不同的角色（如主拖带员、副拖带员、安全员等），确保全面了解各个角色的任务与责任。

4）视频示范与反馈

（1）教学视频展示：播放专业的水中拖带救援示范视频，通过视频直观展示标准操作，帮助救援人员理解技巧。

（2）录像回放与评估：每次训练后，将救援人员的训练过程录制下来，并进行回放分析，帮助救援人员识别自身的错误与不足，并提供改进建议。

5）反思与总结

（1）训练后反思：每次训练后，组织救援人员进行总结与反思，分享训练中的收获与问题，帮助救援人员进一步巩固知识。

（2）小组讨论与经验分享：通过小组讨论和经验分享，帮助救援人员从他人的成功经验中学习，提高实际操作能力。

4. 教学注意事项

1）安全第一

（1）环境评估：在进行训练前，必须对训练场地进行全面评估，确保水域环境安全。

（2）装备检查：每次训练前，必须对所有救援装备进行检查，确保其完好有效。

（3）应急预案：设立应急救援预案，并对所有救援人员进行应急处理流程培训，确保在发生意外时能够快速反应。

2）因材施教

（1）评估救援人员水平：在教学前，对救援人员的基础水平进行评估，制定适合的教学计划。

（2）个性化指导：根据救援人员的特点，提供个性化的指导，帮助其克服困难，提升技能。

3）技能与体能训练相结合

（1）基础体能训练：水中拖带救援需要一定的体能支持，尤其是在水流湍急的情况下，救援人员需具备较强的臂力、核心力量和耐力。因此，在课程开始前，进行适量的体能训练至关重要。

（2）技能训练：在体能训练的基础上，进行水中拖带的具体技能训练，如拖带姿势、使用救援工具等，确保救援人员能够在实际操作中熟练应用。

4）团队协作与沟通

（1）角色分工：在训练中，明确每个救援人员的角色和职责，如主拖带员、副拖带员、安全员等，确保团队协作有序进行。

（2）沟通技巧：训练救援人员在水中与队友之间的沟通方法，如手势、哨声等，以确保信息的传递和协调。

5）应急处置能力

（1）模拟紧急情况：定期进行全方位的实战演练，在这种高压环境中，救援人员必须应对复杂的水流、设备问题、意外情况等，锻炼其应急处置能力。

（2）压力测试训练：模拟在紧急情况下的操作，如模拟水流中出现绳索断裂、救援人员失去平衡等，救援人员需要快速作出反应，使用应急技能恢复正常操作。

6）持续评估与反馈

（1）定期评估：通过定期的测试和评估，了解救援人员的学习进度和掌握情况，及时发现问题并进行调整。

（2）反馈机制：建立有效的反馈机制，鼓励救援人员提出意见和建议，教员根据反馈不断改进教学方法和内容。

7）多样化教学手段

（1）多媒体辅助：利用多媒体设备，如投影仪、音响等，丰富教学手段，提高救援人员的学习兴趣和参与度。

（2）户外教学：结合实际水域环境，进行户外教学和实地训练，让救援人员在真实环境中进行操作，增强其适应能力。

8）心理素质培养

（1）压力管理：训练救援人员在高压环境下保持冷静，学会自我调节情绪，避免因紧张导致操作失误。

（2）自信心建立：通过成功的训练和正向反馈，帮助救援人员建立自信，增强其面对挑战的勇气和决心。

4.5.4 活饵救援技术

急流水域救援中的活饵救援技术（图 4-26）是水上救援领域中一项重要且复杂的技术。该技术是指通过利用救援人员自身的技术和装备，在急流、水面施行自我牵引或者协助牵引的方式，将救援人员和被困者安全地拖带到安全位置。由于水流环境复杂且不可预测，因此活饵救援技术不仅要求救援人员具备高超的水性和应急处理能力，还需要具备团队协作精神和扎实的安全意识。

图 4-26 活饵救援技术

1. 教学目的

掌握活饵救援技术的基础操作：让救援人员能够熟练掌握活饵救援的基本操作技能，包括在水流湍急的情况下如何保持稳定姿势、如何通过绳索和浮具进行有效拖带。

1）提高应急处置能力

培养救援人员在紧急情况下快速反应的能力，能够迅速评估现场情况并采取正确的行动。

2）增强水域适应能力

通过训练，帮助救援人员适应复杂的水域环境，理解水流对救援的影响，以及如何根据水域的具体特性采取最佳的救援策略。

3）培养团队协作精神

急流水域救援是一个高度依赖团队合作的任务。救援人员通过训练能够学会如何与队员协调工作，确保救援过程精准高效。

4）强化安全意识

在急流环境中，安全问题至关重要。通过教学，使救援人员全面了解活饵救援的安全风险，掌握有效的安全措施，确保自身与被救者的安全。

2. 教学内容

1）活饵救援基本理论

（1）水流特性：学习急流水域中的流速、流向、危险流态等水流特征，理解不同水流对救援的影响。

（2）活饵救援的原理：讲解活饵救援的基本原理，探讨如何通过牵引力（钟摆原理）、浮力等物理原理来完成救援任务。

（3）救援心理学：学习被困者的心理状态和行为模式，理解被救者在紧急情况下可能产生的恐慌反应，掌握如何安抚被困者情绪、提高救援效率。

2）活饵救援技术

（1）活饵姿势与技巧：指导在不同水流环境下如何调整姿势以保持身体稳定，确保在施行救援时最大程度减少被困者和救援人员的危险。

（2）使用绳索和浮具：讲解绳索和浮具的使用技巧，重点训练如何通过绳索和浮具进行有效牵引、辅助救援人员等。

（3）水中沟通技巧：通过手势、哨声等信号，指导救援人员在水中与队员和被困者之间的沟通方式。

3）团队协作与角色分配

（1）角色分配：讲解每个队员在活饵救援中的职责，如主拖带员、副拖带员、安全员等，确保救援操作的顺利进行。

（2）协作训练：强调团队成员之间的协作技巧，如同步拖带、绳索牵引等，确保在实际救援中各个环节高效实施。

4）安全措施与应急处理

（1）个人防护：讲解救援人员在救援过程中应穿戴的全套个人防护装备，如急流救生衣、头盔、防护手套等，确保自身安全。

（2）水域评估：指导救援人员如何评估急流水域的水流状况，判断现场环境是否适合开展活饵救援，并根据水域情况及时调整救援策略。

（3）备份预案：制定详细的备份处理方案，训练救援人员如何应对水流变化、绳索断裂、救援人员失衡等突发情况。

3. 教学方法

1）理论讲解与互动式教学

（1）专题讲座：通过邀请经验丰富的教员进行专题讲解，深入剖析活饵救援的理论和实践。

（2）课堂讨论：组织救援人员就实际案例进行讨论，帮助救援人员理解活饵救援的重点和难点。

2）实操训练

（1）模拟训练：在人工水池或模拟环境中，设置不同的水流条件进行模拟训练，帮助救援人员熟悉水流对救援的影响并学会相应的操作技巧。

（2）角色扮演：通过角色扮演的方式，让救援人员切身感受主救援员、助理救援员及安全员等不同岗位角色，理解各自的职责，并进行实际操作。

（3）反复训练：根据救援人员的训练情况，反复进行操作训练，确保每位救援人员都能独立完成救援任务。

3）小组合作与任务挑战

（1）分组训练：将救援人员分为若干小组，每组负责完成特定的任务，如在一定时间内完成一次标准的活饵救援训练，以增强团队协作意识。

（2）任务驱动学习：设定具有挑战性的救援任务，救援人员在完成任务的过程中不断提升自己的实战能力。

4）视频示范与分析

（1）教学视频：专业授课时，播放专业的活饵救援操作视频，帮助救援人员了解标准的操作流程，直观展示正确的技术要点。

（2）视频反馈：将救援人员的操作过程录制下来，与标准示范视频进行对比，分析其中的差异并进行改进。

5）现场考核与反思总结

（1）训练后总结：每次训练结束后，组织救援人员进行总结，讨论训练中遇到的问题，分析错误原因，确保基础理论和实战技能的理解巩固。

（2）实时反馈：在训练过程中，教员应实时对救援人员的操作进行指导，及时纠正不当动作，避免错误延续。

4. 教学注意事项

1）安全第一

（1）环境评估：每次训练前，必须对水域环境进行全面评估，确保没有安全隐患，水流流速、深度、温度等因素必须在安全范围内。

（2）个人防护装备：每位救援人员在进行训练时，必须穿戴全套个人防护装备，如急流救生衣、头盔等。

（3）备份救援准备：确保每次训练前都有完整的备份救援预案，现场配备专业的急救人员和急救设备。

（4）分层次教学：

① 因材施教：根据救援人员的不同基础，制定分层次的教学计划，从基础知识到高难度操作逐步提升。

② 个性化辅导：对于在训练中表现较弱的救援人员，教员要进行单独指导，帮助其克服困难，提高技能。

（5）实际操作与理论结合：

① 理论与实践相结合：教学过程中，理论讲解和实操训练必须有机结合。理论知识为实操提供支撑，而实操训练则能加深救援人员对理论知识的理解。

② 现场实战演练：为了增强救援人员的实战经验，可以安排在真实的急流水域环境下进行实战演练，模拟救援环境，提高救援人员的应急处置能力。

（6）团队协作与沟通：

① 强化沟通技巧：救援人员应学习如何在水中与队友进行有效沟通，利用手势、信号等方式确保信息及时准确的传递。

② 团队配合训练：通过团队训练，培养救援人员的协作精神，确保在复杂

环境下团队的协同作战一致性。

(7) 训练中的应急应变：

模拟突发情况：训练中要有模拟突发情况的环节，如绳索断裂、水流急剧变化等，训练救援人员如何应急应变，确保能够应对任何突发事件。

(8) 压力管理：急流水域救援具有较高的危险性，因此救援人员要在训练中学会如何管理自身情绪，保持冷静，以作出最佳决策。

2) 评估与反馈

(1) 多维度评估：采用多维度评估标准，对救援人员的理论知识、实际操作技能、应急处置能力等进行综合评估。

(2) 持续反馈机制：定期向救援人员提供反馈，帮助其发现问题、改进不足。通过反馈调整教学策略，以提高整体教学效果。

4.5.5 桥梁垂降救援技术

1. 教学目的

急流水域救援中的桥梁垂降救援技术（图 4-27），是一种极具挑战性和专业性的救援技术。在水域湍急的环境中进行垂降救援，不仅需要良好的体能素质和操作技能，还需要高效的团队协作和应急反应能力。

图 4-27 桥梁垂降救援技术

1）培养救援人员的专业救援能力

急流水域救援中的桥梁垂降救援是一项高度专业的技能。通过培训，救援人员可以掌握垂降救援的基本技能与应急处置能力，帮助他们在遇到真实救援任务时，能迅速有效地作出反应并安全完成任务。

2）增强团队协作与应急处置能力

救援工作通常是团队协同作战，团队成员之间的协作尤为重要。本节将重点培养救援人员的团队意识与应急处置能力，通过实际演练，提升救援人员在复杂环境下迅速判断、执行决策的能力。

3）提高心理素质与安全意识

在复杂与危险的救援任务中，救援人员的心理素质直接影响任务的完成。在教学中，通过模拟实战情境、心理素质训练等手段，提高救援人员的承压能力。同时，强调安全意识，确保救援人员了解并遵守所有安全操作规程。

4）提高救援人员的自我保护意识

急流水域救援中，救援人员不仅要救援他人，还要保证自己的安全。本节将教授如何在实施救援时，最大限度地保证个人安全，避免因失误或疏忽导致的事故。

2. 教学内容

1）急流水域的特点与分析

在进行桥梁垂降救援之前，了解急流水域的特性是至关重要的。不同类型的水域条件直接影响救援操作的选择和方式。

（1）主要内容：包括水流的速度与湍急程度，在不同的水流速度下，救援人员所面对的难度和风险程度大不相同。指导如何根据水流速度的变化来判断是否适合垂降救援。

（2）水深与底部情况：急流水域的水深通常变动较大，这要求救援人员在选择救援点时要充分评估水域深浅与底部障碍物的分布。

（3）水温与气候条件：水温过低可能导致救援人员迅速失去体力或出现其他生理问题，教授水温对救援人员的影响及应对方法。

2）桥梁垂降救援的基本概念与技术

桥梁垂降救援是通过桥梁作为固定点，利用绳索、下降器等装备进行垂直下降的救援方式。它要求救援人员不仅要掌握垂降技巧，还需要了解水域救援的基本技术。

（1）垂降技术与基本操作：包括如何操作绳索、下降器等装备，以及如何控制降落速度与姿势，避免在救援过程中发生意外。

（2）装备使用方法：教授救援人员如何使用救援装备，如绳索、下降器、半身吊带等，确保装备的正确装配与操作。

（3）基本的垂降姿势与动作：指导救援人员在进行垂降时，如何保持稳定姿势，避免因动作不当引发危险。

3）急流水域救援的实施流程

在桥梁垂降救援操作中，救援流程的掌握至关重要，它影响到救援的效率和安全。整个过程可以分为以下几个步骤：

（1）前期准备与现场评估：急流水域的现场评估非常关键。指导如何分析事故现场，评估水域条件、判断是否可以安全实施桥梁垂降救援。

（2）装备的准备与检查：确保所有装备，如绳索、下降器、半身吊带等都在良好的工作状态，避免在救援过程中发生因装备原因导致的救援中断。

（3）实施垂降救援操作：从桥梁上垂降到水面，如何保持绳索稳定，如何与队员之间配合完成救援任务。

（4）后期安全撤离与评估：完成救援任务后，如何安全撤离现场，收整器材装备，并做好救援行动后的总结与评估工作。

4）桥梁垂降救援的安全规范

安全是桥梁垂降救援中最为重要的原则。救援人员必须充分理解并严格遵守以下安全操作规范：

（1）个人防护装备的使用：教学中将详细介绍各类个人防护装备的使用，包括头盔、半身吊带、手套等，确保救援人员在救援过程中的最大安全性。

（2）绳索与下降器的安全使用：绳索和下降器是救援操作中最为重要的工具，必须经过严格检查与使用。指导如何正确设置与操作器材装备，避免因装备问题导致的安全事故。

（3）现场指挥与协调：在救援过程中，指挥员的角色至关重要。救援人员要掌握如何有效进行现场指挥与团队协调，以确保救援工作的顺利进行。

5）应急救援中常见问题与解决方案

救援任务中可能会遇到许多突发问题，如何在压力下作出快速反应、采取有效措施，是教学中的重要组成部分。常见问题包括：

（1）被救者失去意识或体力不支：如果被救者体力不支，如何使用专业器

材装备进行及时救助。

（2）水流过大或装备卡滞：当水流过大或下降装备出现卡滞时，如何调整计划，确保救援人员的安全。

（3）天气变化或外部环境干扰：恶劣天气可能影响救援任务的进行，需要救援人员掌握如何应对这些变化，作出相应调整。

3. 教学方法

1）理论教学

理论教学是培训的基础，它为救援人员提供了必要的知识储备，包括救援基本原则、装备使用、环境评估、安全规范等内容。主要教学方法包括：

（1）讲解与讨论：通过讲解理论知识，让救援人员理解急流水域救援的基本原理与救援流程。同时，组织讨论，帮助救援人员加深对知识的理解。

（2）视频教学与案例分析：通过播放实际救援视频，帮助救援人员直观理解救援操作中的细节和技术要点。

（3）知识测验与互动：通过定期的理论测验，检验救援人员对理论知识的掌握情况。

2）实操教学

理论知识的掌握固然重要，但实际操作能力同样不可忽视。实操训练是课程的核心部分，包括：

（1）桥梁垂降实操训练：在模拟的安全环境中，救援人员进行实际的桥梁垂降训练，掌握正确的垂降技术。

（2）装备操作演练：通过反复的装备操作演练，帮助救援人员熟悉每一项装备的操作流程与注意事项。

（3）紧急应对模拟训练：通过模拟紧急情况下的救援操作，让救援人员能够在突发情况下，冷静应对并采取有效行动。

3）案例分析与讨论

通过真实案例的分析，帮助救援人员了解成功和失败的救援经验，增强他们的应急判断和解决问题的能力。重点内容包括：

（1）案例学习：选择一些真实的急流水域救援案例进行要点讲述，分析其中的成功经验和失败教训。

（2）小组讨论与总结：通过小组讨论，让救援人员提出自己的看法，并通过集体讨论总结经验。

4）情境模拟训练

情境模拟训练是课程中不可或缺的一部分，帮助救援人员应对复杂环境。模拟内容包括：

（1）模拟急流水域救援情境：模拟实际的急流水域救援任务，训练救援人员在复杂环境下作出正确判断与决策。

（2）心理素质训练：通过复杂环境下的训练，帮助救援人员提高心理素质，增强其在复杂环境下的应变能力。

4. 教学注意事项

1）安全性第一

（1）在任何时候，救援人员的安全是最重要的。教学中，始终强调安全操作，确保每个救援人员都能够在安全的环境中进行训练。

（2）装备检查与维护：在每次训练前，严格检查装备是否完好，确保每个救援人员使用的装备都是安全可靠的。

（3）确保安全区域：训练现场应设立安全区域，防止无关人员进入作业区域。

2）注重实战经验

实战经验的积累对救援人员来说至关重要。除了理论学习，实际操作和演练更能提高救援人员的应急处置能力和救援技巧。

3）强调团队协作

急流水域救援中的桥梁垂降救援不仅是单人的任务，还是团队的合作。因此，在教学过程中要特别注重团队协作的训练。

4）心理素质培养

救援人员在紧张的救援任务中需要具备良好的心理素质，只有保持冷静，才能更好地应对各种突发状况。因此，教学课程中要加入心理素质的相关训练。

4.6 舟艇救援技术

4.6.1 无动力救援艇救援技术

急流水域救援中的无动力救援艇救援技术（图 4-28）是水上救援工作中的一项基本且至关重要的技术，特别是在流速较快、浪涌较大的环境中，采用无动

力救援艇进行救援行动，能够在不依赖动力源的情况下，依靠人员的操作和技巧完成救援任务。由于这一技术涉及复杂的水域环境、救援艇操作技能、团队协作等多方面的能力，教学内容需十分丰富，方法要多样化，注意事项也需要细致入微。

图 4-28 无动力救援艇救援技术

1. 教学目的

无动力救援艇在急流水域中的应用，主要依赖于救援人员的身体力量和技巧，其操作技术对救援任务的成功至关重要。以下为本教学课程的主要目标：

1）提升救援人员的救援技术

通过无动力救援艇的实操训练，确保救援人员能够掌握正确的操作技能，包括划桨技巧、艇体平衡、转向控制等，能够在复杂的急流水域中有效执行救援任务。

2）加强团队协作与指挥能力

无动力救援艇操作是一个团队合作的过程，救援人员需通过团队协作，分工合作，确保每个人都能发挥最佳效能。教学中重点训练救援人员在复杂环境中如何协调作业，并加强指挥官的决策能力。

3）培养救援人员的应急处置能力

救援工作通常充满突发的危险和紧急状况，救援人员需要在突发情况下保持冷静，并能够迅速作出反应。教学过程中将专门设置情境模拟和压力测试，提高救援人员的应急处置能力。

4）强化救援人员的安全意识

水上救援具有高风险性，因此，本节不仅会培训救援人员技术，还将重点强调个人安全防护、团队安全以及装备使用的安全规范，确保每位救援人员在救援过程中的安全。

5）提升救援人员对水域环境的评估与判断能力

在急流水域中，环境因素对救援任务的影响是显著的。教学内容将包括如何评估水域环境，判断水流速度、流向和水中障碍物等，并根据不同水域特点制定合适的救援方案。

2. 教学内容

1）无动力救援艇的基本概念与原理

无动力救援艇是水上救援的基础工具之一，依赖人工划桨或其他方式进行推进。救援人员需首先了解救援艇的构造、功能和工作原理。教学内容包括：

（1）无动力救援艇的定义与种类：介绍无动力救援艇的概念、种类及用途，包括充气式救援艇、硬壳艇等，讲解每种舟艇的特点、优缺点及适用场景。

（2）救援艇的构造与设计原理：分析无动力救援艇的结构，讲解其关键部分如艇身、艇底、舷边、船桨和充气气压等设计和性能要求。救援人员需了解如何选择和维护救援艇，以应对不同的救援任务。

（3）浮力与稳定性原理：无动力救援艇的浮力原理与稳定性是救援任务能否成功的关键。讲解艇体的浮力学原理及如何控制艇体平衡，防止翻覆。救援人员将进行实践，学习如何通过调整划桨动作和体重分配保持艇的平稳。

2）急流水域环境特征及救援艇适应性

了解急流水域的特点是进行水上救援的第一步。在不同的急流水域中，水流速度、深度和气候等因素对救援艇的影响各异。教学中将包括以下内容：

（1）急流水域的环境特征：急流水域通常具有快速的水流、较深的水域等特点，这对救援艇操作提出了更高的要求。救援人员将通过案例分析，了解水流速度、水深的不同，学习如何根据这些特征进行现场评估。

（2）急流与浅滩的影响：急流水域的水流速度通常达到数米每秒，这对救援艇的稳定性和操作性产生直接影响。救援人员将学习如何在急流中控制舟艇的行进速度与平衡，并适应水域中的流向变化；而在浅滩区域，舟艇的操作则需要

更加注意，避免搁浅。

（3）障碍物与水域安全评估：急流水域中的障碍物，如岩石、浮木等，通常会成为救援任务中的潜在威胁。教学中将通过实际操作，让救援人员学会如何避开这些障碍物，避免艇体被撞击或被卡住导致的艇身受损，使救援人员置于危险之中。

3）无动力救援艇的操作技能与技巧

无动力救援艇的操作是该节的核心内容。救援人员需掌握不同的操控技巧，以确保能够在复杂的急流水域中完成救援任务。主要操作内容包括：

（1）划桨技巧：无动力救援艇的动力依赖于救援人员划桨。教学中将详细讲解划桨的正确姿势、技巧、划桨角度、速度等内容，救援人员将通过反复训练，掌握如何通过划桨来控制舟艇的方向与速度。

（2）单桨划行：救援人员需掌握单桨划行技巧，用一侧划桨控制艇体的方向。适用于水流较缓的水域环境。

（3）双桨划行：救援人员需学习如何使用双桨同时划行，以提高推进力，并保持艇体的平衡。

（4）转向技巧：在急流水域中，救援人员必须学会如何通过划桨的不同方法进行灵活转向。教学中将介绍通过“平行划桨”和“交叉划桨”两种方法控制艇体的转向，并进行多次练习。

（5）艇体平衡控制：为了避免无动力救援艇发生翻覆，救援人员需要掌握艇体平衡控制技巧。教学中将详细讲解如何利用身体的重心调整和划桨的配合来控制艇的稳定性。

（6）紧急转向与避障技巧：在急流水域中，经常会遇到突发情况，如水流的突变、浪高流急、遇到障碍物等，救援人员需要学会快速应变，并在紧急情况下进行有效的转向和规避。

（7）多人协作操作：无动力救援艇通常需要多名救援人员配合操作。救援人员将进行多人协作训练、分工明确、指挥有序、步调一致，以确保每名救援人员都能在紧急救援中高效执行任务。

4）急流水域救援任务流程

了解急流水域救援的完整流程是救援人员学会使用无动力救援艇的前提。课程将包括：

（1）救援准备：在进行救援之前，救援人员需要对现场情况进行全面评估，选择适合的救援艇，并确保所有装备完好。此时还需考虑天气情况、流速、障碍物等因素，以制定最合适的救援方案。

（2）救援艇的离岸与靠岸：教学中将训练救援艇如何安全离岸与靠岸，避免艇体倾斜、卡住或翻覆。救援人员需掌握正确的划艇起步、方向控制等技巧，保证顺利离岸与靠岸。

（3）救援操作与应急反应：救援人员将学习如何通过无动力救援艇将落水人员救援上艇，重点训练如何安全、迅速地将被救者拉入艇中，并确保被救者稳定。

（4）撤离与后续工作：任务完成后，救援人员将学习如何安全撤离，清理现场并检查装备，确保撤离过程中没有遗漏。并且，救援人员要学会如何评估后续可能存在的风险，并提前作出预判。

5）救援过程中的安全与应急处置

在急流水域中进行救援具有很高的风险性，因此，救援人员需要特别注重安全操作和应急处理技巧。内容包括：

（1）个人防护装备与安全检查：救援人员需了解并掌握正确穿戴全套个人防护装备，包括急流救生衣、头盔、水域救援服、手套、水域靴等，避免救援过程中出现安全事故。

（2）备份预案与快速反应：教学中将设置模拟应急场景，训练救援人员如何快速识别险情并采取应对措施，如艇体失衡、落水人员昏迷等突发情况。

（3）复杂环境下的心理素质：救援人员需要在复杂环境下保持冷静，并能在复杂和危险的情况下，迅速判断并作出正确决策。教学课程中应加入心理素质训练，帮助救援人员克服救援过程中的紧张和恐惧。

3. 教学方法

1）理论讲解与案例分析

理论讲解是救援人员了解无动力救援艇操作基础的第一步。通过课堂讲解，救援人员可以掌握急流水域救援的基本知识、装备操作原理、危险因素评估等。通过案例分析，帮助救援人员学习如何将理论应用到实际操作中。

2）实操演练

实操演练是教学中的重点。救援人员将在教员的指导下，进行各种操作训练，包括划桨、艇体平衡、转向等技巧的训练。通过不断重复实践，救援人员能够熟练掌握无动力救援艇的操作技巧。

3）多人协作训练与模拟救援

为了模拟真实救援场景，教学中将组织救援人员进行小组合作训练。在小组协作中，救援人员将分工明确，每个成员将担任不同的角色，进行模拟救援任务，确保救援人员学会如何与他人协作、如何在团队中发挥自己的作用。

4. 教学注意事项

1）安全意识的全面落实

教学过程中，教员必须始终强调安全第一。每个救援人员在进行实操训练时，必须穿戴全套个人防护装备。教员要对每个救援人员的操作进行细致指导，确保其操作规范，避免因不当操作导致的安全问题。

2）实操与理论结合

教学内容应注重理论与实践相结合。理论讲解后，应立即进行相应的实操训练，让救援人员在实际操作中巩固理论知识。同时，教员应根据救援人员的反馈，及时调整教学内容，确保救援人员能够有效掌握所学内容。

3）团队合作与角色分工

无动力救援艇的操作是一个团队任务，教学中要特别注重救援人员团队协作能力的培养。每个救援人员应学会在团队中担任不同角色，并通过协作完成任务。教员可通过小组训练、分角色训练等方式提高团队合作效率。

4）心理素质的训练

急流水域救援任务常伴随较大的心理压力，因此救援人员必须具备较强的心理素质。教学过程中，教员应通过情境模拟和压力测试，帮助救援人员提高承受压力的能力。

5）装备维护与管理

除了操作技巧，救援人员还需要学会如何对救援艇及其装备进行维护与管理。教学中要安排救援人员定期检查装备，了解装备的使用寿命与保养方法，确保装备在实际救援中处于最佳状态。

4.6.2 充气式救援艇驾驶技术

急流水域救援中的充气式救援艇驾驶技术是一项非常专业且具有挑战性的水上救援技术。充气式救援艇具有轻便、灵活、易于操作等特点，特别适用于急流水域、狭窄河道等复杂环境中的救援任务。对于充气式救援艇的驾驶技术，不仅要求救援人员具备扎实的驾驶技能，还需要具备团队协作能力、应急反应能力和安全意识。为了帮助救援人员全面掌握充气式救援艇驾驶技术，教学内容、方法和注意事项需要细致规划，并采取多样化的教学方式（图 4-29）。

图 4-29 舟艇实景化驾驶

1. 教学目的

充气式救援艇驾驶技术是一项关键的水上救援技能，特别是在复杂的急流水域中，充气式救援艇以其轻便、灵活、易于操控等优点，成了进行快速救援的主要装备。通过本节课程的学习，救援人员将能够掌握充气式救援艇的驾驶技术，并提升实际救援中的反应能力、应急决策能力和团队协作能力。

1）本节的详细教学目的

提高驾驶技术，掌握操作技巧：救援人员将通过系统的理论与实操训练，掌握充气式救援艇的船外机启动方法、离岸靠岸、稳定行驶、方向感知、避障掉头等基本操作技术，并在急流水域中进行高效操作，确保快速且精准的救援。

2）培养应急处置能力与决策能力

充气式救援艇驾驶往往面临突发的情况，如水流变化、救援人员落水等。在教学中，救援人员将提高在急流中应急判断与反应能力，并根据实时情况调整驾驶策略，保证救援任务的顺利进行。

3）强化团队协作与沟通能力

充气式救援艇的驾驶不仅依赖单个驾驶员，还需依靠团队成员之间的协作。因此，救援人员将学习如何与队友保持良好的沟通与配合，确保高效完成救援任务。

4）提升水域环境分析与判断能力

救援人员将在教学中学习如何根据水域的不同情况（如流速、深度、障碍物等）进行环境评估，并调整操作策略，选择合适的驾驶方式，以应对急流、复杂水域等多样化的情况。

5）提高安全意识与风险防范能力

水上救援操作有一定的风险，尤其是在急流水域中，操作不当可能带来严重后果。救援人员将在课程中学习安全规范，掌握如何规避风险，确保救援过程中的个人与团队安全。

2. 教学内容

1）充气式救援艇的基本构造与原理

（1）充气式救援艇的定义与特点：充气式救援艇是一种轻便、具有高浮力的水上救援装备，广泛应用于水上紧急救援、漂流探险等场景。救援人员将了解其设计特点，包括大气压下的浮力结构、易于运输与存储等特点，适用于多种急流环境下的救援任务。

（2）艇体的构造与关键部件：救援人员将详细学习充气式救援艇的基本构

造，重点介绍船外机的构造与组装、艇身材质、气室分隔、底板模式、艇底结构、曳引装置、充气压力和面对不同水域环境的承载能力的功能与作用。救援人员还将了解这些部件的安装、维护和检查方法，以确保每个部件的正常工作。

（3）气压与浮力原理：救援人员将通过理论学习，掌握充气式救援艇的浮力原理，如何通过气压调节保证艇体的浮力，以及在水流、气候等因素影响下，如何调整艇体的稳定性。

（4）充气与放气技巧：教学中将特别强调充气过程的安全性与技巧，如何在急流环境中快速充气，如何确保充气量和气压的正确性，避免因操作不当导致艇体无法浮起或不稳定。

2）急流水域的环境特征及影响

（1）急流水域的流速与水深分析：急流水域的流速和水深变化直接影响充气式救援艇的操控性。救援人员将学习如何评估水域的流速、流向及水深，理解不同流速对艇体稳定性和操控性的影响。

（2）水流形态的作用：教学中将分析水流形态的形成原理及其对救援艇的影响。救援人员将学习如何通过观察水流的变化来预测水流走向，以及如何通过改变划桨动作或调节艇体角度来应对不同水流形态带来的困难。

（3）水域障碍物的识别与规避：急流水域中通常存在各种障碍物，如岩石、漂浮木、倒伏树木等，救援人员将学习如何识别这些障碍物，如何有效避免与其碰撞，确保驾驶过程中的安全（图 4-30）。

图 4-30　舟艇跨越障碍技术

（4）气候与天气变化对救援艇的影响：教学内容将涵盖天气变化对充气式救援艇的影响，包括风速、降水量、气温等，救援人员将学习如何根据这些天气变化评估救援环境，并作出相应的调整。

3）充气式救援艇的基本驾驶技能

（1）船外机的启动方法与舟艇的稳定驾驶：救援人员将学习如何正确启动船外机。教学中将着重训练救援人员如何快速进入急流区域，并有效掌控艇速。

（2）稳定驾驶技巧：稳定驾驶是保证充气式救援艇顺利行驶的关键。救援人员将通过实操训练，学习如何调整螺旋桨角度、控制油门改变螺旋桨转速和频率，保持艇体在急流中的稳定性。

（3）转向与避障操作：在急流水域中，转向的精确度至关重要。救援人员将通过逐步训练，掌握如何通过操控船外机技巧和艇体的角度控制来快速转向，避免碰撞水中障碍物。

（4）急流中的舟艇控制：救援人员将学习如何在急流中通过调整方向操作与油门的控制，达到安全的控艇操作。教学中将强调控艇技术，确保救援人员在遇到紧急情况时能够迅速稳定舟艇。

（5）避障技巧与紧急反应：教学将通过模拟不同的障碍情况，训练救援人员在遇到水流流速突变、水中障碍物和其他突发情况时，如何快速调整驾驶策略，进行有效的避障操作。

4）救援任务中的操作技巧与协作

（1）被救者的接入与安置：救援人员将学习如何从充气式救援艇上将落水者拉入艇中，重点训练如何确保被救援人员的安全和稳定，避免因不当操作造成二次伤害。

（2）多人协作与沟通技巧：救援艇的操作通常需要多人协作。教学将着重训练救援人员如何与其他团队成员高效沟通、分工合作，确保救援过程中的顺利配合和高效执行。

（3）伤员运输与转移技巧：在实际救援任务中，伤员的安全转移至关重要。救援人员将学习如何使用充气式救援艇将伤员安全转移至安全区域，掌握伤员在艇内的正确搭乘方式。

（4）多艇协作与接应技巧：复杂的救援任务往往需要多艇协作。救援人员将通过模拟训练，学习如何通过划桨配合、艇与艇之间的协作与指挥，完成油料供给、舟艇拖带等多艇救援任务。

5）救援中的安全规范与应急预案

（1）个人防护装备：教学中将详细介绍各种个人防护装备的正确使用，包括急流救生衣、头盔、水域救援服、手套、水域靴等，确保救援人员在进行充气式救援艇操作时，能够有效防止因意外事故导致的伤害。

（2）应急处置与应变能力培养：急流水域救援通常伴随着突发状况，救援人员需要学会如何迅速判断、调整策略并采取措施。教学中将模拟各种紧急情况，如流速变化、装备故障等，训练救援人员的应急处置能力。

（3）紧急撤离与应急避险措施：当救援任务完成后，救援人员将学习如何安全撤离被救者并撤离现场。教学中将强调如何通过安全撤离操作，确保每位救援人员和被救者的安全。

6）救援任务后的装备维护与清理

（1）装备检查与维护：在每次任务完成后，救援人员需要对充气式救援艇进行全面检查，确保艇体等结构无破损。教学内容将包括充气式救援艇的维护与清理技巧，确保下次使用前的装备完好。

（2）清理与存储技巧：救援人员将学习如何在结束任务后清理和存储充气式救援艇，如何防止艇体与装备因湿气、潮气、污物等原因而损坏。

3. 教学方法

充气式救援艇驾驶技术的教学方法应当充分体现理论与实践的结合，通过多种教学手段帮助救援人员全面掌握所需的驾驶技能、应急处置能力、团队协作能力和安全操作意识。以下是更为细化和多样化的教学方法。

1）理论讲解与互动讨论

理论讲解是为救援人员提供基础知识的核心部分。通过理论讲解，救援人员能够系统地理解充气式救援艇的构造、操作原理以及在不同环境下的应用。教学内容包括：

（1）讲解充气式救援艇的基本构造：理论讲解帮助救援人员深入理解每个部件的作用和工作原理。

（2）环境分析与判断标准：救援人员将了解不同水域（如急流、障碍物）对驾驶的影响。通过图示、案例和视频，帮助救援人员准确识别不同水域环境并作出评估。

（3）安全与应急操作规范：详细讲解充气式救援艇在紧急情况下的应急措

施、风险防范措施、正确的安全操作规范，确保救援人员在紧急情况下能迅速而安全的反应。

（4）互动讨论是通过教与学之间的互动和救援人员之间的讨论，帮助救援人员巩固和深化所学的理论知识。教学过程中的互动讨论可以通过以下方式进行：

① 问题引导：通过提出开放性问题，引导救援人员思考并参与讨论。例如，“遇到危险流态时，如何安全地操控舟艇？”救援人员可以结合自己的理解讨论解决方案。

② 案例分享与分析：结合实际案例分析，讨论实际救援中可能遇到的困境和挑战，救援人员可以从中总结经验和教训，提高应急处置能力。

2）多媒体教学

多媒体教学通过丰富的视听材料提高救援人员的学习兴趣并增强他们对复杂概念的理解。具体方法包括：

（1）视频演示：播放实际的充气式救援艇驾驶场景或救援任务的实录，帮助救援人员更直观地了解如何在不同的水域条件下操作充气式救援艇。例如，播放在急流中的驾驶技巧、团队合作中的协调等内容。

（2）动画与模拟软件：使用充气式救援艇的动态模型或三维动画来展示操作流程与急流环境下的变化，帮助救援人员更直观地理解救援艇行驶时应对水流的规律和应急反应。

3）实操训练与模拟训练

充气式救援艇的驾驶技术需要通过大量的实操训练来巩固。在这一部分，救援人员将在教员的指导下，通过逐步提升难度的模拟训练掌握驾驶技巧。

（1）基础操作训练：救援人员在初期训练时，将通过模拟池或平稳水域进行基础的驾驶训练，熟悉充气式救援艇船外机启动方法、离岸靠岸、稳定行驶、方向感知、避障掉头等基本操作技术，并在急流水域中进行高效操作，确保快速且精准的救援。逐步提高救援人员对艇体的控制能力。

（2）急流与复杂环境模拟：随着技能的提升，救援人员将逐渐进入到模拟的急流水域环境中，进行不同流速、障碍物、复杂气候条件下的驾驶训练。模拟环境的设置将逐步增加难度，帮助救援人员积累应对挑战的经验。

（3）团队协作与联动训练：在团队训练中，救援人员将分组协作，进行模拟的多艇协作训练。通过这种训练，救援人员可以学习如何与他人有效配合，如何在紧急情况下快速协同作战。

（4）应急情况处置训练：教员将设计模拟的紧急情况（如急流变化、漏电处置、动力失灵、伤员处理等），救援人员需要迅速作出决策并执行相应的救援任务。这部分训练将着重锻炼救援人员的应急处置和指挥决策能力。

4）情境模拟与压力测试

为了让救援人员在真实的紧急环境中保持冷静，情境模拟与压力测试是必不可少的训练环节。通过模拟不同的紧急场景，帮助救援人员锻炼心理素质和应急处置能力。

（1）紧急救援场景模拟：设置不同的紧急救援任务，如被困者落水、突然的恶劣天气等，让救援人员在模拟环境下进行快速反应。救援人员必须迅速评估现场情况并实施救援操作。

（2）压力测试：通过设置复杂环境，如高流速、低能见度、多人协作任务等，测试救援人员在复杂情况下的反应处置和决策能力。特别是在时间紧迫和水域复杂的情况下，救援人员的判断力和心理承受力将得到锻炼。

5）定期评估与个性化反馈

教学过程中，定期进行救援人员评估，以确保每个救援人员都能够按照预定目标达到要求。评估方法包括：

（1）实时反馈与指导：在实操训练中，教员将针对救援人员的操作进行即时反馈与指导，纠正错误操作，并强化正确技能。通过这种方法，救援人员可以及时发现自己的不足并加以改进。

（2）救援人员自评与互评：除了教员的评估，救援人员之间的互评和自评也非常重要。通过这种方式，救援人员可以从不同角度发现自己的优缺点，互相学习和提高。

6）考核与综合测试

考核与测试是检验救援人员是否熟练掌握充气式救援艇驾驶技术的关键环节。考核分为理论考试和实操考试。

（1）理论考试：通过理论考试检验救援人员对充气式救援艇构造、操作原理、急流水域环境分析和应急措施的理解。

（2）实操考试：通过模拟复杂环境考核救援人员的实际操作能力。救援人员需在指定的时间内完成驾驶、救援、避障、应急处置等一系列任务，测试救援人员在真实情境中的反应速度、操作技巧和团队协作能力。

4. 教学注意事项

1）安全至上

充气式救援艇驾驶技术涉及水域救援，安全始终是最重要的考虑。教员和救援人员必须时刻牢记以下安全注意事项：

（1）全程穿戴个人防护装备：救援人员必须在训练和实操过程中全程穿戴急流救生衣、头盔、水域救援服、手套、水域靴等防护装备，确保个人安全。特别是在急流水域中，救援人员需要在每个环节都保持高度的警觉。

（2）教员监管与安全管控：教员需要时刻监管救援人员的操作，确保每个操作环节的安全性。在进行实操训练前，教员应检查所有装备，确保其正常工作状态，避免发生因装备故障导致的安全事故。

（3）危险区域与安全标识：在进行实际操作时，教员应明确划定安全区域，设置警示标识，防止救援人员误入危险区域。在模拟训练中，教员应事先告知救援人员遇到危险情况时应采取的紧急撤离措施。

2）强调实践与理论的结合

充气式救援艇的驾驶技术是高度实践性的，仅凭理论学习是无法掌握此项技能的。因此，在教学中要重视理论与实践的紧密结合：

（1）实践中强化理论知识：通过实际操作帮助救援人员更好地理解理论知识。在每次实践后，教员可以通过总结和回顾，帮助救援人员将实践经验与理论知识结合起来，形成系统的技能。

（2）理论学习的实时反馈：救援人员在学习理论内容后，教员要通过实际案例进行讲解，使救援人员能够将理论知识转化为实际操作中的判断和应对技巧。

3）团队合作与角色分配

充气式救援艇的操作通常需要团队协作，因此教学中要特别注重团队合作的训练。救援人员不仅需要掌握个人驾驶技能，还要学会如何与队友协调配合：

（1）角色分配与协作训练：救援人员在小组合作中要明确每个人的角色，如何分配任务，如驾驶员、观察员、救援人员等。教员应模拟不同的救援场景，帮助救援人员熟悉协作流程，强化团队精神。

（2）模拟紧急情况下的团队反应：在突发事件发生时，团队成员如何有效沟通，如何在短时间内作出决策，步调一致地实施救援任务，都是教学中需要重点训练的部分。

4）心理素质与应急处置训练

急流水域救援任务通常伴随高度紧张和不确定性，救援人员的心理素质直接影响救援效果。因此，教员需要特别关注救援人员的心理训练：

（1）紧张情境中的决策与应变能力：教学中应通过模拟紧张情境（如恶劣天气、时间限制、队员受伤等）来锻炼救援人员在压力下的指挥决策和应急处置能力。

（2）情绪管理与冷静应对：救援人员在面对紧急情况时，如何保持冷静、如何作出有效的判断和应对，是教学中的重点。教员应提供技巧和方法，帮助救援人员管理情绪，保持清晰的思维。

5）装备的维护与管理

充气式救援艇是水上救援的主要装备之一，装备的完好状态对救援任务至关重要。在教学过程中，救援人员应学习如何对充气式救援艇进行日常维护和检查：

（1）装备使用前的检查：救援人员必须在每次训练或任务前检查充气式救援艇的所有装备，包括艇体的气压、船外机等，确保其完整好用。

（2）装备使用后的清理与保养：教学中应强调装备使用后的清理与保养，避免装备受损。救援人员需学习如何对充气式救援艇进行彻底清理，避免水、泥沙、盐分等对充气式救援艇艇身材质的损伤。

4.6.3 舟艇离心力救援技术

在急流水域救援中，面对快速流动的水流和复杂的水域环境，如何有效地接近被困者并进行营救是救援人员必须掌握的关键技能之一。舟艇离心力救援技术（图4-31）作为一种通过利用水流离心力的特殊技术，在急流、水流复杂的环境中能够有效提高救援效率，减少救援过程中的风险，并提高被困者的救援成功率。

1. 教学目的

1）掌握舟艇离心力救援的理论与操作技能

使救援人员能够全面理解舟艇离心力救援技术的基本原理，掌握如何利用水流的离心力效应来提高救援效率。救援人员需要熟练掌握舟艇的操控技巧，尤其是在急流和复杂水域环境中的应用。

2）提高水域环境分析与应急处置能力

在急流水域的救援任务中，救援人员需要学会如何分析水域环境的流速、水

图 4-31 舟艇离心力救援技术

流形态、障碍物等因素，以判断出最合适的救援路线和应对策略。通过教学，使救援人员能快速判断当前水域的特点，并迅速作出应急反应。

3）提升团队协作与沟通能力

在舟艇离心力救援技术中，团队协作是成功实施救援的关键。救援人员需要学会如何与队友进行有效沟通，分工明确，并在紧急情况下保持高效的团队运作。

4）强化安全意识和风险管理

在紧急救援操作中，确保个人和团队的安全是最重要的目标。通过本节，救援人员将增强风险识别与管理的能力，掌握安全操作规范，避免可能的事故和危险。

5）模拟实战，提升应对复杂情境的能力

通过模拟不同的水流环境和紧急救援场景，救援人员将能在实际操作中熟练应用舟艇离心力救援技术，提升其在各种复杂情境下的应变能力。

2. 教学内容

本节的教学内容涵盖舟艇离心力救援技术的理论基础、操作流程、实际应用、紧急反应等多个方面。具体内容如下：

1）舟艇离心力救援技术的基础理论

（1）离心力的基本原理：介绍离心力的物理原理，如何在旋转或快速运动中产生离心力。救援人员将理解舟艇在急流中的运动规律以及如何利用这一原理来提高救援效率。

（2）舟艇的物理特性：讲解舟艇的结构、动力系统和水上稳定性等基本特性，帮助救援人员理解舟艇在急流中的表现，尤其是在水流方向和速度变化中的表现。

（3）水流动力学与急流环境分析：分析急流水域的水流速度、流向、流态等特点，指导救援人员如何利用水流动力学原理进行水域环境分析，并为救援操作提供理论依据。

2）舟艇离心力救援技术的具体操作

（1）舟艇定位与救援路线选择：教学内容包括如何根据水流方向和速度选择合适的救援路线，如何利用离心力效应来调整舟艇的航向、速度，快速接近被困者。

（2）舟艇的操控技巧：讲解如何通过调整舵的角度、划桨的节奏来控制舟艇的运动，并利用离心力帮助舟艇加速、减速或改变航向。强调在急流中的快速反应和操控技巧，尤其是在面对不同水流形态和障碍物时如何处理。

（3）紧急情况下的救援技术：讲解在急流环境中遇到紧急情况时如何进行救援，如如何快速反应、如何应对舟艇失控、如何进行人员抛掷救援等。

3）水域环境分析与风险评估

（1）急流与流态的识别与应对：教学内容包括如何分析急流水域的特征，如何识别翻滚流、微笑流、覆盖流、皱眉流等流态，并选择合适的救援方案来避免被卷入或发生其他危险。

（2）水流速度和流向的测定与计算：救援人员将学习如何测定水流的速度和流向，通过实际测量或模拟场景来分析水流特性，并依据这些分析调整舟艇的操作策略。

4）舟艇离心力救援的团队协作与角色分配

（1）角色分配与任务协作：在救援过程中，如何根据每个队员的岗位职责进行合理分工，明确各自的角色，如驾驶员、观察员、救援人员等。通过团队协作实现快速且高效的救援。

（2）有效沟通与协作技巧：强调团队之间的沟通技巧，如何在急流环境中保持有效的沟通，并迅速传递指令和反馈信息，确保各个队员能够协同配合，完成复杂的救援任务。

（3）团队心理素质与协同作战：强化团队成员的心理素质，尤其是在压力下的判断和决策能力。在紧急情况下，团队成员要如何稳定情绪、快速响应、互相支持，确保救援顺利进行。

3. 教学方法

1）理论与实践相结合的教学模式

理论教学是基础，实践操作是关键，二者必须有机结合。离心力的应用原理需要通过系统的讲解和演示，理论和实际操作相辅相成。以下是如何在教学中结合二者的方式：

（1）理论讲解阶段：首先通过多媒体播放（如视频、动画、PPT 等）和讲述急流水域的特性、离心力的物理原理以及舟艇的运动规律。配合实际案例分析和数据支撑，帮助救援人员理解力学原理与水域特点的关系。

（2）实践训练阶段：在确保救援人员理解基础理论的前提下，进入实践训练阶段，安排救援人员进行实景模拟操作。通过不同的急流环境（如急流模拟池、特殊划艇环境等），让救援人员实际操作舟艇，体会离心力在不同情境中的影响，并调整操作策略。

2）分层次、分步骤教学法

急流水域救援技术复杂，救援人员掌握的能力和基础不同，因此分层次、分步骤的教学法尤为重要。教学内容需要根据救援人员的实际水平进行逐步推进，避免一开始就提出过高的要求或让救援人员接触过于复杂的操作。

（1）初级阶段：首先帮助救援人员掌握舟艇的基本操作技能，如船外机启动、方向控制杆、加速减速等基础技能。在此阶段，通过单一环境的模拟，让救援人员适应舟艇的操控。

（2）中级阶段：在救援人员掌握基础技能后，逐步引导他们进入离心力的实践应用。通过模拟急流环境，逐步引导救援人员在不同的流速下掌握如何利用离心力进行救援。重点训练救援人员判断水流速度、方向的能力，如何在急流中灵活调整舟艇的航向。

（3）高级阶段：最后，进行复杂情境的训练，如强劲的水流、复杂的障碍物、紧急救援任务等，模拟真实救援场景。救援人员需要在这种情境下快速反应，利用离心力完成救援任务。

3）情景模拟教学法

急流水域的救援充满了不确定性和挑战性，情景模拟能够帮助救援人员在贴近真实救援的环境中锻炼应急处置能力。这种方法可以提高救援人员面对实际情况时的应对能力，确保他们能够在紧急情况下作出正确决策。

（1）模拟不同的水流和天气条件：通过调节水流速度、模拟风浪等因素，创造不同的水域环境，帮助救援人员应对各种环境变化。救援人员在不同水域环境中训练舟艇的安全操控，增强他们的应变能力。

（2）模拟紧急救援任务：设置实际救援任务，如模拟溺水者位置、难以接近的水域等，要求救援人员快速作出决策，合理运用离心力进行接近和脱离操作。

（3）多任务协作：模拟多人同时进行救援时的协调与配合，如一个小组进行舟艇操作，另一个小组负责通信、指挥等，锻炼救援人员的团队协作能力。

4）案例研讨法

借用水域救援中成功与失败案例，帮助救援人员从中汲取经验。案例研讨法不仅帮助救援人员了解理论和技术的实际应用情况，还能提高其解决问题的能力。

（1）正面案例：分析成功救援的案例，探讨舟艇离心力应用的最佳实践，详细分析如何在特定水流条件下巧妙利用离心力提高救援效率。

（2）反面案例：分析救援失败的案例，找出其中的错误操作或判断失误，探讨如何避免类似问题发生，提高救援中的决策准确性。

（3）讨论与反思：组织救援人员讨论案例，分享各自的看法与理解，并进行深入的反思和总结，帮助救援人员形成自己的应急处置方法和解决思路。

5）小组合作与角色分配

急流水域救援通常需要多人协作，团队的配合是救援成功的关键。通过小组合作与角色分配的教学法，可以提高救援人员的团队合作意识和沟通协调能力。

（1）角色分配：将救援人员分为不同角色（如舟艇驾驶员、救援人员、指挥员、观察员等），每个角色有明确的职责。在小组内，通过分工合作共同完成任务，强调团队成员间的互助与沟通。

（2）任务合作：在模拟急流水域救援任务时，多个小组协同合作，每个小组负责不同的救援环节（如接近溺水者、实施救援、脱离危险区域等），通过紧密配合确保任务顺利完成。

（3）跨组协作：多组协作进行更复杂的任务，通过模拟真实的复杂环境，

帮助救援人员体会跨组合作的难度与挑战。

6）技能考核与反馈

（1）教学过程中，必须进行阶段性考核，以确保救援人员对技术的掌握程度，并及时发现和纠正问题。技能考核不限于操作技能，还要检验救援人员的判断能力、团队协作能力和应急处置能力。

（2）实训演练：安排定期的技能演练，设定具体的考核目标，如舟艇的操控准确度、离心力的应用技巧、救援反应时间等。

（3）实时反馈：在演练过程中，教员需要实时进行跟踪反馈，指出救援人员在操作过程中存在的理论和技术问题，并提供改进的建议。通过一对一的个性化指导，帮助救援人员提高技能水平。

7）多样化的学习资源与支持

在急流水域舟艇离心力救援技术的教学中，除了传统的课堂教学外，还可以利用各种学习资源帮助救援人员深化对技术的理解和掌握。

（1）在线学习平台：提供在线视频教程、电子书籍、学习手册等，让救援人员随时随地进行自主学习。在线平台可以为救援人员提供丰富的案例库、技术指南和模拟软件，帮助他们巩固课堂上学到的知识。

（2）虚拟现实（VR）技术：通过虚拟现实技术，救援人员可以在不进入实际水域的情况下体验舟艇多元化实景操作，模拟不同的水流环境，进行紧急救援训练。VR 训练有助于救援人员在低风险的环境中反复练习，掌握高难度的操作技能。

4. 教学注意事项

1）救援人员安全优先

急流水域环境具有一定的危险性，因此教学中的安全防范措施必须严格落实。无论是在实际的水域操作还是模拟环境中，都要确保把救援人员的安全放在首位：

（1）配备救生装备：救援人员在进行舟艇操作时，必须穿戴急流救生衣、头盔等安全防护装备，防止意外发生。

（2）严格的安全规范：教员要实时监管救援人员的操作，确保每个动作都符合安全要求。对于不符合安全规范的行为，教员和安全员要及时纠正。

2）根据救援人员的能力差异调整教学策略

救援人员的基础知识和能力水平差异较大，因此，教学方法需要因材施教：

（1）对基础较弱的救援人员，要从基础的理论知识、操作技能和安全意识开始，逐步提高难度，避免让他们感到困惑和沮丧。

（2）对基础较强的救援人员，可以提前进入复杂情境的模拟训练，挑战他们的极限，激发其潜力。

3）实时反馈与纠正

救援人员在学习舟艇离心力救援技术的过程中，可能会遇到一些操作错误或理解上的偏差，因此，教员需要及时提供反馈并纠正救援人员的错误：

（1）个性化指导：根据每位救援人员的具体表现，提供针对性的指导，帮助他们纠正操作错误。例如，若救援人员在操控舟艇时无法精准利用离心力，应通过演示和模拟训练帮助其改善。

（2）鼓励与激励：对表现优秀的救援人员要给予及时鼓励，增强其自信心；对遇到困难的救援人员，则要耐心指导并帮助其克服困难。

4）注重心理素质训练

急流水域救援任务具有较强的压力性和紧张感，因此心理素质训练是不可忽视的一环：

（1）模拟复杂情境：通过模拟紧急、复杂的救援情境，让救援人员在复杂环境下锻炼其冷静决策的能力。例如，模拟快速反应、需要快速作出决策的情境，提高救援人员的应急处置能力。

（2）情绪管理训练：指导救援人员如何在复杂环境下管理情绪，保持冷静，理智分析问题。

5）强化团队合作与沟通

急流水域救援不仅仅是个体的任务，团队合作非常关键。在教学中，特别要强调团队的配合和沟通技巧：

（1）明确分工：确保每个救援人员在团队中有明确的角色与责任，避免互相推诿或职责不清。

（2）沟通训练：在复杂的救援任务中，救援人员之间的沟通至关重要。要训练救援人员如何在紧急情况下迅速有效地沟通，传递关键信息。

6）不断优化教学方法

教学方法需要根据救援人员的反馈和教学效果不断优化。教员应根据教学进度和救援人员的实际表现，灵活调整教学计划和方法，确保救援人员在最大程度上获得技术提升。

4.6.4 充气式救援艇抛绳救援技术

在急流水域救援中，充气式救援艇抛绳救援技术（图 4-32）是一项重要的技能，广泛应用于水域事故中溺水人员的救援。掌握这一技术不仅能够提高救援效率，还能在保障救援人员和被救者安全的前提下，降低事故发生的风险。为了帮助救援人员全面掌握这一技能，教学内容和方法需要科学合理，同时注重实践与理论的结合、情境模拟和团队协作的培养。

图 4-32　充气式救援艇抛绳救援技术

1. 教学目的

1）提高救援技能

教学的首要目的是使救援人员掌握充气式救援艇的抛绳救援技术，能够在急流水域环境中迅速且准确地进行抛绳救援。通过反复的训练，救援人员能够熟练掌握抛绳救援技巧，从而提升实际救援中的操作能力。

2）增强安全意识

急流水域救援充满挑战，水流湍急且环境复杂。教学过程中通过强化安全意识，让救援人员时刻注意自身和他人的安全，确保在救援过程中最大限度地避免伤害。

3）强化团队协作能力

急流水域救援是一个团队作战的过程，需要每个成员充分配合。通过团队合作训练，能够培养救援人员的默契度，学会如何协调分工、迅速反应，以高效完成救援任务。

4）培养应急处置能力

在急流中，救援人员可能会遇到突发状况。通过教学，救援人员能够在复杂环境下保持冷静，快速判断和采取行动，达到最佳救援效果。

5）提高救援效率和效果

通过充气式救援艇抛绳救援技术的教学，使救援人员能够在复杂的水域中迅速定位目标，使用抛绳救援方式进行有效的营救，避免浪费时间，确保被救者的生存机会。

2. 教学内容

1）充气式救援艇基本知识

充气式救援艇是水上救援中的主要装备之一，它具有灵活性高、操作简单、适应性强等特点。首先，救援人员应了解救援艇的基本结构和功能，掌握如何使用救援艇进行水域救援。具体包括：

（1）救援艇的基本构造：艇身、充气系统、控制系统等组成部分及其功能。

（2）救援艇的操作原理：如何控制艇的方向、速度，如何通过操纵手柄来改变航向，如何利用不同的水流条件进行有效的航行。

（3）救援艇的使用范围和限制：了解何时可以使用充气式救援艇，何时应选择其他类型的舟艇进行救援。

2）舟艇抛绳救援技术

舟艇抛绳救援技术是急流水域中最常用的一种救援方式，救援人员需要掌握在舟艇上抛绳的技巧和要领，具体内容包括：

（1）抛绳原理：了解绳索的种类、长度、耐拉强度等特性，掌握如何选择合适的绳索进行救援。

（2）抛绳的基本技巧：学习如何准确、迅速地将绳索抛向被救者肢体可触及范围内，确保抛绳的精准度和安全性。

（3）实际操作步骤：详细介绍从准备、抛绳到拉拽、营救的完整操作过程，帮助救援人员理解各个环节的要点。

（4）特殊情况的处理：例如，面对被救者漂浮位置变化、无法接近等情况时的应急措施和解决办法。

3）急流水域环境分析

急流水域的特点对救援工作有很大的影响，救援人员需要了解水流速度、方向和障碍物等因素如何影响救援过程。教学内容包括：

（1）水流的特性：讲解急流水域的常见水流特征，如急流、暗流、漩涡等，救援人员应掌握如何根据水流情况判断救援难度和选择正确的救援方法。

（2）气象和环境因素：了解天气对急流水域救援的影响，如风速、气温、暴雨等因素可能带来的危险挑战。

（3）障碍物和危险区域：识别水中可能存在的障碍物，如岩石、倒木等，救援人员应学会如何避开这些障碍，减少危险。

4）安全注意事项

（1）个人防护装备：在救援过程中，救援人员必须穿戴急流救生衣、头盔等防护装备，以确保自身安全。

（2）紧急自救：教授救援人员如何进行紧急自救，如果不慎掉入水中或遇到其他紧急情况时，应采取怎样的自救措施。

（3）小组协作中的安全：提醒救援人员在团队协作时必须保持高度的注意力和警觉性，确保相互配合时不会发生误伤或其他意外。

（4）救援环境的危险性评估：讲解如何根据急流水域的不同特性评估现场环境的安全性，及时判断潜在的危险并采取行动。

3. 教学方法

1）理论教学

理论教学为救援人员提供基本知识，打好理论基础。理论教学应详细解释充气式救援艇的使用原理、抛绳技术的基本要领和急流水域的环境特征等内容。为了确保救援人员全面理解和掌握这些内容，理论教学方法可以具体分为：

（1）讲解法：教员通过简明扼要的讲解和 PPT 演示，帮助救援人员理解充气式救援艇的结构、功能以及抛绳的基本概念。重点讲解如何判断急流水域中的水流情况，如何根据环境和人员情况决定是否使用充气式救援艇等。

（2）视频分析法：结合案例视频分析，通过展示一些成功和失败的抛绳救援案例，让救援人员从中看到实际操作中的优缺点，帮助他们在理论学习的同时，提高应急判断能力。通过视频分析，救援人员可以学习到正确的操作流程和注意事项。

（3）讨论法：鼓励救援人员进行小组讨论，将他们学习到的理论知识和实践经验结合起来，讨论在急流水域救援中的常见问题和解决策略。通过集体讨论，能够加深救援人员对理论的理解，引导他们思考实际问题的解决能力。

2）实践教学

实践教学是充气式救援艇抛绳救援技术最关键的部分。通过多样化的实践训练，救援人员不仅可以掌握操作技能，还能提高应对突发状况的能力。具体方法包括：

（1）模拟环境演练：设置模拟急流水域环境，通过控制水流的速度和方向，模拟不同的救援情境，帮助救援人员适应复杂多变的水域条件。例如，可以模拟遇到漩涡、逆流等情况，救援人员需根据实际水域环境调整抛绳角度和救援方法。这样可以帮助救援人员在不同情境下积累经验，提高临场反应能力。

（2）角色扮演法：将救援人员分为不同角色，如抛绳员、辅助人员、驾驶员等，模拟实际救援任务的全过程。在训练中，救援人员通过担任不同角色，全面了解救援流程，并提高自己的团队协作能力。每个角色的救援人员都需要了解自己的岗位职责，确保救援任务能够高效顺利地进行。

（3）重复性训练：在救援人员掌握基本技能后，应通过多次重复性的训练来巩固技能。通过不断实践，救援人员可以形成肌肉记忆，在救援过程中能够迅速反应并作出正确的操作。例如，重复抛绳动作练习，直到救援人员能够精准而迅速地将绳索抛向目标可触及范围内。

（4）应急响应演练：通过模拟紧急情况（如水流速度突然变化、被困者位置不确定等），帮助救援人员学会如何迅速判断并采取应急措施。例如，救援人员需迅速判断水域环境，调整艇速和方向，并及时进行救援。

3）小组合作与团队训练

急流水域救援任务通常需要团队协作才能成功完成，因此在教学过程中，强调团队合作至关重要。教学方法应包括：

（1）分组合作训练：将救援人员分成小组，每组负责不同的任务，如抛绳员、辅助人员、驾驶员等。小组成员之间要密切协作，确保任务分工明确、执行高效。救援人员通过角色分配，深入理解每个岗位的职责，并培养相互间的信任和沟通。

（2）团队协作任务：设置团队协作任务，在任务中，救援人员需要根据实际情况灵活调整角色分配和行动计划。通过这样的任务，救援人员能够提升协调能力和应急响应能力。

（3）团队反思与反馈：任务完成后，组织小组进行反思总结，分享各自的

经验和改进建议。这样能够帮助救援人员提高自身能力的同时，也能促进团队协作能力的提升。

4）情境模拟与应急演练

急流水域的救援场景复杂且充满挑战，情境模拟是培养救援人员应急处置能力的重要手段。教员可以通过设置多种复杂情境，帮助救援人员提升处理紧急情况的能力。具体包括：

（1）情境模拟法：根据不同的急流情况，设计多个情境模拟。例如，可以模拟不同流速的水流、流态等复杂情况，让救援人员在模拟中提前应对这些情况并熟练掌握相应的操作技巧。

（2）应急突发演练：救援人员在演练中不仅需要应对环境的变化，还要面对角色中的突发状况。例如，救援艇的船外机出现故障、绳索未能准确抛投到位等情况，救援人员需迅速作出应对措施，确保整个救援过程顺利进行。

5）实时反馈与个性化指导

为了确保每位救援人员都能在训练过程中得到有效的指导，教学中需要注重实时反馈与个性化指导。教员应在训练过程中实时观察救援人员的操作，发现问题及时纠正，并给予个性化的指导。具体方法包括：

（1）及时纠正与指导：在救援人员进行实际操作时，教员要密切观察其动作，发现错误并及时纠正。例如，在抛绳时，教员可以指导救援人员如何调整抛绳角度、力道和抛投的时机，以确保准确性。

（2）个性化的反馈：不同救援人员的学习能力和操作水平不同，因此教员应根据救援人员的情况，提供个性化的建议和指导。有些救援人员可能在技巧上存在问题，而另一些救援人员则可能在情境判断上有所欠缺，教员需要针对性地帮助救援人员弥补不足。

4. 教学注意事项

1）安全第一

教学过程中，最重要的就是确保救援人员的安全。由于训练场地是在水域环境中，安全防范措施必须严格落实：

（1）装备检查：在每次训练之前，教员需检查救援人员的个人防护装备（如急流救生衣、头盔等），确保其完好无损。特别是充气救援艇的气室压力部分，也必须确保无漏气现象。

（2）水域安全评估：进行实际水域训练前，教员需要评估水域的环境，了解水流的速度和方向以及现场建筑物环境，确保水域条件适合训练。

(3) 应急预案：制定详细的应急预案，并向救援人员讲解突发事件的应对措施，如溺水者意外滑落或器材故障等。

2) 个性化教学与差异化训练

不同救援人员的基础、经验和反应能力不同，教员要根据救援人员的特点，提供个性化的教学计划和差异化的训练内容：

(1) 分层教学：初学者可以从基础操作入手，逐步学习如何控制救援艇、如何准确抛绳等；对于有一定基础的救援人员，可以加入更具挑战性的模拟训练，以提高其应急反应能力。

(2) 个别指导：对技术水平较低或进步较慢的救援人员，教员要提供更多的个别指导，帮助其找到问题所在并改进。

3) 教学进度的合理控制

在教学过程中，进度要根据救援人员的实际学习情况来控制。过快的进度可能导致救援人员理解不深，知其然而不知其所以然，而进度过慢则会浪费宝贵的训练时间。教员需要根据救援人员的学习反馈，及时调整训练计划。

4) 总结与反馈机制

每次训练结束后，教员应组织救援人员进行总结和反馈，分析训练中的优缺点，帮助救援人员了解自己在训练中的表现，并提供改进建议。救援人员之间的反馈也很重要，可以通过互评的方式，帮助彼此发现问题并改正。

通过反思和总结，救援人员能够对自己的操作技巧进行自我评估和改进，提升技能。

5) 注重团队精神和协作

团队协作在急流水域救援中至关重要，教员需要特别注重救援人员在团队中的表现。教学过程中，通过分组训练和角色扮演，救援人员不仅要学会独立操作，还要学会与队友合作。通过团队训练和任务分配，救援人员能够学会如何与队员进行有效沟通，协调一致，提升整体救援效率。

4.6.5 充气式救援艇活饵救援技术

在急流水域的救援工作中，充气式救援艇的活饵救援技术是一项关键且高效的救援手段（图 4-33）。活饵救援技术通常用于快速且安全地将溺水者从水域中救出，尤其是在急流、水流湍急的环境中，活饵救援通过模拟目标漂流的方式，

使救援艇逐渐接近救援。以下是关于充气式救援艇活饵救援技术的教学目的、内容、方法和注意事项的详细描述。

图 4-33 充气式救援艇活饵救援技术

1. 教学目的

1）提高急流水域救援能力

活饵救援技术是一项实用且专业的水域救援技术，通过这种技术可以有效地营救被困于急流中的溺水者。通过教学，救援人员能够在实际的急流水域中快速、准确地实施救援操作，确保快速高效地进行水域救援。

2）增强应急反应能力

急流水域救援通常充满不确定性，水流情况、溺水者的状态以及救援环境通常变化莫测。教学的另一重要目标是通过多样化的训练方法，提高救援人员在紧急情况下的应急处置能力，帮助他们在最短的时间内作出最有效的救援决策。

3）加强安全意识

急流水域救援涉及的风险较大，因此，教学过程中需要加强救援人员的安全意识。救援人员不仅要了解如何保证自身安全，还要学会如何在各种不利条件下确保被救者的安全。

4）培养团队合作精神

活饵救援技术通常需要团队成员之间的紧密配合。通过团队合作训练，救援人员可以加强沟通与协调，提高团队救援效率。教学过程中将着重培养救援人员的团队合作能力，确保救援任务的顺利执行。

5）提高实际操作能力

通过重复的现场操作训练，使救援人员能够熟练掌握充气式救援艇活饵救援技术。救援人员通过反复训练，达到操作娴熟的水平，能够在真实的救援任务中快速、有效地完成任务。

2. 教学内容

1）充气式救援艇的基本构造与操作

（1）充气式救援艇的构造：救援人员需了解充气式救援艇的基本组成部分。重点学习如何检查充气系统、调整艇速、掌控方向等。

（2）充气式救援艇的操作方法：包括如何启动、停止、转向和保持艇的安全操控。教学中要让救援人员熟悉如何在急流环境中使用充气式救援艇，尤其是如何应对快速流动的水域。

2）活饵救援技术的原理

活饵救援技术是一种通过设置模拟溺水者漂浮，舟艇救援人员采取正确的入水方式来接近溺水者并将溺水者救助至舟艇上的救援技术。这种方法具有很强的灵活性，能够在急流环境下快速发挥效果。

活饵救援的特点：讲解这种方法的独特优势，如救援舟艇无法直接救援溺水者，继而采取的联合救援方式。

3）充气式救援艇活饵救援操作技巧

活饵装置的设置与使用：教学要让救援人员掌握如何利用充气式救援艇、水面漂浮绳和浮具设置活饵。救援人员需要学会在水流中如何有效地将溺水者紧紧“咬住”，确保成功将溺水者安全救助至舟艇内。

4）急流水域救援环境分析

（1）急流水域的特点：教学过程中要帮助救援人员认识急流水域的环境特征，包括水流的强度、方向、流速及其对救援艇操控的直接影响。救援人员要理解如何通过对水流的判断调整救援方法。

（2）安全评估与备份预案：救援人员需学会评估水域环境的安全性，学会如何识别急流中的潜在危险，如漩涡流、翻滚流、皱眉流等。同时，要掌握紧急情况下的应急处置方法和撤离方案。

5）救援后续处理与急救知识

（1）被救者的急救处理：救援人员还需掌握被救者上艇后的医疗急救处理方法，包括如何进行人工呼吸、心肺复苏、AED除颤等基本急救技能。

（2）现场应急处理：学习如何应对溺水者被救出后的紧急情况，如伤口处理、恢复核心体温等。

3. 教学方法

1）沉浸式情境模拟与反向训练

（1）沉浸式情境模拟：在急流水域的救援中，环境复杂多变，因此通过沉浸式情境模拟让救援人员全身心投入救援过程，是一种行之有效的教学方法。通过构建贴近真实的救援环境，救援人员能够感知到急流水域的水流、温度、风力等多方面因素的影响。

① 模拟不同环境的水流条件：创建具有不同流速、不同水流方向的水域，通过模拟急流中出现的危险水域环境，帮助救援人员在实际操作中适应不同的水流速度和变化，使救援人员能够在真实场景中及时应变。

② 模拟救援时间压力：设定紧急情况（如溺水者即将被冲走等），增加救援人员的心理压力，模拟现实中的紧急时限，让救援人员在有限时间内完成活饵救援操作。

（2）反向训练：通过让救援人员扮演被困溺水者角色，体验和理解溺水者的心理和生理状态。在模拟的过程中，救援人员能够体会到溺水者的绝望、挣扎及反应，从而更好地理解如何"鱼"与"饵料"之间的救援关系。

反向训练的独特价值：与其他救援技术相比，充气式救援艇的活饵救援技术的独特性在于它通过将救援人员比作"饵料"，被救者比作"鱼"，而这种训练方式需要救援人员理解溺水者可能的反应和心理状态。反向训练不仅能帮助救援人员掌握技能，也有助于加强其应急反应的能力。

2）体验式教学与操作模拟

（1）操作模拟：在传统的教学中，救援人员往往通过纸上谈兵或简单的演示了解技能，而活饵救援技术要求救援人员在水流中实施救援操作，因此，实景操作模拟尤为重要。

① 模拟抛投与活饵设置：救援人员通过实际操作，了解如何精确定位被救者位置，救援人员快速精准的到达。不同于普通的抛绳救援，活饵救援要求救援人员掌握舟艇上入水的技巧、时机和精确度，确保救援精准高效。

② 模拟复杂水流环境：在水流速度较快的条件下，充气救援艇的操控难度

增加，救援人员需要适应在复杂流动中操作舟艇，并及时观察被救者情况。通过模拟有漩涡流、微笑流、翻滚流等危险水流变化的环境，帮助救援人员提升操控舟艇的驾驶技巧和应急处置能力。

（2）体验式教学：救援人员能够亲身参与操作和模拟环境，不仅可以增强其实践技能，也有助于其从实际操作中反思和总结，提高在复杂环境下的应对能力。通过体验，救援人员能更好地理解技术的实施步骤，并将其与救援的理论知识结合。

3）分层递进的技能教学

与传统救援技术相比，活饵救援技术对于救援人员的技能要求较高，因为它不仅仅依靠于救援人员的个人操作技巧，还需要救援人员理解水域环境变化、溺水者的生理反应以及团队协作的重要性。为此，采用分层递进的技能教学，从基础到复杂逐步提升救援人员的技术水平。

（1）初级阶段：基础操作与水域环境适应。救援人员首先进行充气式救援艇的基础操作练习，包括启动、定舟、操控方向等技能，确保救援人员对充气式救援艇的操控有一定的熟练度。

（2）中级阶段：模拟活饵入水救援。进入急流环境下的模拟训练，救援人员开始练习如何在舟艇上采取平跳式入水救援的方式配合攻击式泳姿快速接近被救者，使被救者能够及时得到救助。

教授救援人员如何根据不同水流速度调整救援策略，如何在变化的水流中保持艇的稳定与操控。

（3）高级阶段：多情境协作与急流应对。高级训练阶段需要救援人员参与紧急情况下的集体救援任务。通过模拟多种复杂水流环境（如翻滚流、漩涡流等）下的救援任务，救援人员需在团队中分工协作，调整活饵救援策略。

增强救援人员对复杂情境的适应能力，如水流改变或溺水者因体力不足等情况时，救援人员需要快速反应并调整救援方法。

4）结合虚拟现实（VR）技术

现代教育技术的发展使得虚拟现实（VR）技术可以用于急救培训中。通过虚拟现实技术，救援人员能够身临其境地参与到急流水域的救援中，模拟活饵救援过程。

（1）模拟复杂环境：使用 VR 技术可以模拟多种环境条件，如急流、突如其来的风暴等，使救援人员在虚拟环境中进行技能训练。

（2）仿真救援场景：通过 VR 模拟溺水者的状态，救援人员可以在虚拟场景中体验到溺水者的挣扎，从而提高溺水者的心理感知与实际操作能力。

5）实时评估与反馈

为了让救援人员及时纠正操作中的错误，实时评估与跟踪反馈机制是必不可少的。教员可以在救援人员执行活饵救援技术时，实时跟踪救援人员的每一个技术动作，提供及时反馈并作出相应的指导。

（1）智能化反馈工具：使用智能化设备（如 GPS 定位系统、流速传感器等）来评估救援人员在训练中的表现，自动记录训练过程并对救援人员的技术动作进行评分和反馈。

（2）视频回放与分析：救援人员在进行实际操作时，教员可以记录整个救援过程，训练结束后通过视频回放，让救援人员自己分析自己的操作技巧，并结合教员的反馈找出可以改进的地方。

4. 教学注意事项

1）安全优先

活饵救援技术虽然是一项高效的救援技术，但由于涉及水域救援，依然具有一定的危险性。因此，教学过程中必须严格执行安全规定：

（1）现场安全管控：每次训练都要有专人负责现场的安全监管，确保救援人员在操作过程中不会受到伤害。

（2）应急撤离计划：在任何训练场合，都需要准备好应急撤离路线和集结区域，以应对突发的意外情况。

（3）逐步适应水域环境：救援人员在进入急流水域前，需要经过多次适应性训练，逐步适应不同的水流速度与救援环境，避免过于冒险的操作。

2）救援人员个体差异

在训练过程中，教员应根据救援人员的不同情况制定个性化的训练计划。由于救援人员的基础水平不同，因此，教员需要调整每个救援人员的训练进度，并关注救援人员的进步情况：

（1）差异化指导：对于基础较弱的救援人员，教学过程中可以适当放慢训练进度，给予更多的理论讲解和分解练习；对于进步较快的救援人员，可以加大训练强度，给予更高难度的情境模拟。

（2）心理适应与情绪调节：急流水域救援不仅是体能的挑战，也是心理上的考验。教员应关注救援人员的心理状态，帮助其缓解压力，增强应对紧急情况时的心理承受力。

3）模拟的现实性与多样性

活饵救援技术的训练要求救援人员能够根据不同水域环境变化灵活调整救援策略，因此，教学时必须注重模拟环境的多样性和真实感。

（1）多变的水流环境：模拟的水流环境应尽可能接近真实的急流条件。例如，救援人员在进行训练时，不仅要应对平静水域，还需应对复杂的急流水域情况。

（2）真实溺水者反应：训练中要模拟溺水者可能的各种反应，包括体力不支、脱力、挣扎等，以帮助救援人员提高判断能力和应急处置能力。

4）团队协作与沟通能力

充气式救援艇活饵救援技术并非单打独斗，救援人员之间的沟通与协作至关重要。教员应注重培养救援人员的团队协作能力，确保他们能够在复杂环境下迅速有效地协调工作。

团队角色分配与练习：在每个救援任务中，分配救援人员明确的角色，如驾驶员、救援人员、辅助人员等。通过不断的协调合作训练，救援人员能够熟练掌握彼此之间的配合方式，增强团队协作的效率。

5）反思与持续改进

教学中的每一次训练之后，救援人员应通过反思总结，了解自身在技能操作中的优缺点。教员应鼓励救援人员在每次训练后进行自我评估，并通过课堂讨论和小组反馈，找到进一步提升的空间。

4.6.6 舟艇顶礁救援技术

在水域救援中，舟艇顶礁救援技术（图 4-34）是一项关键技能，旨在帮助救援人员在急流水域中应对舟艇与礁石或其他障碍物接触时的复杂场景。以下是关于舟艇顶礁救援技术的教学目的、教学内容、教学方法及教学注意事项。

1. 教学目的

（1）掌握技术原理：理解舟艇顶礁的水流动力学原理及操作技巧。

（2）提升实操能力：培养学员在急流中精准操控舟艇的能力。

（3）增强应急反应：提高学员在意外碰撞或失控情况下的应急处置能力。

（4）强化团队协作：通过协同顶礁训练，提升团队配合与指挥能力。

（5）确保安全救援：掌握顶礁技术的风险管控方法，保障救援人员和被困

图 4-34 舟艇顶礁救援技术

者的安全。

2. 教学内容

教学内容应具体化、多元化和实景化，涵盖理论、实操和案例分析，具体包括以下模块：

1）理论教学

（1）水流动力学基础，急流水域的水流分类（如激荡流、覆盖流、翻滚流）。

（2）水流对舟艇的影响及应对策略：舟艇顶礁原理，主动顶礁与被动顶礁的区别与应用场景。

（3）舟艇与礁石接触时的力学分析（如反作用力、摩擦力）。

装备知识：舟艇类型（如橡胶艇、硬壳艇）及适用场景。

（4）船外机操作与维护要点。

2）实操教学

（1）基础操作训练：舟艇操控技巧（如 Z 形驾驶法、S 形驾驶法）。

（2）舟艇与礁石的接触角度调整。

① 主动顶礁训练：

定点顶礁：在指定位置接触礁石并稳定船体。

动力调整：利用礁石阻挡水流，减缓舟艇速度。

② 被动顶礁训练：

应急脱困：模拟舟艇失控撞击礁石后的脱困操作。

翻覆应对：训练舟艇翻覆后的自救与复位。

3）实景化教学

（1）模拟场景训练：天然水域设置礁石障碍，模拟急流环境。

设计不同水流速度、障碍物密度的训练场景。

（2）案例分析：分析真实救援案例中的顶礁操作（如成功与失败案例）。

4）安全与风险管理

（1）个人防护：穿戴头盔、急流救生衣、水域救援服、手套、水域靴等个人防护装备。

（2）风险识别：识别急流中的危险区域（如漩涡流、微笑流）。

（3）备份预案：制定顶礁失败后的应急措施（如翻覆自救、团队支援）。

3. 教学方法

（1）理论讲解与演示：通过 PPT、视频等多媒体工具讲解技术原理。教员现场演示顶礁操作，分解动作步骤。

（2）分组实操训练：将学员分组，轮流进行舟艇操控与顶礁练习。教员实时指导，纠正错误动作。

（3）模拟场景演练：在天然水域设置模拟场景，进行实景化训练。逐步增加训练难度（如水流速度、障碍物密度）。

（4）案例分析讨论：组织学员分析真实救援案例，总结经验教训。

（5）考核与反馈：设置考核标准（如动作规范性、团队协作效率）。

4. 教学注意事项

（1）安全第一：确保学员穿戴全套个人防护装备（如头盔、急流救生衣、水域救援服、手套等）。训练水域设置安全员，配备急救装备。

（2）循序渐进：从基础操作开始，逐步增加训练难度。避免学员在未掌握基础技能时进入高难度场景。

（3）因材施教：根据学员的技能水平调整教学内容与进度。对技能较弱的学员提供个性化辅导。

（4）团队协作：强调团队配合的重要性，培养学员的协作意识。

（5）环境适应：根据训练水域的实际情况（如水流速度、天气条件）调整教学计划。

4.6.7 舟艇自救技术

在急流水域救援中，舟艇自救技术是确保救援人员在危险环境下生还的关键技能（图4-35）。自救技术的教学不仅能够提高救援人员在紧急情况下的应急处置能力，还能够帮助他们学会如何保持冷静，合理利用自身装备采取有效自救措施。

图4-35 舟艇自救技术

1. 教学目的

1）提升自救能力

自救能力是救援人员在遭遇紧急情况时生还的关键。通过自救技术的学习，救援人员能够在舟艇出现故障、翻覆或意外事故时，迅速采取有效措施进行自救，确保自己的人身安全。

2）增强应急处置能力

自救技术的学习能够帮助救援人员在紧急情况下保持冷静，迅速评估现场环境，制定合理的行动计划。通过实战演练和模拟训练，救援人员能够提高应急反应速度，减少因恐慌或犹豫而带来的伤害风险。

3）熟练掌握自救技能

各种自救技能在实际操作中往往会因为现场的环境因素而出现复杂变化，因此，通过教学，救援人员需要全面了解并熟练掌握舟艇翻覆自救、人员溺水自救、船外机故障排除等技能。确保在不同环境下采取适当的自救措施。

4）提高团队协作意识

在自救过程中，团队的配合至关重要。通过教学，不仅仅培养救援人员的自救能力，更要强调团队合作与协作，在团队协作中进行自我救助和互相支持。

5）保障生命安全

通过救援人员对自救技术的掌握，能够最大程度地避免因舟艇故障、翻覆等事故导致的人员伤亡，保障所有参与人员的生命安全，为后续的专业救援争取宝贵时间。

2. 教学内容

1）自救技术基础理论

自救技术的基础理论教学主要包括自救的目的、重要性以及自救的基本步骤。救援人员首先需要了解自救的基本概念，然后学习各类自救技能以及在不同情境下如何运用这些技能。

（1）自救概述：自救是指在舟艇发生故障、翻覆等突发情况时，如何通过自身的努力保护自己并尽力恢复航行。包括翻覆自救、溺水自救、故障排除等。

（2）自救原则：冷静、果断、协调。这些是自救时必须遵循的基本原则，能够帮助救援人员在复杂环境下作出理性决策。

（3）应急响应和判断：教授救援人员如何快速评估事故现场，判断是否有自救的机会，确认周围环境是否适合进行自救。

2）翻覆自救

翻覆自救是舟艇自救技术中最为常见且重要的一项。教学内容包括：

（1）翻覆原因分析：讲解导致舟艇翻覆的常见原因（如操作不当、环境因素、外力冲击等）。

（2）翻覆后的自救措施：救援人员需要学习翻覆后如何将舟艇扶正，如何利用急流救生衣等装备重新登艇，如何正确脱离翻覆舟艇并保持稳定。

3）溺水自救

由于舟艇事故导致人员落水的情况较为常见，因此溺水自救是重要的教学内容。

（1）落水后自救技巧：教授救援人员如何保持冷静，采用正确的漂浮技巧，如何使用救生器材保持浮力。

（2）如何与水流作斗争：在急流水域中，流速较快，救援人员需要学习如

何在急流中生还等技巧。

4）舟艇故障处理与自救

（1）常见故障类型：包括船外机故障、气室漏气等。讲解每种故障的应急处理步骤以及如何通过备用装备恢复舟艇的基本功能。

（2）故障发生后的紧急反应：如何快速评估故障并采取有效行动，确保在无法修复时保护自己并进行求救。

5）自救装备使用

（1）急流救生衣：讲解不同类型急流救生衣的使用方法、注意事项和适用情境。

（2）漂浮器材：如漂浮板、救生圈等的使用方法，如何选择合适的漂浮装备。

（3）应急信号装备：如何使用信号枪、信号烟幕弹、闪光灯、荧光棒等求救装备，向外界发送求救信号。

6）团队合作与自救

在舟艇自救过程中，团队之间的配合是非常重要的。教学内容包括：

（1）团队成员之间的分工与合作：确保每个成员都清楚自己在自救中的角色和责任。

（2）协调与沟通：团队成员之间应保持有效沟通，确保自救行动的一致性和协调性。

7）实战演练

通过模拟不同的紧急情境（如舟艇翻覆、装备故障等），进行实战演练。救援人员在教员的指导下亲身体验和操作，通过模拟真实情境增强应急处置能力。

（1）翻覆模拟：让救援人员体验舟艇翻覆后的自救操作，帮助救援人员熟悉翻覆后的恢复程序。

（2）故障应急练习：模拟舟艇故障，训练救援人员如何识别问题并进行应急修复。

（3）溺水救援训练：训练救援人员在被迫落水的情况下如何保持冷静，采用自救措施。

3. 教学方法

1）理论讲解与案例分析

通过多媒体课件、PPT 展示、视频案例分析等方式，对自救基本理论、技能技巧进行讲解。通过真实案例的分析，帮助救援人员理解自救技术在实际中的应用，学会从案例中总结经验。

救援人员讨论：通过讨论救援人员实际经历的紧急情况，让救援人员分享自己在类似情况下可能采取的措施，并与其他救援人员共同探讨更有效的自救方案。

2）模拟训练与实训演练

模拟训练是帮助救援人员将理论知识与实际操作相结合的有效手段。通过设计各种紧急情境，模拟舟艇翻覆、故障、人员溺水等情况，救援人员将在可控的环境下进行应急反应训练。

（1）翻覆演练：救援人员将亲身体验舟艇翻覆后的自救，利用急流救生衣和漂浮板等自救装备进行翻覆后的恢复。

（2）装备故障训练：模拟舟艇发生故障，救援人员需进行故障评估、应急修复并学会在紧急情况下利用备用装备。

3）小组合作训练

通过小组分配、团队合作等形式，增强救援人员的合作意识。救援人员将通过角色分工，进行分组训练，模拟紧急情境下的团队协作。通过这样的训练，救援人员能在自救过程中保持冷静和合理的协作。

4）教员讲解与示范

邀请具有丰富经验的教员进行现场讲解和示范。通过教员的实际操作示范，使救援人员了解和掌握更为细致的自救技巧。

（1）实地示范：教员现场示范如何快速进行自救，包括如何使用急流救生衣、漂浮器材等自救装备。

（2）经验分享：教员分享自己在紧急救援中的经验，帮助救援人员积累更多的实战知识。

5）考核与评估

定期对救援人员进行自救技能的考核。考核不仅包括理论知识的测试，还要有实际操作部分。通过考核评估救援人员的掌握情况，发现不足并针对性改进。

（1）技能考核：通过模拟情境、实际操作等形式进行技能考核，确保救援人员能够独立进行自救。

（2）反馈与改进：根据考核结果及时反馈，进行有针对性的辅导和强化训练。

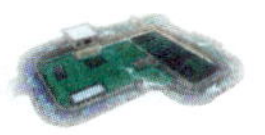

4. 教学注意事项

1）安全保障

在进行自救技术培训时，首先要确保救援人员的安全。每一次实操训练都必须严格按照安全规范执行。

（1）安全装备：确保所有救援人员在实操过程中必须穿戴全套个人防护装备，如急流救生衣、头盔、水域救援服、手套等。

（2）教员监管：每次训练时，必须有专门的教员全程监管，确保救援人员的操作安全。

2）注重实际操作

理论知识的讲解要与实际操作紧密结合。单纯的理论教学无法完全掌握自救技能，因此必须将理论学习与大量的实操训练结合起来，帮助救援人员熟悉自救动作并做到条件反射。

3）情景模拟与应急反应

救援人员应当在情境模拟中进行训练，以增强其应急处置能力。在不同的环境条件下（如天气、流速变化等），救援人员必须学会快速评估并作出合适的自救方法。

（1）持续评估与个性化指导：对于救援人员的进度要进行持续跟踪和评估。根据救援人员的个人差异，提供个性化的教学指导，确保每位救援人员都能在不同的紧急情境下顺利完成自救任务。

（2）心理疏导：自救过程中，救援人员通常会遇到巨大的心理压力，尤其是在面对突发事故时。因此，教学过程中应重视心理疏导和压力管理，帮助救援人员保持冷静，并增强其心理承受能力。

5 潜水救援技术教学

5.1 潜水救援理论知识

作为潜水教员，教学的核心是确保学员能够在安全的前提下，充分掌握潜水所需的技能和知识，理解潜水的原理，掌握潜水过程中可能遇到的问题，并在遇到困难时能够进行有效的应对。

1. 教学目标

1）技能掌握

学员需要掌握潜水所需的各种基本技能，如浮力控制、耳压平衡、呼吸技巧、面镜排水、紧急应对等技能。

2）理论知识的理解

学员需要理解潜水的物理原理、生理机制、潜水环境的特点，以及潜水装备的使用方法。

3）安全意识的培养

潜水救援是一项涉及一定风险的救援，学员必须具备正确的安全意识，学会如何应对紧急情况，避免发生潜水事故。

4）自信心建立

潜水本身对初学者来说可能会带来一定的心理压力，学员需要通过不断的练习和经验积累建立自信。

2. 教学内容

潜水教学的内容非常广泛，涉及多个方面。以下是几个关键教学内容的详细讲解。

1）潜水物理

潜水物理主要包括水下压力、浮力、气体溶解度等概念（图 5-1）。学员需要理解：

（1）水下压力：每 10 m 深度，水压就会增加 1 个大气压。教会学员如何应对水下压力变化，尤其是如何进行耳压平衡。

（2）浮力：浮力是水下最基本的物理原理之一，学员需要学会如何通过调整 BCD（浮力控制装置）来控制浮力，保持在水中的平衡。

（3）气体溶解度：随着深度的增加，气体的溶解度增加，学员需要理解深潜时氮气的溶解性和潜水病的预防。

1. 水面平均耗气量(L/min)=正常肺活量(L)×呼吸次数(次/min)
2. 水面平均耗气量(bar/min)=耗气量(bar)÷水面呼吸时间(min)
3. 耗气量(L)=气瓶容积(L)×耗气压力(bar)
4. 环境压力(bar)=[水深(m)÷10]+1
5. 水深(m)=[环境压力(bar)−1]×10
6. 水下耗气速率(bar/min)=水面耗气速率(bar/min)×压力倍率
7. 水面耗气速率=水下耗气速率÷压力倍率
8. 气瓶气量(L)=气瓶容积(L)×气瓶内压力(bar)
9. 水面气体使用时间(min)=气瓶压力(bar)÷平均耗气量(bar/min)
10. 实际使用时间(min)=[气瓶压力(bar)−预留气量(bar)]÷平均耗气量(bar/min)
11. 水下气体使用时间(min)=水面气体使用时间(min)÷压力倍率
12. 水面气体使用时间(min)=水下气体使用时间(min)×压力倍率
13. 压力倍率=环境压力÷水面压力(1bar)
14. 水下气体体积(L)=水面气体体积(L)÷压力倍率
15. 水面气体体积(L)=水下气体体积(L)×压力倍率
16. 免减压停留极限时间：不同体系、不同算法、不同品牌、不同保守度的电脑表均有所不同。10 m约200 min，18 m水深约50 min，30 m约20 min。每次潜水上升时，无论是否接近免减压停留极限时间，均建议执行安全停留

图 5-1　潜水公式

2）潜水生理与医学

潜水对人体的影响是潜水教学的重要部分。学员需要理解潜水过程中可能出现的生理变化及潜水医学的相关知识。

（1）耳压平衡：耳压平衡是学员最常遇到的问题，潜水教员需要教会学员如何通过捏住鼻子吹气等方法进行平衡耳压。

（2）减压病：潜水过快上升或长时间深潜可能导致减压病，学员需要学会遵循安全的上升速度，避免发生减压病。

（3）氮醉：深潜时，氮气溶解在体内过多可能引发氮醉，学员需要了解氮醉的症状及预防方法。

（4）潜水后休息：潜水后，学员应避免剧烈运动，并需要一定的时间来让身体逐步恢复。

3）潜水环境

潜水环境涉及水域的特点，包括海水和淡水的差异，水温、能见度、流速等因素对潜水的影响。

（1）水域类型：不同的水域环境（如海洋、湖泊、河流、洞穴）具有不同的潜水条件，学员应了解水域的特性，选择适合的装备和潜水方法。

（2）水流与能见度：水流过强时，潜水会受到影响，能见度差时，潜水员需要采取特别的措施以保证安全。

4）潜水装备

潜水装备的使用是潜水教学中的关键内容。学员需要掌握以下装备（图 5-2）的使用方法：

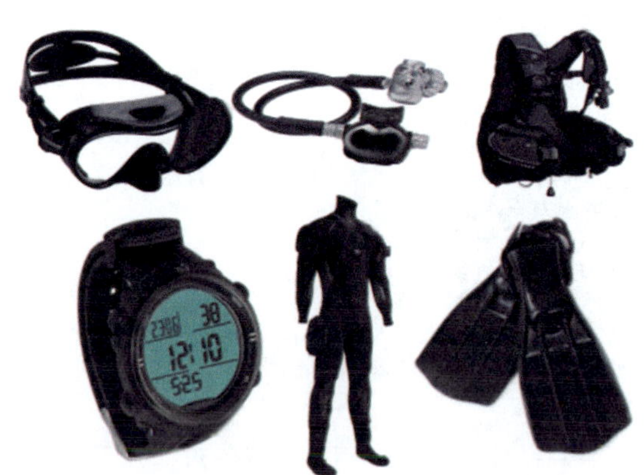

图 5-2　面镜、调节器、BCD、潜水电脑、潜水服、脚蹼

（1）面镜：教会学员如何调整面镜，确保密封性，如何在面镜进水时进行排水。

（2）调节器：教会学员如何正确使用调节器，控制空气流量，确保潜水过

程中能够正常呼吸。

（3）BCD（浮力控制装置）：学员需要掌握如何使用 BCD 来控制浮力，保持适当的深度。

（4）潜水电脑/潜水表：教会学员如何使用潜水电脑，了解潜水时间和深度的限制。

（5）其他装备：如潜水服、手套、脚蹼等的使用技巧。

3. 教学方法

教学方法是潜水教员与学员互动的核心，它直接影响学员能否快速、安全地掌握潜水技能。以下是一些常见的潜水教学方法：

1）讲授法

使用结构化 PPT，结合案例分析和生动的语言表达。同时避免长时间纯讲授，可穿插短视频、动画或现场演示，提高趣味性，避免枯燥单向灌输，多提问、多互动。

2）互动式教学

开展问答互动，随时提问，鼓励学员思考和表达，确保他们真正理解知识点。开展情境模拟，设置突发情况，如气源耗尽、装备故障等，训练学员的应变能力。开展课堂角色扮演，模拟教员、学员或潜水伙伴，实践沟通手势和应急程序。

3）多媒体辅助教学

使用教学视频，展示潜水装备的操作、潜水环境的真实状况等。利用图示与模型，如人体气体吸收示意图、潜水表使用说明等，有助于学员理解抽象概念。使用虚拟现实（VR）或互动软件模拟水下环境，增强沉浸式学习体验。

4）多感官教学法

潜水救援是一项涉及多种感官的救援行动，教员需要通过多感官的方式来增强学员的学习效果。

视觉辅助：使用教学视频、图示等视觉材料帮助学员理解潜水的原理和技能。

听觉指导：教员可以通过口头指导来纠正学员的错误，并通过声音提示学员注意安全。

动手操作：学员通过动手操作来巩固潜水技能，如调整 BCD、连接调节器等。

4. 常见问题及纠正方法

在潜水教学中，学员通常会遇到一些常见问题，作为潜水教员，应该提前准备好解决方案。

（1）讲授内容过于枯燥，缺乏互动：课程以单向讲授为主，缺少学员参与。过度依赖 PPT 或书本，缺乏实际案例和生动讲解。导致学员注意力下降，容易走神或分心。

纠正方法：采用互动教学，鼓励学员提问、讨论案例、进行分组任务。穿插实际经验和故事，分享自己或其他潜水员的真实潜水经历，让理论更具现实意义。

（2）忽略个别学员的学习进度，课程节奏过快，部分学员跟不上。忽略害羞、不善表达的学员，导致他们学习效果差，只关注表现优秀的学员，而忽视有困难的学员。

纠正方法：通过简单测验或互动问答了解学员的掌握情况。

① 个性化辅导：对于学习较慢的学员，课后单独讲解，或者让学员之间互相帮助。

② 分组教学：根据学员学习速度进行分组，让进度相似的学员一起学习，避免个别学员掉队。

（3）过度依赖理论，缺少实践演示。课程完全围绕理论讲解，没有实际装备操作或动手训练。学员知道概念但无法将其与实践联系。例如，不知道如何操作潜水表或浮力控制装置（BCD）。

纠正方法：

① 结合实物教学：在讲解装备时，直接展示面镜、调节器、气瓶等，让学员亲手接触。

② 案例模拟训练：例如，模拟不同浮力情况，让学员亲身体验浮力变化如何影响潜水。

（4）未能有效控制课堂纪律：课程缺乏结构，导致学员兴趣下降。教员无法很好地掌控课堂节奏，出现冷场或混乱情况。

纠正方法：

① 提高课堂互动：通过提问、游戏化学习、分组任务等方式增强学员的参与感。

② 增强教学节奏感：交替使用不同的教学方式，如“讲解→案例分析→实

物演示→互动讨论”。

（5）未能清楚解答学员问题：教员对部分学员的问题回答模糊或避而不谈。教员知识储备不足，无法提供准确的答案。遇到难题时，直接跳过而不深入研究。

纠正方法：认真倾听并理解问题，如果一时无法解答，可以先查阅资料后再回答，而不是随意敷衍。不断学习和更新知识，确保自己掌握最新的潜水理论和技术。鼓励学员探索答案，如让学员通过讨论或查阅教材来寻找可能的答案。

5. 教学注意事项

潜水教学不仅要关注技能的传授，更需要注意以下几点：

1）语言清晰易懂

避免过于专业的术语：使用简单、形象化的比喻，如“气球在水下被压缩”来解释压力变化。结合实例说明：用日常经验类比，如“快速上升就像摇晃汽水瓶，可能导致减压病”。

2）遵循潜水教学标准

根据国家消防救援局《消防水域救援技术培训大纲》中潜水救援技术的相关标准要求进行教学，确保教学符合标准流程，从理论学习到泳池训练再到开放水域实践，逐步提升难度，严格评估学员的学习能力，确保学员达到标准后再进入下一阶段。

5.2　潜水装备运用技术

5.2.1　全面罩、面镜的使用与维护

潜水面镜：一种戴在脸上的装备，它主要用于在水下形成一个固定的空气层，使潜水员能够清晰地看到水下景象。它通常只覆盖眼睛和鼻子周围区域，不包含呼吸系统，呼吸部分由外部调节器提供空气。

潜水全面罩：一种覆盖整个面部的装备，不仅为潜水员提供清晰的水下视野，还集成了呼吸系统。全面罩允许潜水员通过口鼻自然呼吸，通常还带有防水设计和防雾功能，有时还集成了通信系统或其他功能。相比传统面镜，全面罩在舒适性和操作便捷性上具有一定优势，但也相对较重且对使用者面部尺寸有较高要求（图 5-3）。

图 5-3　面镜佩戴、全面罩佩戴

1. 教学目标

1）知识目标

（1）掌握全面罩、面镜的基本知识：学员需要了解全面罩、面镜的种类、功能和使用方法。通过学习，学员应能够理解这些装备在潜水过程中的作用和重要性。

（2）熟悉全面罩、面镜的维护和保养：学员应掌握这些装备的日常维护和保养方法，确保装备在潜水过程中的性能和安全性。

（3）了解全面罩、面镜的发展趋势：学员应了解这些装备的技术发展和创新趋势，以便在实际应用中能够选择和使用最先进的装备。

2）技能目标

（1）正确使用全面罩、面镜：学员需要理解潜水面镜与全面罩的基本构造、工作原理及各自特点。熟练掌握这些装备的使用方法，包括装备的佩戴、调整和操作。通过实践操作，学员应能够在不同潜水环境中正确使用装备，确保潜水的安全和舒适。

（2）掌握装备故障的排除方法：学员应具备在潜水过程中处理装备故障的能力，能够迅速判断和解决装备问题，避免因装备故障导致的潜水事故。

（3）掌握全面罩、面镜的相关技巧：掌握压力平衡技巧（尤其是全面罩中鼻腔平衡的重要性）。学会在水下快速应对因装备穿戴不当引起的漏水、起雾等突发状况。

（4）提高装备选择和搭配能力：学员需要根据不同的潜水环境和任务需求，合理选择和搭配全面罩、面镜，确保装备的适用性和有效性。

3）安全意识目标

（1）树立安全第一的意识：在潜水装备使用过程中，学员必须始终将安全放在首位，严格遵守操作规程和安全标准，避免因操作不当导致的事故。

（2）掌握安全操作规程：学员应熟悉并掌握全面罩、面镜的安全操作规程，包括装备的使用前检查、使用中的注意事项和使用后的维护等。

（3）培养风险评估能力：学员需要学会在潜水前对装备和环境进行风险评估，识别潜在的安全隐患，并采取相应的预防措施。

2. 教学内容

1）基础知识

（1）定义与分类：介绍全面罩与传统面镜的定义、特点及应用场景；说明全面罩适用于需要全脸防护、改善呼吸体验的潜水场景，而面镜则更为普遍，适用于一般休闲潜水。

（2）发展历史与技术革新：简要回顾设备的发展历程以及材料（如硅胶、聚碳酸酯等）在提高密封性与耐用性方面的应用。

（3）构造与原理：面镜组成，镜框、镜片、裙边、调节带等各部件的构造及其作用；如何形成面部与镜片之间的密封。

（4）全面罩结构：整体式设计、内置呼吸室、呼吸阀、排水系统、头带系统等组成部分，讲解呼吸室如何与口鼻正确对接以保证正常呼吸与压力平衡。

2）正确佩戴与调整

（1）预使用检查：检查镜片和密封圈是否完好、无裂痕或老化痕迹；确认调节带、扣件及呼吸阀处于正常状态。

（2）面镜佩戴：选择合适尺寸，先调整好头带，保持整体松紧适度；从中间向两侧逐步收紧，确保面部各部位均匀受力；演示如何进行密封测试（轻吸一口气检查是否紧贴面部）。

（3）全面罩佩戴：按正确顺序戴上装备，确保呼吸室内对准口鼻区域；调整头带和呼吸室内的定位，确保装备与面部贴合，保证不会漏水；示范如何进行初步呼吸测试，感受装备的密封和空气流通情况。

3）调节技巧

分析不同面部形状对装备佩戴的影响，如何通过微调头带和调节扣达到最佳佩戴效果；介绍全面罩内压力平衡方法，确保下潜和上升过程中呼吸顺畅。

4）实际使用与操作演练

操作流程讲解：详细讲解从装备佩戴、试戴、调整到密封测试的整个流程；强调安全操作要领，如“缓慢调整、观察反馈、逐步适应”。

5）应急处理方法

演示如何在水下快速调整装备或摘除装备（在确保安全的前提下）；讲解遇到装备故障时的紧急步骤，如如何与潜伴沟通求助、如何保持冷静并迅速做出正确操作。

6）器材维护与保养

（1）清洗方法：介绍适用于面镜和全面罩的清洗剂和消毒方法；强调避免使用尖锐物品划伤密封圈、镜片的注意事项。

（2）储存与定期检查：指导学员如何正确存放装备，避免高温直晒和潮湿环境；定期检查各部件（尤其是密封圈和头带）的磨损情况，必要时及时更换。

（3）保养提示：讲解装备日常保养的细节，如使用后如何自然晾干、避免交叉污染等。

3. 教学方法

1）基础理论教学

（1）具象转化法：将抽象理论（如水压、浮力）转化为生活实验或实物类比，降低认知门槛。

（2）体感映射法：通过身体动作（如捏鼻鼓气）强化生理机制记忆，将知识转化为肌肉本能。

（3）危机推演法：以真实事故为起点，逆向推导安全操作规范，建立“风险-应对”逻辑链。

2）实际操作教学

（1）分步拆解法：将复杂动作拆解为可执行的子步骤，配合口诀简化流程，使佩戴方法简单好记。

（2）错误示范对比法：通过正误操作对比（如错误配重与正确配重），直观呈现安全操作的必要性。

（3）盲操训练法：屏蔽视觉依赖，依靠触觉/听觉完成操作（如蒙眼组装调节器），提升环境适应力。

（4）装备操作实验：在实验室或实际潜水环境中，让学员进行全面罩、面

镜、呼吸调节器的操作实验。例如，可以让学员练习装备的穿戴、调整和操作，通过实际操作，让学员熟练掌握装备的使用方法。

（5）故障排除实验：设置模拟装备故障场景，让学员进行故障排除实验。例如，可以让学员练习处理呼吸调节器的故障、面罩的漏气等问题，通过实验，提高学员处理装备故障的能力。

（6）装备维护实验：让学员进行装备的维护实验，如装备的清洁、检查、存储等。通过实验，让学员掌握装备的维护和保养方法，确保装备的性能和安全性。

4. 常见问题及纠正方法

1）装备预检与佩戴操作不规范

（1）常见问题：学员在佩戴前未能仔细检查面镜或全面罩的密封圈、调节带等是否完好，直接开始操作。佩戴过程中头带调节不均匀，导致密封效果欠佳，引起漏水或不舒适感。

（2）纠正方法：

① 标准操作演示：教员先现场示范正确的设备检查、佩戴与密封测试步骤，并讲解注意细节。

② 分解动作训练：将佩戴操作拆解为若干步骤，每步都要求学员动手操作，并让其他学员互相检查。

2）调节操作不当导致漏水或起雾

（1）常见问题：调节头带或全面罩时用力不均，导致局部压力过大或不足，从而引起漏水。清洁不彻底、使用不当防雾剂或调整不到位导致镜片起雾，影响视线。

（2）纠正方法：

① 重点示范：针对漏水和起雾现象，演示正确的调节技巧，如如何均匀施力、如何测试密封性。

② 实践反复练习：安排多次操作练习，通过对比试验让学员体会不同调节方式带来的效果。

③ 讲解清洁与防雾步骤：详细说明清洁装备和使用防雾剂的方法，确保学员养成良好习惯。

3）操作过程中动作急促、紧张

（1）常见问题：学员在实际操作时因紧张而动作过快，缺乏耐心，导致操作不到位。紧张情绪使得学员在出现问题时无法迅速、正确地进行应急处理。

(2) 纠正方法:

① 分步练习：强调“慢、稳、准”的操作理念，要求学员在练习中放慢速度，仔细完成每一步。

② 心理辅导与鼓励：通过正面鼓励和分组练习，帮助学员逐步建立自信，缓解紧张情绪。

③ 模拟训练：利用情景模拟训练，让学员在压力较小的环境中熟悉操作流程，再逐步过渡到实际情境。

4) 理论与实践脱节

(1) 常见问题：学员对课堂上学到的理论知识无法与实际操作有效结合，出现“听得懂、做不到”的情况。操作时依赖理论记忆，但在实际环境中未能灵活应对变化。

(2) 纠正方法:

① 理论与实践结合：在每个理论环节后立即安排实际操作，让学员边学边练。

② 情景模拟与任务驱动：设计真实情境（如模拟水下突发状况），让学员在模拟环境中灵活运用理论知识。

③ 案例讨论：通过讨论实际潜水事故，分析错误原因，强化理论与实践之间的联系。

5) 学员间互相模仿错误操作

(1) 常见问题：在集体练习中，个别学员错误操作后，其他学员可能出于模仿效应也学到了错误动作。集体练习中缺乏个别差异化指导，导致共性错误难以根除。

(2) 纠正方法:

① 个别指导：在集体教学中，针对个别学员的错误给予一对一辅导，确保每位学员掌握正确操作。

② 互相监督：鼓励学员间互相检查、互评，及时指出彼此操作中的不足，由教员做总结纠正。

③ 视频回放：录制学员的操作过程，课后通过视频回放进行集体讨论，分析常见错误并讲解改进方法。

5. 教学注意事项

1）安全优先原则

（1）双重确认制：所有装备检查（气瓶压力、BCD 充气、配重快卸）必须由教员与学员双重确认，形成“交叉检查”习惯。

（2）零容忍错误：对憋气上升、独自行动、忽视潜伴等致命错误，需立即中断训练，复盘后果并强制矫正。

2）环境与装备控制

环境“三查”：入水前监测水流、水温、能见度；教学中每 10 min 确认学员方位与气泡轨迹；出水后检查装备损耗。

3）个体差异与互动教学

关注个体差异：观察学员的理解与操作情况，对基础薄弱的学员给予更多个别辅导；采用分层教学方法，安排进阶和基础两个层次的训练任务。

5.2.2 浮力调节装置（BCD）的操作

浮力调节装置（buoyancy compensator device，BCD）是潜水员在水下活动中不可或缺的装备（图 5-4）。它的主要功能是通过调节气囊内的气体量，帮助潜水员在水中维持中性浮力，实现上升、下潜和悬浮等动作。在潜水救援中，BCD 的操作尤为重要，直接关系到潜水员的安全和任务的成功。

图 5-4 BCD 穿戴

1. 教学目的

1）掌握 BCD 的基本功能和结构

使学员了解 BCD 的工作原理、主要部件及其功能。

2）熟练操作 BCD

通过实践训练，确保学员能够在不同水深和环境条件下，熟练地调节 BCD，以维持所需的浮力状态。

3）提高应急处理能力

在潜水救援中，可能会遇到装备故障或突发状况。教学应包括如何在紧急情况下处理 BCD 故障，确保潜水员的安全。

2. 教学内容

1）BCD 的定义和功能

介绍 BCD 的作用，包括浮力调节、装备承载和水面漂浮等功能。

2）BCD 的结构组成

讲解 BCD 的主要部件，如气囊、充气阀、排气阀、背板、肩带和腰带等。

3）BCD 的操作方法

演示如何通过充气阀和排气阀调节 BCD 内的气体量，以实现浮力的增加或减少。

4）BCD 的穿戴和调整

指导学员如何正确穿戴 BCD，并根据个人体型和潜水需求进行调整。

5）BCD 的维护和保养

讲解 BCD 的日常维护方法，包括清洗、检查和存放等。

6）BCD 在潜水救援中的应用

教授如何在不同深度和环境条件下，利用 BCD 实现精确的浮力控制。

7）应急处理

演示在 BCD 故障或其他紧急情况下，如何通过手动充气、排气或其他方法维持浮力。

3. 教学方法

1）理论与实践相结合

在进行实际操作前，首先通过简短的理论讲解，介绍 BCD 的基本原理、结构和功能。随后，立即进行实操演练，使学员能够将理论知识应用于实践中。

2）分步演练

将 BCD 的操作分解为多个步骤，如穿戴、调整、充气、排气等。每个步骤完成后，进行小范围的练习，确保学员掌握每个环节。

3）情景模拟

设计多种潜水救援场景，如水下失去意识的潜水员、装备故障等，要求学员在模拟环境中应用 BCD 进行应急处理。通过角色扮演，学员可以在实际情境中锻炼应变能力，提升实战经验。

4）小组合作

将学员分成小组，每组配备一名教员或助教，进行实际操作练习。在实践过程中，教员应巡视指导，纠正学员的错误动作，并鼓励学员之间相互交流，分享经验。

5）视频分析

播放真实的潜水救援视频，分析其中 BCD 的使用技巧和注意事项。通过集体讨论，帮助学员深入理解 BCD 在不同情境下的应用，培养他们的分析和解决问题的能力。

6）案例研究

提供救援上的潜水救援案例，分析其中 BCD 使用的得失。鼓励学员提出自己的见解和解决方案，培养他们的批判性思维和创新能力。

7）反思与自我评估

鼓励学员在每次训练后进行自我反思，记录自己的学习心得和遇到的问题。教员可根据学员的反思，提供个性化的指导，促进学员的自主学习和成长。

4. 常见问题与纠正方法

1）充气/放气控制不当

（1）常见问题：

① 充气过快或过量：BCD 膨胀过快，使学员在上升过程中出现急速上浮风险，或者产生不舒适感。

② 放气不足或操作过猛：放气时动作不均匀，导致 BCD 内残留过多空气，不能及时达到中性浮力，甚至引起失控。

（2）纠正方法：

① 缓慢均匀操作：指导学员在调整 BCD 时要逐步充气和放气，保持动作缓慢，观察身体感觉和浮力变化。

② 分步调节法：先在浅水区练习，每次只充入或释放少量空气，然后停顿观察状态，再根据需要做下一步调整。

③ 模拟练习：利用泳池中反复进行充放气练习，形成肌肉记忆，使操作变

得自然且精准。

2）不熟悉 BCD 各部件功能及操作

（1）常见问题：

① 混淆充气口和放气口：部分学员在紧急情况下误用放气口进行充气，或反之操作。

② 不了解备用安全释放装置：在紧急情况下，未能正确使用安全释放装置（如快速释放扣），导致 BCD 无法及时调整浮力。

（2）纠正方法：

① 详细讲解和演示：教员需在课堂上详细介绍 BCD 的各个部件，包括充气口、放气口和安全释放装置，并进行现场演示。

② 标识清晰：建议在 BCD 上贴上明确的标识，帮助学员快速分辨各部件。

③ 重复练习：通过反复的陆地和水下操作训练，让学员熟悉各部件的使用，形成稳定操作习惯。

3）穿戴不当和装备调整不准确

（1）常见问题：

① BCD 穿戴位置不正确：过高或过低导致浮力调节不均，进而影响平衡和舒适性，甚至在紧急情况下容易脱落。

② 未进行充分的预检查：潜水前未能仔细检查 BCD 的密封情况及各部件状态，可能在水下出现漏气或故障。

（2）纠正方法：

① 标准穿戴方法示范：教员应示范如何正确穿戴 BCD，确保装备与身体贴合且不影响呼吸和活动。

② 预检查流程：制定详细的检查清单（如检查扣具、密封圈、充气口和放气口），要求学员在每次潜水前进行“三检”，即自检、互检和安全员（指挥员）检查。

③ 个性化调整：针对不同体型的学员，提供一对一辅导，帮助他们调整 BCD 位置，使其既舒适又易于控制浮力。

4）浮力调整不与环境匹配

（1）常见问题：

① 忽略环境因素：学员在不同水深、水温下未及时调整 BCD 气量，导致在下潜或上升过程中浮力不稳定。

② 固定程序僵化：过于依赖固定的操作步骤，未能根据实际环境变化进行灵活调整。

（2）纠正方法：

① 环境适应训练：在不同水域条件下进行浮力调整练习，让学员了解水压、温度、水流对气体体积的影响。

② 灵活操作：鼓励学员总结实际操作经验，形成一套“规则+应变”机制，在遇到环境变化时能够快速反应并调整浮力。

5）操作中缺乏冷静与协调

（1）常见问题：

① 紧张操作导致错误：在紧急情况下，学员因慌乱而急促操作 BCD，容易导致充放气不均，进而影响浮力控制。

② 团队协作不足：在群体潜水时，部分学员操作不协调，导致彼此干扰，影响整体浮力调节效果。

（2）纠正方法：

① 心理训练：在课堂上强调“保持冷静”的原则，教授深呼吸和放松技巧，帮助学员在紧急情况下保持理智操作。

② 模拟紧急演练：组织情境模拟训练，让学员在模拟突发状况下进行操作练习，提高应急处理能力。

③ 团队沟通训练：强调潜伴间的信息传递和协同操作，确保在调整 BCD 时互相提醒和检查，形成良好协作机制。

5. 教学注意事项

（1）强调安全与环境适应，始终贯彻“安全第一”原则。每个操作环节前都进行安全提示，如“操作前务必检查 BCD 是否完好”“充气时应缓慢、均匀”等，避免急速充放气带来的安全风险。强调在实际潜水中，BCD 操作不仅关乎浮力控制，也直接影响上升、下潜及紧急情况应对。

（2）环境与仪表数据结合。指导学员在操作时同步观察气瓶压力表、深度计及潜水电脑的数据，确保浮力调整与环境变化相匹配。强调在水下实际操作中如何根据环境（深度、温度）进行微调，培养综合判断能力。

（3）实操与互动训练。模拟情境练习，在安全环境中（如泳池或浅水区）进行反复练习，让学员在实际水下环境中体会 BCD 的充放气操作。设置模拟情境，如模拟突然需要调整浮力的情况，让学员练习快速、准确的反应。

（4）分层次、个性化辅导。针对基础较弱或操作不熟练的学员，进行单独示范和辅导，确保每位学员都能正确掌握操作。及时询问和纠正学员的疑问，鼓励学员之间互相帮助和讨论。

（5）及时反馈与纠正。在每次练习后，组织小组讨论，收集学员反馈，指出常见错误（如充气过快、放气不足或操作不连贯等），并现场示范正确操作。强调保持冷静、逐步调整的操作理念，防止因紧张而操作失误。

5.2.3 调节器的使用

在潜水中，调节器的使用是保障潜水呼吸的关键。通过正确的佩戴使用（图 5-5），潜水员可以确保在整个潜水过程中能够正常地呼吸。

图 5-5 调节器的使用

1. 教学目的

1）精确掌握装备构造与功能

使学员清楚了解一级调节器、二级调节器与备用调节器的具体组成、工作原理和各自作用，能够在水下判断哪个部件出现异常。

2）提升实际操作技能与适应能力

培养学员在实际水下环境中正确连接、佩戴和调整调节器，确保在不同水压和深度下都能实现稳定呼吸；针对不同水域和潜水情境，熟练掌握调节器的微调

技巧，避免因操作失误引发漏气或呼吸困难。

3）强化应急处理与故障排查能力

通过模拟故障、紧急状况训练，培养学员在调节器失灵或异常时能迅速作出判断，正确使用备用调节器并与潜伴互助；使学员能够在压力环境下快速进行自我检查和简单故障排查，降低潜水事故风险。

4）建立规范的装备维护与保养意识

使学员理解调节器清洗、消毒、定期检查和存放的重要性，掌握标准保养流程，确保装备长期稳定可靠；强调防护措施和预防性维护，减少因装备老化或损耗引发的安全隐患。

5）提升操作流程的标准化与高效性

通过任务驱动和情景模拟，要求学员在规定时间内完成调节器的预检、安装、调整和密封测试，培养其在真实潜水中快速决策与稳定操作的能力。

2. 教学内容

1）设备构造与功能

（1）一级头与二级头的区别与作用：深入讲解一级调节器（主要减压装置）和二级调节器（供潜水员直接呼吸的部分）的结构和功能，确保学员理解各自的作用及重要性。

（2）备用二级头（Octopus）的使用：介绍备用二级头的用途、携带方式及在紧急情况下的使用方法，确保学员能够在需要时正确操作。

2）安装与连接

（1）与气瓶的正确连接：演示如何将调节器正确连接到气瓶，包括检查密封圈的完整性和接口的清洁度，确保连接牢固、无漏气。

（2）与浮力调整装置（BCD）的集成：讲解调节器与 BCD 的连接方式，确保在潜水过程中能够顺畅地控制浮力。

3）使用前检查

（1）气瓶压力检查：指导学员如何使用压力表检查气瓶压力，确保在潜水前了解气源情况。

（2）泄漏测试：指导学员在连接调节器后进行泄漏测试，确保系统密封性良好。

4）呼吸练习

（1）水面呼吸练习：在进入水下前，指导学员在水面使用调节器进行呼吸练习，熟悉设备的呼吸阻力和感觉。

（2）水下呼吸控制：在浅水区练习控制呼吸节奏，确保在不同深度下都能保持平稳呼吸。

5）故障模拟与应急处理

（1）调节器失效模拟：通过模拟调节器故障，训练学员使用备用二级头或与潜伴共享空气，培养应急处理能力。

（2）排除异物练习：指导学员在水下如何清除调节器中的异物，确保呼吸通畅。

6）维护与保养

（1）清洁与消毒：讲解潜水后如何正确清洁和消毒调节器，延长装备使用寿命。

（2）存放注意事项：指导学员如何在非使用期间存放调节器，避免损坏或性能下降。

3. 教学方法

1）分解式教学

将复杂的操作步骤拆分为简单的动作，逐一练习。例如，先练习调节器的连接，再练习呼吸控制，最后进行综合练习。这种方法有助于学员逐步掌握每个环节的要领。

2）渐进式训练法

按照“理论讲解→陆地练习→浅水区练习→深水区练习”的顺序，让学员逐步适应调节器的使用。通过这种逐步递进的方法，减少学员对水下环境的焦虑，提高实操熟练度。

3）对比教学法

让学员在正确与错误操作之间进行对比。例如，分别示范正确佩戴调节器和错误佩戴调节器的影响，让学员亲身体验错误操作带来的不便，强化正确习惯。

4. 常见错误及纠正方法

1）调节器安装错误

（1）常见问题：一级头未正确连接到气瓶，导致漏气。O 形密封圈未检查，导致漏气或无法密封。连接时未正确拧紧固定螺丝，导致潜水过程中调节器松动或脱落。

（2）纠正方法：强调逐步检查。每次安装调节器时，按照“检查 O 形圈→

正确放置一级头→紧固螺丝→检测密封性”的顺序进行操作。

让学员多次实操练习，并由教员检查每位学员的安装方式，确保操作正确无误。通过错误示范对比，让学员感受错误安装带来的影响（如漏气声音、气瓶压力异常），加深印象。

2）调节器水下使用不当

（1）常见问题：含嘴咬得太紧，导致嘴部疲劳或呼吸不顺畅。使用调节器时呼吸急促或过度换气，容易引发二氧化碳潴留或紧张情绪。在水下因惊慌张口或误操作导致进水。

（2）纠正方法：

① 训练正确的咬合方法：用牙齿轻轻咬住含嘴，同时用嘴唇包裹，避免咬得过紧或松脱。

② 进行呼吸控制练习：在浅水区练习深呼吸，强调“慢吸、慢呼”，让学员在不同姿势下都能保持均匀呼吸。

③ 练习调节器进水处理：反复进行“调节器排水”（吹气法/按钮排水法），使学员熟练应对进水情况。

3）忘记调节器备用气源的位置

（1）常见问题：需要使用备用调节器时，学员因紧张找不到其位置。备用调节器未固定好，导致游动时晃动或缠绕，增加水下混乱感。

（2）纠正方法：强调固定备用调节器的重要性，建议使用橡胶圈或磁性扣固定在胸前可及范围内。进行闭眼练习，要求学员在不看调节器的情况下，仅凭触觉找到并取出备用调节器。反复演练紧急共享空气练习，提高学员在压力环境下的应变能力。

4）进行调节器排水时出错

（1）常见问题：排水时未稳住调节器，导致意外脱落。吹气排水时用力过猛或过急，导致吸入水。忘记调节器有排水按钮，导致徒手操作困难。

（2）纠正方法：训练双手稳固调节器的方法，避免意外脱落。进行循序渐进练习，先在浅水区练习轻柔吹气排水，再逐步适应按钮排水方法。让学员轮流示范正确与错误的操作，通过对比学习加深记忆。

5）处理故障或应急情况时反应过慢或错误

（1）常见问题：发现调节器故障或失效时，惊慌失措，没有及时采取备用措施。在水下遇到问题时，第一反应是快速上升，而不是先尝试排除故障或使用备用调节器。

(2) 纠正方法：通过反复情景模拟训练（如模拟气源丢失、调节器进水、备用气源使用等），让学员在不同情况下熟练应对。强调遇事保持冷静的原则，训练学员在水下缓慢深呼吸，避免因紧张导致错误操作。进行团队协作演练，让学员和潜伴互相练习共享空气，确保在紧急情况下能迅速作出反应。

5. 教学注意事项

1）安全第一

在每次训练前，确保所有潜水装备完好无损，特别是调节器、气瓶和浮力控制装置等关键部件。选择适合的训练环境，确保水域条件良好，避免强水流和低能见度等不利因素。

2）关注差异

根据学员的基础和进度，提供个性化的指导和帮助，确保每位学员都能跟上教学进度。

3）及时反馈

在训练过程中，及时给予学员反馈，纠正错误，强化正确的操作习惯。

4）制定预案

在训练前，制定详细的应急预案，明确在潜水事故或紧急情况下的处理流程。

5.3 潜水员基础技术

5.3.1 入水技术

入水技术是潜水员从船舶、码头、平台、岸边等进入水中时所采用的一系列方法和技巧，旨在确保安全、顺利地进入水下环境。这些技术不仅帮助潜水员减少入水时的冲击和受伤风险，还能确保装备（如面镜、BCD、调节器等）保持正确位置，为后续潜水救援打下良好基础。

1. 教学目的

1）掌握多种入水方式

根据不同的潜水环境和条件，学习并熟练掌握如跨步式入水、背滚式入水等多种入水技巧。

2）提高水中适应能力

通过正确的入水方法，减少对身体的冲击，迅速适应水中环境，保持身体平衡和稳定。

3）强化安全意识

在入水前进行全面的装备检查，确保所有设备正常运作，培养潜水员的安全习惯。

4）培养团队合作精神

学习与潜伴协调入水，确保团队成员之间的默契和协作，提升整体潜水体验。

5）应对紧急情况

掌握在特殊情况下的入水技巧，如应对恶劣天气或紧急撤离等，提高潜水员的应变能力。

2. 教学内容

1）入水方式

（1）跨步式入水：适用于码头、大船等高平台，双手护住面镜和调节器，迈出稳定的大步，保持身体垂直入水，入水后立刻调整浮力（图 5-6）。

（2）背滚式入水：适用于充气艇、小船，坐稳后，双手护住面镜和调节器，缓慢后倾，让 BCD 浮力辅助完成翻滚动作，进入水后立刻调整姿势，观察周围情况（图 5-6）。

图 5-6 跨步式、背滚式入水

（3）步入式入水：适用于沙滩、礁石区等浅水环境（图 5-7），学会观察水流与海浪节奏，逐步前行，避免装备被波浪冲击。

（4）坐姿式入水：适用于礁石区、湿滑岩石海岸、浅水区或有碎浪的环境（图 5-7）。背对水面，坐于岸边或礁石边缘，双腿伸直或微屈。双手撑地，重心后移，臀部缓慢滑入水中（避免跳跃），入水后立即用左手给 BCD 充气，建立正浮力。

图 5-7　步入式入水、坐姿式入水

2）入水前准备

（1）装备检查：确保 BCD 充气适量，避免过重或过轻，检查调节器是否可正常供气，观察面镜、脚蹼等装备是否佩戴正确。

（2）环境评估：观察水面状况（流速、风浪、障碍物等），评估水下地形，选择合适的入水方式。

（3）潜伴确认：进行潜伴检查（Buddy Check），确保团队同步入水，避免单人行动。

3）入水后的调整

迅速调整漂浮状态，保持 BCD 适量充气，检查面镜和调节器，确保正常使用，观察潜伴情况，准备开始潜水。

3. 教学方法

1）水陆结合教学法

先在陆地上模拟练习入水动作，待学员熟悉后，再在水中实际操作。这种方法有助于学员在无水环境中掌握动作要领，减少紧张情绪。

2）分解动作教学法

将复杂的入水动作分解为多个简单步骤，逐一练习，最后再连贯起来。这有助于学员逐步掌握每个动作细节，降低学习难度。

3）情景模拟教学法

模拟真实的潜水环境和可能遇到的情况，如从不同高度的平台入水、应对水

流等，提高学员的实战能力。

4）重复练习法

对于关键技巧，安排多次重复练习，直到学员能够熟练掌握并形成肌肉记忆。例如，中性浮力的控制需要反复练习，以确保在实际潜水中保持稳定。

5）个性化指导法

根据每位学员的特点和进度，提供针对性的指导和反馈，帮助他们克服个人挑战，提升技能水平。

4. 常见错误及纠正方法

1）忽视潜水前的装备检查

（1）常见问题：由于兴奋或紧张，学员可能跳过潜水前的检查，导致在水下遇到装备故障。

（2）纠正方法：强调潜水前检查的重要性，确保每次潜水前都进行全面的装备检查，包括面罩、调节器、BCD 等。

2）入水姿势不正确

（1）常见问题：入水时，身体姿态不正确，导致面罩进水或身体失衡。

（2）纠正方法：在陆地上模拟正确的入水姿势，确保入水时一手按住面罩和呼吸器，另一手贴紧身体，双腿并拢，目视前方。

3）未与潜伴协同入水

（1）常见问题：学员独自入水，未与潜伴协同，可能导致水下失联或紧急情况无法互助。

（2）纠正方法：培养团队合作意识，强调与潜伴同步入水的重要性，确保相互照应。

5. 教学注意事项

1）学员心理与生理准备

（1）心理适应：部分初学者可能对深水环境感到恐惧，应先在浅水区进行适应训练，如浮潜练习或水面呼吸调整练习，帮助学员建立自信。

（2）健康检查：确保学员身体状况适合潜水，特别是耳部、呼吸系统等健康问题，避免因潜水引发身体不适。

2）装备使用与检查

（1）入水前装备检查：强调 BCD、调节器、配重、气瓶压力的完整性，确保入水时所有装备处于正常工作状态。

（2）固定面镜和呼吸器：在入水过程中，需让学员养成一手固定面镜和呼吸器的习惯，防止因冲击导致装备脱落或进水。

（3）配重调整：确保学员配重合理，避免因配重过重导致迅速下沉或配重不足导致难以下潜。

3）选择合适的入水方式

根据不同的场地环境，选择适当的入水方式，入水时避免出现学员碰撞、器材磕碰等问题。

4）入水后的自我检查

（1）调整浮力：入水后立刻进行 BCD 充气或放气，保持中性浮力，避免下沉或漂浮不定。

（2）确保装备正常：检查面镜是否进水、调节器是否正常供气，并确认周围环境安全。

5）安全与紧急情况应对

（1）入水后呛水处理：如果学员呛水，应鼓励深呼吸放松，并使用二级头排水技巧，避免惊慌导致呼吸紊乱。

（2）意外浮力失控：如果学员因紧张忘记排气或充气，导致迅速上浮或下沉，应引导学员使用 BCD 进行正确调整，并保持冷静。

（3）环境适应：若在强流或低能见度水域进行教学，应提前模拟可能情况，帮助学员提高适应能力。

5.3.2 排除积水技术

排除积水技术是指在水下操作过程中，潜水员采用一系列方法迅速排除面罩或其他潜水装备（如调节器）内积聚的水分，从而恢复清晰视野和正常呼吸的一种技能（图 5-8）。

1. 教学目的

1）提高应急处理能力

使学员掌握处理面罩或调节器积水的快速应对技巧，确保在潜水过程中遇到积水问题时，能够迅速、有效地处理，避免因积水造成呼吸困难或影响视野，确保潜水安全。

2）增强冷静与自信

通过反复训练，帮助学员在面对装备积水时，保持冷静，避免因焦虑和紧张

图 5-8 面镜排除积水技术

影响操作，增强学员的自信心，能够冷静应对潜水过程中的突发状况。

3）提升操作熟练度

帮助学员熟悉并掌握面罩排水、调节器排水等技能，确保他们能够在水下自主排除积水，减少依赖潜伴的情况，提升独立操作能力。

4）强化水下环境适应能力

教学过程中，结合不同的水下环境条件（如低能见度、水流等），训练学员如何在这些复杂环境中有效排除积水，确保在任何潜水环境下都能轻松应对。

5）培养预防意识

教授学员如何通过日常装备检查、良好的入水姿势以及合理的浮力控制，预防积水的产生，降低潜水过程中积水发生的风险。

2. 教学内容

1）面罩积水的排除方法

介绍面罩内积水的原因，常见的排水方法：通过鼻息将积水从面罩中排出。强调排水前学员需要放松心态，避免因紧张而引发气息不稳。教授面罩排水的技巧，包括使用单手按住面罩边缘、用鼻子呼气，让积水自然流出。

2）调节器积水的排除方法

讲解调节器进入水中的原因和表现。强调在积水情况下的呼吸技巧，如何使用“排气技巧”（如快速拉起调节器并排出水）避免水进入气流管。介绍如果调节器水分过多时如何冷静重新连接气瓶并再次清除积水。

3）紧急情况下的积水排除技巧

如何在遇到大量积水或装备故障时保持冷静并快速处理问题。如何在低能见度环境或强水流中排除积水。

3. 教学方法

1）分步教学法

（1）面罩排水：先在浅水区让学员尝试面罩积水的排水技巧，重点训练学员如何通过鼻息排水。确保学员在水面操作时能够流畅完成。

（2）调节器排水：指导学员在控制气流的情况下，如何通过快速拉起调节器来排水。

每个步骤通过单独训练，逐步引导学员提高熟练度，最后再将所有技巧综合应用到实际潜水中。

2）情境模拟法

在不同环境条件下（如低能见度、水流强、气泡干扰），模拟积水排除的情况。通过在这些情境中练习排水技巧，让学员习惯在不稳定的环境下操作。例如，可以通过设置低光照环境或蒙眼等方式来挑战学员的积水排除能力，并模拟真实潜水可能遇到的困难情况。

3）反复练习法

让学员反复练习面罩排水、调节器排水的基本技能，在不同的水深和水温下进行操作。鼓励学员多次练习，帮助其在紧急情况下可以在本能反应下迅速完成动作，而不是依赖思考。在教员的指导下，对每次练习进行反馈与纠正，确保学员掌握最佳的操作技巧。

4）反馈与模拟评估法

在学员进行模拟训练时，教员根据其动作进行实时反馈。通过详细的动作分析和纠正帮助学员修正错误。结合视频回放或镜头观察，让学员在练习后看到自己的动作，进行自我评估和纠正，增加技能掌握的准确性。

4. 常见问题及纠正方法

1）面罩进水时不冷静

（1）常见问题：学员面罩进水时惊慌失措，未能有效排水，导致呼吸困难或气息紊乱。

（2）纠正方法：提醒学员在面罩进水时，深呼吸保持冷静，使用鼻息排水，并通过反复练习增强学员的信心和控制力。

2）调节器进水时排水不彻底

（1）常见问题：学员排除调节器内积水时，未能完全清除，造成再次吸入水分。

（2）纠正方法：强调通过快速拉起调节器、向上吹气进行彻底排水，并用清晰的语言引导学员掌握排水技巧。

3）操作不流畅，手部动作僵硬

（1）常见问题：学员手部动作不够流畅或过于僵硬，导致排水动作无法顺利完成。

（2）纠正方法：要求学员放松手部动作，避免过于紧张，逐渐提高动作的熟练度。

4）在强水流或低能见度环境中无法顺利排水

（1）常见问题：学员在特殊环境下（如强水流或低能见度）无法快速有效地排除积水。

（2）纠正方法：加强水中应急反应训练，模拟不同环境条件下的积水排除技巧，使学员适应潜水中的不稳定因素。

5. 教学注意事项

1）安全第一

在指导学员积水排除技巧时，始终确保学员在训练前了解并掌握基本的浮力控制技巧，以避免因紧张失控导致浮力失衡或潜水危险。

2）逐步引导

初学者可能对面罩或调节器积水感到不适或恐惧，因此，教学时应根据学员的实际情况，逐步引导，先从浅水区开始练习，确保他们在更安全、舒适的环境下学习。

3）模拟不同环境条件

为增强学员的应对能力，建议在不同水深、水流、能见度等条件下进行排水训练，使学员在多变环境下也能顺利应对。

4）强调冷静反应

在指导排除积水技巧时，要反复强调学员保持冷静的重要性。在遇到问题时，学员应停止呼吸调整心态，避免焦虑和紧张影响操作。

5）反复练习与反馈

积水排除技巧需要学员多次练习，并及时给予反馈。通过反复操作与及时纠正，帮助学员形成肌肉记忆，确保技能熟练掌握。

5.3.3 浮力控制

潜水浮力控制是指潜水员利用装备（如浮力控制装置 BCD）和自身呼吸、姿势等调节手段，使身体在水中达到中性浮力状态的技术（图 5-9）。

图 5-9 中性浮力悬停、蛙鞋悬轴技术

1. 教学目的

1）掌握浮力原理

使学员理解水下浮力的物理原理（阿基米德原理、气体压缩定律）以及其在潜水中的实际应用。

2）培养中性浮力控制能力

学员能通过调整 BCD、配重和呼吸控制，达到中性浮力状态，降低体力消耗，提高水下操作灵活性。

3）提高应急处理能力

当遭遇意外情况（如装备故障、气瓶压力波动）时，学员能够迅速判断、调整浮力，确保安全上升或下潜。

4）形成良好的操作习惯

培养学员在潜水前、潜水中及潜水后进行规范装备检查、微调和记录数据的习惯，从而减少事故风险。

2. 教学内容

1）基础理论知识

（1）浮力基础：讲解阿基米德原理、气体压缩与体积变化等基础知识。

（2）装备构成：详细介绍 BCD 的结构、功能及工作原理；如何通过调节气

囊来改变浮力。

（3）人体因素：分析人体在水下的浮力变化，如肺部充气、配重对浮力的影响。

2）设备操作与调整

（1）BCD 操作：如何在下潜前预先调整 BCD，确保中性浮力；如何在水下微调气量，达到浮力平衡。

（2）配重管理：讲解如何根据体型和装备选择合适的配重，达到平衡状态。

（3）呼吸控制：如何通过深呼吸和缓慢呼气来微调浮力，以及呼吸与浮力之间的关系。

3）实战案例与数据分析

（1）事故案例讨论：分析因浮力控制不当引发的潜水事故，讨论错误原因与改进措施。

（2）现场数据记录：教学如何记录潜水过程中各项数据，分析实际操作效果，及时调整。

3. 教学方法

1）分步操作与微调反馈

将整个浮力控制过程分解为装备预调、下潜前预检查、微调气量、上升时调整四个阶段，每一阶段均采用小步走、逐步递进的方式。在每个步骤后立即给予即时反馈，通过口头提示和现场示范，帮助学员纠正微小偏差。

2）个性化一对一辅导

针对操作不熟练或浮力调控存在困难的学员，安排一对一指导，针对其问题进行针对性讲解和反复练习。利用录像回放技术，帮助学员观察自己在操作中的不足，并提供个性化改进建议。

3）任务驱动

设定任务目标（如在规定时间内调整至中性浮力、进行连续深浅浮力切换），让学员在规定时间内完成任务。

4. 常见问题及纠正方法

1）BCD 充气过多或不足

（1）常见问题：学员在下潜或上升过程中因充气量不当而导致过度浮起或下沉。

（2）纠正方法：强调“微调”的原则，要求学员在水下小幅度调节气量；进行反复的呼吸与浮力配合训练，通过比较练习感受正确的浮力状态。

2）配重选择不合理

（1）常见问题：部分学员因配重过多或过少导致浮力控制困难。

（2）纠正方法：指导学员根据体型、装备和水域条件进行合理配重调整；实践中，让学员在浅水区进行多次试验，找到最佳平衡点。

3）呼吸控制不当

（1）常见问题：学员在操作过程中因呼吸急促或不稳定，影响浮力调整效果。

（2）纠正方法：强调深而缓慢的呼吸练习，通过陆地呼吸训练逐步过渡到水下。

让学员意识到呼吸节奏与浮力变化的密切关系，并进行呼吸与 BCD 调节同步训练。

4）操作步骤混乱，缺乏系统性

（1）常见问题：学员在水下调节时，操作步骤不连贯，容易造成误操作。

（2）纠正方法：分解教学每一步操作，确保学员每个步骤都能正确执行；采用任务驱动法，让学员在规定时间内依次完成所有操作步骤，形成标准化流程。

5. 教学注意事项

1）安全保障

（1）重点检查装备：每次训练前，必须对 BCD、调节器、配重及气瓶进行全面检查，确保无隐患。

（2）应急预案落实：确保学员熟知紧急撤离及应急调整流程，必要时安排救生员或备用装备在场，防止事故发生。

2）分层次教学与个性指导

（1）针对初学者：采用更温和、分解步骤更详细的教学方法，先在浅水区进行基础训练，再逐步过渡到复杂环境。

（2）针对进阶学员：加入高难度情境模拟和任务挑战，要求学员在不同环境下灵活应变，并提供数据反馈进行技术改进。

3）心理调适与体能管理

（1）鼓励放松：提醒学员在调整过程中保持冷静，采用深呼吸放松技巧，防止因紧张影响操作精确度。

（2）逐步提升训练强度：根据学员体能和心理承受能力，循序渐进地增加训练难度，避免因过度训练导致疲劳和紧张。

5.4 潜水搜索技术

潜水搜索技术是潜水员在水下运用系统化的搜索策略和方法，借助专业设备和团队协作，针对特定目标（如沉船、探洞失踪人员、考古遗物等）进行有计划、系统性搜索的技术。

1. 教学目的

1）掌握水下搜索原理与方法

使学员了解常用的搜索模式（如圆形搜索、扇形搜索、平行搜索、方形扩大搜索等）的理论基础和适用场景（图 5-10）。理解水下能见度、流速、环境因素对搜索效果的影响，掌握根据环境条件选择最佳搜索方法。

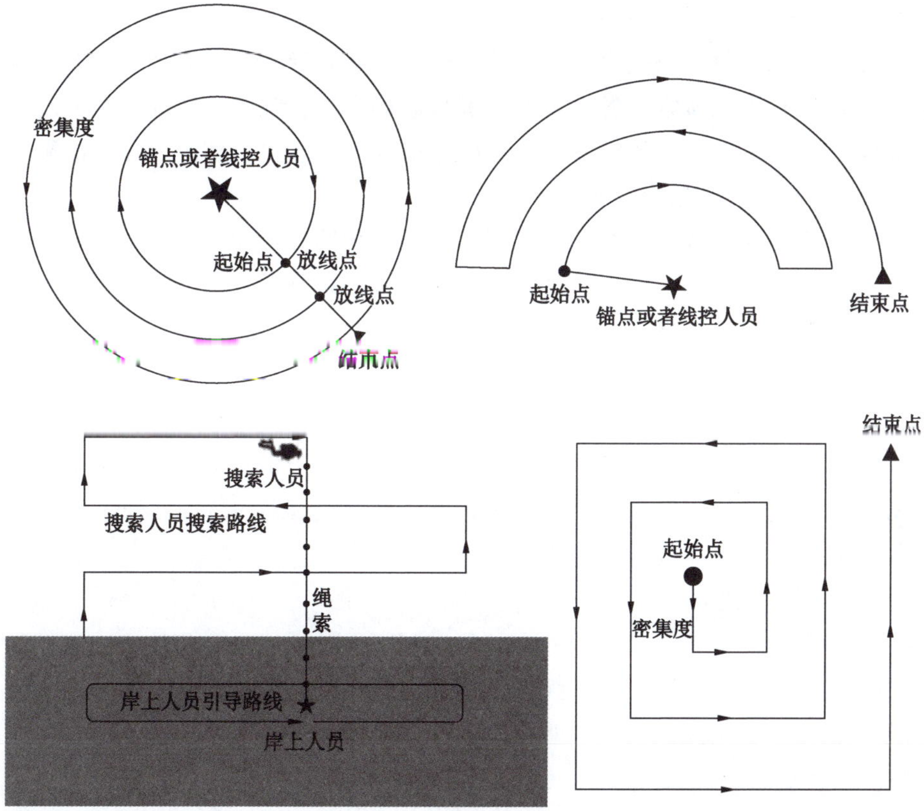

图 5-10　圆形搜索、扇形搜索、平行搜索、方形扩大搜索

2）增强团队协作与应急反应

训练学员在团队中分工合作、相互补位，提高搜索效率。掌握在紧急情况下快速调整搜索方案和救援程序，保障人员安全。

3）培养搜索计划制定能力

学员能根据具体任务和目标制定详细的搜索计划与预案。强调事前分析、事中调整、事后总结的搜索工作流程。

2. 教学内容

1）理论基础与搜索模式

水下搜索基本原理：介绍阿基米德原理、光学及声学原理在水下搜索中的应用。详细讲解圆形搜索、扇形搜索、平行搜索、方形扩大搜索等模式的步骤、优缺点与适用场景。

2）搜索计划与团队协作

搜索区域划分：根据目标区域的特点，讲解如何合理划分搜索网格和确定搜索起点。讲解团队搜索时各成员的职责与通信方法，强调潜伴间的协同配合。讨论搜索过程中可能遇到的突发情况及应急措施，如能见度骤降、设备故障等。

3）实战案例与数据分析

通过真实搜救或相关案例，剖析成功和失败的搜索原因，总结经验教训。教授学员如何记录搜索过程中关键数据（如深度、时间、区域覆盖率等），以便事后评估和改进搜索策略。

3. 教学方法

1）情景模拟与任务驱动

定制任务情境：设计多个场景任务，让学员在模拟中体验实际挑战。每个情境设定明确任务目标（如时间、覆盖面积、数据记录要求），并通过任务分工协作确保各组成员各司其职。

2）训练回溯法

录像分析：将每个学员的搜索过程录制下来，课后进行集体与个别回放，指出路线偏差、数据遗漏、团队配合不足等问题。针对技术操作薄弱环节，安排个别专项辅导，利用录像对比说明正确动作与错误差异，制定改进计划。

3）分组训练

在泳池中设置模拟搜索区域，让学员实际操作不同搜索模式，感受环境因素对搜索的影响。分组进行团队搜索演练，强化协作与沟通，模拟真实搜救情景，

检验和调整搜索计划。

4. 常见错误及纠正方法

1）搜索路线不连贯、重复或遗漏

（1）常见问题：学员在进行搜索时，容易因路线不清导致重复搜索或漏掉部分区域。

（2）纠正方法：

① 明确路线规划：要求学员在入水前绘制简易路线图，并在水下用浮标标记起点和转弯点。

② 实时检查：组织学员在每个网格完成后停留确认，并利用团队成员互查确认路线覆盖率。

2）团队协作与信息共享不足

（1）常见问题：各小组成员之间沟通不畅，导致搜索区域重复、遗漏，或在应急情况下反应不及时。

（2）纠正方法：

① 制定详细的团队计划：每次搜索前组织团队讨论，明确各成员的角色、分工和通信方式，形成标准操作流程。

② 强化手势与简讯沟通：培训水下标准手势和简短交流语，让所有成员都能快速传递搜索进度信息。

3）应急反应不及时、策略调整缓慢

（1）常见问题：遇到突发情况时，学员反应迟缓，不能及时调整搜索策略。

（2）纠正方法：

① 情境应急模拟：多次模拟突发情况训练，要求学员在规定时间内作出应急响应，如改变搜索路线或启动备用装备。

② 心理调适训练：教授放松和深呼吸技巧，帮助学员在紧张时刻保持冷静，从而迅速作出判断。

5. 教学注意事项

1）安全第一

确保所有学员在进行水下搜索训练前都熟练掌握基本潜水技能，严格遵守安全规定，预先检查所有装备。选择安全且适合训练的环境（水质、流速、能见度均适宜）进行实操。

2）充分沟通与协作

强调团队合作的重要性，确保学员在搜索过程中保持有效沟通，及时交换信息和调整搜索计划。在分组练习中，确保每位学员都明确自身任务和搜索区域，避免重复或遗漏。

3）心理调适与压力管理

训练前心理疏导：在进行复杂情境模拟和任务驱动训练前，进行简短的心理疏导和放松练习，帮助学员减轻压力。及时表扬表现良好的学员，鼓励大家在遇到困难时保持冷静和信心，营造积极学习氛围。

5.5 潜水打捞救援技术

潜水打捞救援技术是潜水员在水下通过人工操作或辅助设备，利用一系列系统化方法与技巧，对沉没物体进行定位、固定、提起和安全回收的一项作业技能（图 5-11）。

图 5-11　打捞固定与提升技术

1. 教学目的

1）理论掌握

使学员了解潜水打捞的基本概念、原理与分类，熟悉不同打捞方法的应用场景与局限。学习相关物理原理，如浮力、重力、杠杆原理在打捞作业中的实际

应用。

2）技能培养

使学员掌握水下搜索、定位、打捞的标准化流程与装备操作技能。掌握打捞装备的使用方法，学会合理配置和操作各种打捞工具。通过实操训练，熟练掌握水下打捞技术，能够在复杂环境下有效定位、固定和提起目标物体。

3）安全意识

强调作业前的风险评估与安全检查，确保学员了解潜水打捞中可能遇到的危险因素（如沉重物体、暗流、能见度低等）。培养学员在突发状况下的应急处置能力和自救互救能力，确保自身及队友的安全。

4）团队协作

培养学员在打捞作业中分工协作、合理安排任务和信息共享的能力，确保整个打捞过程协调顺畅。

2. 教学内容

1）理论知识

（1）打捞概念：介绍打捞的定义、适用范围及历史背景，区别于各类打捞技术的特点。

（2）物理原理：讲解浮力与重力的平衡、杠杆作用、可能用到的绳索拉力与摩擦力在打捞中的作用。

（3）安全规程：说明打捞前的安全检查、风险评估、潜伴制度及备份预案的重要性。

2）器材装备的使用

（1）基本装备介绍：介绍可能用到的打捞器材，如绳索、抓钩、打捞网、浮力辅助器、滑轮等装备的构造、功能与使用方法。

（2）装备组合与配置：如何根据目标物的特点选择合适工具，并进行合理组合，形成稳定的打捞系统。

（3）装备维护：如何进行工具清洗、检查和保养，确保长时间使用中的安全性和耐用性。

3）实际打捞操作流程

（1）目标物评估：如何在水下评估目标物的位置、大小、重量及固定状态。

（2）固定与连接：使用抓钩、绳索、打捞网等工具对目标物进行固定和连接，确保连接牢固。

（3）提起与回收：如何利用团队力量和浮力辅助器进行平稳提起，并在上升过程中控制速度，防止目标物失控。

（4）作业后整理：打捞结束后的装备整理、记录数据和作业总结，反馈经验以改进未来操作。

4）实战案例分析

通过救援成功与失败案例，分析不同环境下人工打捞作业的注意事项与改进方法。探讨因操作失误、沟通不畅或安全疏漏导致的事故，总结预防措施。

3. 教学方法

1）任务导向教学法

设计不同类型的打捞任务，如“捞取小型目标物”“提取沉入泥沙中的物品”“多点固定提升大件物品”。让学员在特定时间内完成任务，培养时间管理和高效执行能力。通过模拟真实任务，使学员在不同场景下都能高效执行打捞任务。

2）模拟实操训练

先在陆地上模拟工具使用及目标固定步骤，确保学员熟悉各种设备和操作方式。在浅水区开展训练，学员在能见度较高的环境下练习打捞技术，逐步增加水深和难度。逐步增加环境难度，如低能见度、模拟水流干扰等，以增强学员在不同水下条件下的应对能力。通过逐步进阶的训练，降低学员进入复杂水下环境时的学习曲线，提高水下操作熟练度。

3）团队协作演练

设定不同的角色，如潜水员、绳索操作员、信号员等，让学员轮流体验不同岗位，理解协作流程。设定“失误模拟”环节（如目标物滑脱、固定绳索松动），训练学员快速反应和调整方案。强调水下沟通技巧，学员需通过手势或简单信号确认信息，避免沟通误差。通过角色轮换和模拟突发状况提升团队协作能力。

4）场景复盘教学法

选取真实案例（如过往打捞失败或成功的实例）进行分析，找出关键决策点。让学员参与讨论，分析哪些环节出现问题，应该如何优化操作。结合训练录像，让学员回顾自己的操作，并针对失误提出改进方案。通过真实案例与自身操作复盘，使学员形成批判性思维，提升水下决策能力。

5）任务压力训练

在模拟作业中施加不同干扰，如“低能见度作业”“限时任务”“高水流环

境”等，提高学员的抗压能力。在完成任务的过程中，要求学员使用有限的气量，学会合理分配时间和精力，避免不必要的消耗。在训练结束后进行压力评估，帮助学员找到提升耐压能力的方法。此训练方式能帮助学员在高压环境下保持冷静并正确决策。

4. 常见问题及纠正方法

1）水下沟通不畅，团队配合混乱

（1）常见问题：学员在水下沟通时不熟悉标准手势，导致信息传递错误或滞后。团队成员各自执行任务，没有形成明确的协作模式，导致操作脱节。由于低能见度或心理紧张，学员往往忽略了团队沟通，单独行动。

（2）纠正方法：

① 强化水下手势训练：在陆地进行水下手势模拟训练，让学员熟记所有标准手势，并在实操时要求每次任务前复习。

② 设定明确的角色分工：在每次打捞前分配明确的任务（如固定员、观察员、指挥员），确保团队成员清楚自己的岗位职责。

③ 使用额外信号工具：训练学员在特殊情况下使用水下写字板、声响设备（如敲击气瓶）进行紧急信息传递，提高沟通效率。

2）安全预案意识不足

（1）常见问题：学员未能在作业前做好全面的风险评估，遇到突发情况时慌乱，无法按预案操作。忽略潜伴制度，在紧急情况下单独行动，增加风险。

（2）纠正方法：强调作业前的安全会议，要求每位学员详细列出安全检查项目和备份预案。进行情景模拟训练，让学员在模拟突发情况下实际操作，逐步培养应急处置能力。定期组织安全知识测试和现场讨论，强化安全意识。

3）目标物固定不牢，导致提起时脱落

（1）常见问题：若使用绳索等器材提升，可能选择的固定点不合理，未能充分利用目标物结构进行稳固捆绑。绑扎方式不正确，绳索或吊带打结不当，导致负重时松脱。

（2）纠正方法：

① 正确选择固定点：让学员在陆地上模拟不同形状的目标物绑扎方式，并在水下训练时由教员逐一检查固定情况。

② 增加额外保险措施：在正式提起前，先进行“试吊”以验证固定点牢固度，如发现松动，立即调整固定方式。

5. 教学注意事项

1）作业前规划与风险控制

环境与目标物评估：在下水前，评估水深、能见度和底质等情况，明确当前环境的限制因素。对目标物进行全面评估，如重量、形状、材质、固定状态等，确保制定的打捞方案与实际情况相匹配。

2）装备器材检查

全面检查：在下水前，逐一检查所有装备的完整性和使用状态，发现问题立即更换。针对连接部位进行专门检查，确保所有接口无松动、无磨损。强调装备清洗与保养的重要性，防止盐分和沙粒积累，影响设备性能。

3）团队协作与沟通机制

（1）明确分工与职责：每个团队成员必须明确自己的任务角色，并在作业前进行详细分工讨论。制定标准化的水下通信手势和简短交流指令，确保作业过程中信息传递无误。

（2）实时协作监控：指定专人负责观察整个作业过程，实时监督团队协作，发现任何异常立即发出警示并组织调整。强调潜伴制度，任何成员出现操作失误时，潜伴必须及时介入，协助纠正操作。

6 冰域救援技术教学

6.1 个人自救技术

1. 教学目的

(1) 提高自救能力：帮助学员掌握在冰面遇险时针对腿部被困或受伤情况下的自救技巧，从而在紧急情况下减少伤害、延缓体温流失并等待专业救援。

(2) 强化应急意识：培养学员在低温、冰面环境下快速判断危险、正确使用装备以及保持冷静、科学求生的意识。帮助学员熟悉冰域环境中可能出现的危险（如薄冰、冰裂缝、冰面滑移等），在第一时间作出正确判断与反应。

(3) 提升团队协作：通过示范和情景模拟，强化在冰域救援过程中相互协助、正确分工的理念，确保整体救援行动的顺利进行。

(4) 构建综合自救技能体系：通过打腿、冰锥和翻滚等多种自救技术的综合训练，提高学员在不同情境下的应急处置能力。

2. 教学内容

1) 理论讲解

(1) 冰域环境认知：冰层结构、温度变化及冰面稳定性判断方法。

(2) 人体低温生理反应：低温对四肢及全身血液循环、肌肉控制的影响与防冻措施。

(3) 救援装备介绍：防寒服、防滑靴、冰锥、救生绳、浮力辅助装置等工具的功能和正确使用方法。

2）自救技术操作流程

（1）打腿自救法。

① 技术原理：利用腿部力量和有节奏的打击动作，争取脱离冰面困境，或调整身体姿势，避免冰面塌陷加剧危险。

② 操作步骤：保持低重心，采用稳固站立或蹲伏姿势；用双腿交替有力向冰层施加冲击，尽量使冰层局部断裂或松动；配合上半身协调动作，保持平衡并尝试侧移或后撤。打腿自救法如图 6-1 所示。

图 6-1 打腿自救法

（2）冰锥自救法。

① 技术原理：通过冰锥等辅助工具对冰层进行破冰或固定，创造脱困通道或稳定自身位置。

② 操作步骤：正确握持冰锥，保持工具与冰面呈适当角度（一般为 30°～45°）；多点试探冰层的硬度，确定破冰部位后，反复敲击或撬动冰面；在冰层松动后，利用冰锥作为支点或锚点，配合身体力量完成自救动作。

（3）翻滚自救法。

① 技术原理：通过身体翻滚或旋转，将重心从危险区域转移到较稳固或安全的位置，避免持续被困。

② 操作步骤：快速评估当前位置与周围冰面情况，选择最佳翻滚方向；以肩部和侧身为支点，利用惯性和核心力量带动全身滚动；在翻滚过程中，尽量保持四肢展开，以减少局部受力过大，防止受伤。翻滚自救法如图 6-2 所示。

图 6-2　翻滚自救法

3. 教学方法

1）分阶段递进教学

（1）基础知识与理论讲解：制作详细的流程图和示意图，讲解每种自救动作的原理、关键动作和注意事项。结合案例视频短片（包括慢动作回放）让学员观察动作细节，讨论动作要领及常见误区。设计理论问答环节，鼓励学员即时提问、讨论，从认知上构建正确的动作框架。

（2）动作分解与逐步练习：将每个自救动作分解为若干小步骤（例如，打腿自救法：低姿势站稳→正确分配重心→交替有力击打冰面），每一步单独示范并重复练习。利用标记或地面图示，帮助学员理解身体各部位在动作中如何协调发力。针对冰镩操作，先在模拟材质（如木板或橡胶板）上练习握持角度和敲击节奏，再过渡到实际冰块训练。

（3）模拟环境中整套动作练习：在安全的仿真冰场或人工冰块搭建区中，让学员连续执行完整的自救流程。制定不同难度级别，从静态练习到动态情景（如设定轻微的冰面颤动、模拟冰裂缝出现），逐步提高训练难度。设定情境模拟，例如，在压力下（计时、轻度噪声干扰）完成动作，培养学员在紧张情况下的应急反应能力。

2）多样化教学手段

（1）现场示范与微课录制：教员进行标准动作现场演示，并邀请学员分步模仿，采用“师父带徒弟”模式进行个别辅导。利用移动摄像设备录制学员动作，课后以慢动作视频分析，标出动作不足之处，给予针对性改进建议。

（2）小组合作与角色互换：将学员分为小组，每组内互相担任“示范者”

“观察者”和“记录者”，互评并交流心得。

（3）设定角色扮演情境：一人扮演遇险者，其他成员分别扮演救援者及安全管控者，培养团队协作与现场沟通能力。

（4）虚拟现实与增强现实辅助训练：利用 VR 设备模拟冰域环境，提供可控风险下的真实体验，使学员在虚拟场景中反复演练动作。结合 AR 眼镜在实际冰面上标记出安全区域、冰裂缝及危险点，帮助学员直观理解环境对动作的影响。

3）反馈与纠正机制

（1）即时口头反馈：在每个训练环节结束后，教员现场指出学员动作中的不足，建议如何调整重心、力度、节奏等。鼓励学员之间互评，利用镜像对比的方式进行自我纠正。

（2）视频回放与个别指导：定期安排视频回放环节，让学员观看自己的动作，识别错误点，讨论改进策略。教员针对个体差异进行一对一帮扶指导，调整姿势或装备使用技巧。

（3）定期评估与模拟考核：设计阶段性小测验和实操考核，检验学员对动作原理和操作细节的掌握情况。根据考核结果，调整训练计划或增加针对性练习，形成持续改进的训练闭环。

4）安全与心理调适

（1）预先安全检查与热身准备：每次训练前，确保训练场地（冰面）经过严格的安全检测，制定紧急撤离预案。安排充分的热身及拉伸活动，预防低温或突发运动带来的肌肉拉伤、关节扭伤。

（2）压力管理与情绪疏导：在情景模拟中加入放松练习，如深呼吸、正念冥想，帮助学员保持冷静。设立心理辅导小组，分享遇到紧张或失败时的情绪管理经验，培养自信和抗压能力。

4. 常见问题及纠正方法

1）打腿自救法

（1）常见问题：动作僵硬、节奏不统一，导致冲击力不足；重心控制不当，易造成摔倒或冰面进一步破裂。

（2）纠正方法：

① 分解练习：将动作分解为“蹲稳—打击—调整”的单元，反复练习，逐步提高协调性。

② 节奏训练：利用节奏器或背景音乐帮助学员掌握有力而均匀的打击频率。

③ 反馈调整：通过视频回放和现场指导，指出重心偏移问题，并让学员多尝试低姿态稳定动作。

2）冰锥自救法

（1）常见问题：冰锥握持姿势不正确，容易滑落或未能准确击中目标区域；冰锥与冰面的接触角度不合适，导致破冰效果差或对冰层损伤不明显。

（2）纠正方法：

① 标准示范：教员先进行标准握持和角度示范，强调手臂、手腕的力量配合。

② 分步练习：先在模拟冰板上进行击打练习，再转入实际冰层操作。

③ 个别辅导：对握持不稳的学员进行个别指导，可辅以辅助器材（如防滑手套）提升操作稳定性。

3）翻滚自救法

（1）常见问题：翻滚时动作不连贯，导致重心转移不充分，反而增加受伤风险；未能合理利用身体各部位协同发力，导致翻滚过程停滞或方向偏离预定安全区。

（2）纠正方法：

① 分段训练：将翻滚动作分为启动、滚动和停稳 3 个阶段，逐步熟悉每个阶段的发力与协调。

② 辅助练习：利用软垫或安全带辅助练习，降低因速度过快导致的失控风险。

③ 动作纠偏：教员通过近距离观察和触摸指导，及时指出身体姿势、手臂与腿部的配合问题，确保翻滚路径准确。

5. 教学注意事项

1）安全保障

（1）场地安全：选择经过专业检测、冰层稳固的训练场地；对训练区域进行预先巡查，标明安全区域和紧急撤离通道。

（2）人员保障：全程安排专业救援人员和急救设备，确保在发生意外时能迅速介入处理。

（3）装备检查：所有教学和练习用具（如冰锥、救生绳、防寒装备等）须提前检查合格，并有备用装备以防故障。

2）环境适应与热身

（1）充分热身：在低温环境下，充分进行热身和拉伸运动，防止因骤冷或急剧运动导致肌肉拉伤或关节损伤。

（2）分阶段适应：初期应在相对温和的冰面条件下训练，逐步过渡到更具挑战性的环境，避免直接在极端低温下开展高难度动作。

3）教学节奏与心理调适

（1）循序渐进：以由简单到复杂、由低风险到高风险的顺序安排教学内容，确保学员有足够时间消化和掌握每一项技能。

（2）心理疏导：针对部分学员可能出现的紧张、恐慌情绪，安排心理辅导和放松训练，强调在冰域自救中保持冷静的重要性。

（3）个性化指导：根据不同学员的体能、经验和心理状态，调整训练难度和进度，做到因材施教。

4）反馈与复盘

（1）即时反馈：每个练习环节结束后，教员需及时给予口头及视频反馈，帮助学员理解动作中的不足。

（2）小组讨论与总结：定期组织学员讨论交流，分享各自遇到的问题和改进方法，集体复盘形成系统性的自救技能体系。

6.2 冰面探测技术

1. 教学目的

1）提高现场判断与风险预警能力

（1）准确评估冰面安全性：培养学员通过观察和探测判断冰层厚度、均匀性、潜在裂缝、薄冰区域等关键指标，从而迅速划分安全区域与高风险区域，降低误判风险。

（2）实时风险预警：强调冰面在低温、气温变化、风力作用下的动态特性，帮助学员学会及时发现冰面变化、局部断裂和其他危险征兆，为后续救援或撤离提供先机。

2）掌握多种探测工具与技术原理

（1）工具原理及操作：使学员深入了解各种冰面探测设备（如冰锥、超声波测厚仪、红外检测仪、温度计等）的工作原理、优缺点和实际应用场景，掌

握从人工探测到仪器检测的完整流程。冰面探测技术如图 6-3 所示。

图 6-3 冰面探测技术

（2）数据解读与决策支持：训练学员对探测数据进行合理解读，将测得的冰层厚度、硬度等指标与现场环境相结合，形成科学、合理的决策依据，为现场救援方案制定提供数据支持。

3）培养现场应急反应与团队协作能力

（1）动作与仪器操作标准化：培养学员在紧急环境中保持镇定、标准操作探测工具的能力，确保在高压情况下依然能准确获取信息。

（2）团队分工与协作：通过小组合作训练，强化学员间的沟通与协作意识，使各组成员在现场能够相互配合，共同完成冰面探测任务。

4）推动技术创新与经验传承

（1）理论与实践结合：通过对国内外先进冰面探测技术和救援案例的学习，学员在掌握基本技能的同时，能够根据不同环境条件创新应用探测技术。

（2）经验交流与反思：鼓励学员分享实践经验和案例教训，建立持续改进机制，为今后冰域救援提供宝贵数据和理论支持。

2. 教学内容

1）冰面标记系统

（1）理论基础：讲解冰层形成的物理机理、冰面裂缝与薄冰区域的形成原因，以及如何利用环境因素（如气温、风速、日照）判断冰层稳定性。强调现场安全意识，说明在冰域救援中，提前标记出安全区域和高风险区域的重要性。

（2）标记工具与方法：介绍常用的标记工具，如彩色标识杆、反光旗、专用喷漆、粉笔、便携 GPS 设备等；讨论每种工具在不同环境下的适用性。讲解如何根据预先制定的标准（如针对冰层厚度、裂缝位置的标准）对危险区域进行分区，并用不同颜色或符号进行区分。

（3）实操演示与现场练习：现场由教员示范如何观察冰面，利用标记工具在冰面上划定安全通道、危险边界及潜在风险点。学员分组在仿真或真实冰面上进行标记练习，通过拍照、记录数据，对标记结果进行讨论和反馈，确保标记准确、清晰。

2）绳索保护系统制作

（1）保护系统设计原理：讲解绳索的物理特性、抗拉强度和安全系数，介绍如何选择合适的绳索、登山扣、缓冲器和固定器具。分析如何根据标记出的危险区域设计物理防护措施，构建绳索屏障来隔离或稳定易碎冰面区域，防止人员滑入危险区域。

（2）系统构建与搭建步骤：

① 分步讲解：首先确定固定点（如冰锚、稳定岩石或人工固定桩），然后通过打结、调节张力，将绳索布置成连续防护线。详细示范如何用常见的绳结（如八字结、双套结等）实现可靠连接，并讲解如何利用临时固定器具构建一个可调节、易维护的保护系统。

② 实操与调试：组织学员在冰面上进行实际搭建练习，首先在模拟环境中完成绳索保护系统的搭建，其次在真实冰面上进行测试。模拟冰面状况变化（如局部冰层松动或裂缝扩大），让学员学习如何根据情况及时调整绳索系统，确保防护效果和人员安全。

3）人员绳索系统连接

（1）连接系统的重要性：解释在冰域救援中，利用绳索将团队成员连接成整体的重要性，确保在冰面滑落或突发情况时，能够互相牵引、协同救援。分析常用的连接方式和安全带系统，介绍基本绳结技巧，如八字结、蝴蝶结和单套腰

结，确保每位成员操作标准。

（2）建立人员连接与跟进机制：制定现场工作流程，每个小组在完成标记和保护系统搭建后，利用绳索系统进行人员连接，并在预定区域内设置联络点。培训学员如何在人员移动过程中，通过固定的信号系统、手势和预先约定的口令，实现人员状态的即时跟进与互通。

3. 教学方法

1）理论讲解与多媒体辅助

利用PPT、动画和视频详细讲解冰面标记、绳索保护系统构建、人员连接与跟进探测的理论基础及实际案例；通过模拟情境动画展示各环节的标准流程，让学员直观理解标记方法、系统搭建原理及人员协同的重要性。

2）分步骤实操演示

（1）标记系统演示：教员现场在冰面上示范如何识别危险区域，利用彩色标识杆和喷漆等工具进行标记；分步骤讲解观察、划分和确认3个阶段，确保每位学员掌握标准标记技巧。

（2）绳索保护系统搭建：现场演示如何选取固定点、打结、布置绳索，构建出一条连续的防护屏障；通过实际操作让学员在模拟冰面上搭建保护系统，反复调整绳索张力，确保操作准确、稳固。

（3）人员绳索系统连接与跟进：示范如何将救援人员通过安全带和绳索系统连成一条完整的链条，确保全员在冰面上保持联络；组织小组互换角色，让学员轮流体验连接操作与监控跟进，培养团队协作与现场协调能力。

3）多情境模拟

在人工制冰场或仿真环境中模拟不同冰面状况，如局部薄冰、裂缝扩展等情况，让学员按照预定流程进行标记、搭建保护系统和人员连接。

4）现场反馈与持续改进

每个操作环节结束后，教员通过口头讲评与视频回放方式，指出学员在标记精度、绳索操作和人员跟进中的不足，并提供针对性改进建议。

4. 常见问题及纠正方法

1）标记系统

（1）常见问题：

① 标记不准确或漏标风险区域：部分学员在观察冰面时，由于注意力不集中或视角有限，容易漏判冰层薄弱点、裂缝或局部异常区域，导致标记位置

偏差。

② 标识工具不稳定或易脱落：标记杆、反光旗或喷漆标记使用时固定不牢固，遇到风雪或冰面微振动时容易移位或脱落，影响现场信息传递。

③ 标记信息传递不统一：不同小组标记方式不统一或颜色、符号混乱，造成后续救援人员无法快速识别安全区域和危险点。

（2）纠正方法：

① 多角度观察与标准模板制定：在理论教学中强调观察要点，要求学员从多个角度（正面、侧面及俯视）进行冰面扫描，采用预设标准模板对危险区域进行统一划分。

② 固定方式升级与工具检验：选用专用的、抗风抗震的标记工具，并演示如何利用冰锚或临时固定器将标记杆牢固安装在冰面上；定期检查标记是否完好。

2）绳索保护系统制作

（1）常见问题：

① 绳索连接不牢固、打结不规范：学员在操作时可能因缺乏经验导致绳结松散、连接不稳，容易在拉力作用下发生脱落或失效。

② 绳索张力分布不均：在搭建过程中，由于力度控制不足，绳索张力不均，导致防护效果欠佳，有的区域过松，有的区域过紧，甚至损伤冰面。

③ 固定点选择不当：学员在现场选取固定点时，未能准确评估冰面或周边环境稳定性，导致绳索保护系统无法形成有效屏障。

（2）纠正方法：开展标准化绳结与连接操作培训，由经验丰富的教员演示标准绳结（如八字结、双套结）的具体操作，并让学员反复练习；强调每一步骤中的细节，确保每个连接点都达到安全要求。现场进行“一对一”辅导，对于操作不熟练的学员给予个别指导，利用实物示范对比，直观展示正确与错误的差别。

3）人员绳索系统连接及人员跟进探测

（1）常见问题：

① 人员连接松散，团队联结不牢：在实际连接过程中，部分学员可能因操作失误或固定装备使用不当，导致绳索连接不紧密，出现断裂或松动现象，影响探测工作。

② 沟通信息传递延误或断链：在探测及救援现场，因现场噪声、信号干扰

等因素，部分小组之间的信息传递不及时，导致行动步调不一，出现救援滞后。

（2）纠正方法：

① 深化操作培训：在探测任务开展前，安排资深专业人员，为学员提供绳索连接操作培训。培训过程中，详细拆解各类固定装备，加深学员对其结构的了解，配合实操演示，让学员直观掌握规范动作。设置严格的实操考核环节，要求学员熟练且正确地完成绳索连接操作，考核通过者方可参与后续任务。

② 落实三查制度：推行三重检查制度，学员完成绳索连接后，先进行自我检查，确认无误后，由同组其他成员再次检查，进入训练场前由安全员进行最后检查。

③ 落实设备维护：对绳索及固定装备进行定期维护与保养。每次任务前，对装备进行全方位检查，查看绳索有无磨损、断裂，固定装备零部件是否完好。定期将装备送往专业机构检测维护，及时更换问题装备，确保装备始终处于最佳状态。

5. 教学注意事项

1）环境与安全管理

（1）场地选择与预先检测：选择经过专业检测、冰层稳固的训练区域，必要时使用人工制冰场或仿真冰面。安排专业人员对冰面进行实时监控，如利用无人机或便携检测仪，确保现场安全；设置明确的安全标识和撤离通道。

（2）温度与体能保护：每堂课前后安排充分热身与冷身活动，预防低温引起的肌肉抽筋或冻伤。配备保暖设备、急救箱及必要的防冻用品，定期检查学员体温、皮肤状态，发现异常立即处理。

2）仪器与设备操作安全

（1）设备校准与操作检查：所有探测设备在使用前必须进行校准，确保读数准确。学员在操作时应由专人监督，防止因设备使用不当导致意外发生，如误伤冰层或设备损坏。

（2）标准操作规程：强调操作过程中必须遵循统一的操作规程，严禁随意变动设备参数；建立操作记录，便于回溯问题。

（3）对每项设备操作进行重点演示，并设置操作考核，确保每位学员都能正确使用仪器。

3）心理调适与团队协作

（1）情绪监控与疏导：训练过程中定时询问学员情绪状态，遇到紧张、焦虑时立即组织集体放松活动。建立心理辅导小组，为学员提供一对一心理支持，特别是对初学者或明显紧张者给予额外指导。

（2）团队沟通与协作保障：明确每个环节的分工与沟通方式，确保在模拟紧急情境下每位学员都能快速响应。采用对讲机或现场即时通信工具，保持全体成员之间的联络畅通，一旦出现问题，团队能够迅速协同处置。

4）紧急应急预案与事故处理

（1）紧急中止信号：事先制定紧急中止信号和应急处理预案，一旦学员或现场环境出现危险，立即启动中止程序并组织撤离。

（2）现场设置急救站点，安排专业救护人员待命，确保第一时间内对突发事故的伤员进行救治。

（3）定期风险评估：每次训练结束后，组织全体学员参与风险评估，记录出现的问题并及时改进；定期召开复盘会，讨论并完善备份预案。

针对不同冰面情况设计分级风险应对措施，如低风险区域与高风险区域分别制定不同的探测操作流程和中断操作条件。

6.3 间接救援技术

1. 教学目的

（1）培养学员的风险识别与评估能力：使学员能够在冰域环境中识别潜在危险，评估冰层厚度、裂缝和其他风险因素，确保救援行动的安全性。

（2）提升学员的应急决策能力：训练学员在紧急情况下迅速作出判断，选择最适合的间接救援方法，提高救援效率。

（3）加强学员的心理素质：通过模拟真实救援场景，锻炼学员在高压环境下能够保持冷静、稳定情绪，确保救援行动的顺利进行。

（4）培养学员的沟通协调能力：在救援过程中，良好的沟通与协调至关重要。教学中应强调团队成员之间的有效交流，确保信息传递的准确性。

（5）增强学员的体能与技能储备：通过系统的训练，提高学员的身体素质和专业技能，以应对冰域救援中的各种挑战。

2. 教学内容

1）抛绳包抛投救援技术

（1）抛绳包的结构与功能：详细介绍抛绳包的组成部分、材质选择及其在

救援中的作用。

（2）抛投技术与技巧：教授学员如何准确地将抛绳包投掷至被困者可触及范围内，包括站姿、握持方法、抛投角度和力度控制等。

（3）绳索收回与再次抛投：训练学员在首次抛投未成功时，如何迅速有效地收回绳索并进行再次抛投。

抛绳包抛投救援技术如图 6-4 所示。

图 6-4　抛绳包抛投救援技术

2）探杆递伸救援技术

（1）探杆的类型与选择：介绍不同材质、长度的探杆及其适用场景。

（2）递伸技术：教授如何将探杆稳固地递送至被困者手中，包括握持方式、递送速度和角度控制等。

（3）救援姿势：训练救援者采用安全、稳定的姿势，如匍匐前进，降低重心，确保自身安全。

探杆递伸救援技术如图 6-5 所示。

3）救生圈抛投救援技术

（1）救生圈的选择与检查：介绍救生圈的规格、材质，并教授如何检查其完好性。

（2）抛投技术：训练学员将救生圈准确抛投至被困者附近，包括抛投姿势、力度控制等。

（3）牵引方法：教授如何通过绳索将被困者缓慢牵引至安全区域，确保平稳。

救生圈抛投救援技术如图 6-6 所示。

图 6-5　探杆递伸救援技术

图 6-6　救生圈抛投救援技术

4）冰上绳索救援技术

（1）固定点选择与布设：讲解如何根据冰面状况选择安全稳固的固定点（如冰锚、岩石、专用固定桩）以及如何预先检测固定点的承载能力。

（2）绳索打结与连接技术：教授常用救援结绳技巧（如八字结、蝴蝶结、双套结），确保救援链条稳固，避免在牵引过程中出现松脱。

（3）团队协作与牵引流程：详细说明救援团队中各成员的分工，如何通过

绳索系统将救援人员与被困者连接起来，并在冰面滑动或意外发生时保持联动。

3. 教学方法

1）抛绳包抛投救援技术

（1）分步演示与指导：教员先进行标准动作演示，然后分解动作步骤，逐一指导学员练习。

（2）个性化反馈：针对每位学员的练习情况，提供具体的改进建议，确保动作规范。

（3）情景模拟：设置不同的救援场景，如不同距离、风速等，提升学员的应变能力。

2）探杆递伸救援技术

（1）实物操作练习：每位学员使用探杆进行递伸练习，培养手感和技巧。

（2）团队协作训练：模拟实际救援场景，训练学员之间的配合与协作。

（3）案例分析：通过真实救援案例，分析成功与失败的原因，深化理解。

3）救生圈抛投救援技术

（1）分组练习：学员分组进行抛投练习，相互观察，提出改进建议。

（2）视频教学：观看专业救援视频，学习标准动作和技巧。

（3）模拟演练：设置模拟被困者，进行全流程救援演练，提升实战能力。

4）冰上绳索救援技术

（1）理论与实践结合：先通过 PPT、动画和图示详细讲解冰上绳索救援的原理与操作步骤，再进行现场实操演示。

（2）实操演示：教员在仿真冰面或实际冰面上进行标准示范，重点演示固定点的布设、标准绳结和团队牵引技术。

（3）情景模拟：利用模拟环境设置不同风险场景（如冰层局部薄弱、风力扰动、救援目标不稳定等），让学员在实际压力下练习操作，锻炼应急处置能力。

（4）角色扮演与小组练习：学员分组扮演救援者、被困者和观察员，通过角色互换训练，强化团队沟通和协作能力。

4. 常见问题及纠正方法

1）抛绳包抛投救援技术

（1）常见问题：抛投距离不足或偏离目标。绳索缠绕或打结，影响救援效率。被困者抓握绳索方法不当，导致救援失败。

（2）纠正方法：

① 加强抛投训练：反复练习抛绳包的抛投动作，掌握力度和角度控制，提高准确性。

② 绳索整理技巧：教授学员正确的绳索收纳和整理方法，避免抛投时绳索出现缠绕。

③ 指导被困者：在救援过程中，通过言语引导被困者正确抓握绳索，确保其安全。

2）探杆递伸救援技术

（1）常见问题：探杆长度不足，无法触及被困者。递伸过程中探杆稳定性差，导致被困者无法抓稳。救援者姿势不当，增加自身风险。

（2）纠正方法：

① 选择合适长度的探杆：根据实际情况，选用适当长度的探杆，确保能够触及被困者。

② 稳定递伸技术：练习探杆的平稳递伸，避免晃动，确保被困者能够牢固抓握。

③ 正确救援姿势：教授救援者采用匍匐前进等低重心姿势，增加与冰面的接触面积，降低自身风险。

3）救生圈抛投救援技术

（1）常见问题：抛投救生圈时力量控制不当，导致偏离目标。被困者不会使用救生圈，增加救援难度。救生圈与绳索连接不牢固，存在脱落风险。

（2）纠正方法：

① 训练抛投技巧：通过反复练习，掌握抛投救生圈的力度和方向控制，提高准确性。

② 培训被困者：在救援前，普及救生圈的使用方法，确保被困者在紧急情况下能够采取正确的姿势抓握救生圈。

4）冰上绳索救援技术

（1）常见问题：固定点选择不当。部分学员在冰面上选择固定点时未能充分评估冰层的承载力，导致固定点不稳或松动。

（2）纠正方法：强调理论讲解时对冰层检测的重要性，使用专业仪器（如冰层厚度仪）辅助判断。现场演示如何利用冰锚或自然岩石作为固定点，要求学员在操作前反复检测固定点稳定性，并设置备用固定点。

5. 教学注意事项

1）安全与环境监控

定期检查所有装备（如绳索、固定器具、安全带等）的完好性；每次演练前后安排专人负责环境监控，防止冰面突发变化引发事故。所有绳索、打结工具、固定器具和监控设备在使用前均须经过校验，确保数据准确、设备运行稳定。强调设备操作规程，要求学员在操作过程中严格按照标准流程执行，避免因操作不当导致设备失效。

2）团队沟通与实时反馈

在救援演练中，确保每个小组之间保持畅通的通信，采用无线对讲机或现场即时信息共享工具；指挥中心需定时核对各组进展，及时调整。

3）心理调适与应急预案

事先制定紧急中止与事故处理预案，明确中止信号、撤离路线和急救措施；确保在任何意外发生时，全体学员能够迅速、安全地完成应急处置。

6.4 直接救援技术

1. 教学目的

1）全面掌握直接救援工具及其操作原理

（1）装备构造与适用环境：使学员深入理解各种直接救援装备（如单绳、滑板、担架、梯具、吊带、救生筏、充气艇）的结构特点、材质性能、抗拉强度及工作原理，明确每种装备在冰域环境下的最佳适用场景。

（2）操作流程与标准动作：让学员熟悉各项救援技术的操作步骤，从固定装备、设备校验、标准操作到最终的人员转移，形成标准化作业流程，为实际救援打下坚实基础。

2）提升现场风险评估与应急决策能力

（1）冰面风险识别：通过理论与实操结合，学员能够准确识别冰面薄弱、裂缝和不均匀区域，判断环境变化对救援过程的影响，进而选择最合适的直接救援技术。

（2）应急处置与现场决策：培养学员在救援过程中快速、科学地评估现场风险，并在突发状况（如冰面突变、设备故障、环境恶化）时，能够立即启动应急预案并作出正确的救援决策，降低事故发生率。

3）加强操作技能与精细化管理

（1）精细操作与动作标准化：重点训练学员在各项技术操作中的细节把控，如绳索打结、固定点选取、滑板平衡、吊带绑扎、救生筏充气及充气艇操控等，确保在极端条件下仍能保持动作连贯、准确。

（2）数据反馈与实时监控：通过现场传感器、视频回放和实时数据监控系统，帮助学员量化操作过程中的关键参数（如绳索张力、牵引力度、抛投精度等），实现精细化管理和动态调整。

4）培养高效的团队协作与指挥协调能力

（1）角色分工与信息互通：在救援过程中，各个直接救援技术需要多组协同完成。教学旨在使学员学会在紧急救援中，通过无线通信、现场标记和人员连接建立有效的信息共享与指挥调度机制。

（2）团队合作与互助演练：通过分组角色扮演、协同演练和竞赛机制，强化学员之间的协同作战能力，使各救援环节形成闭环联动，从而在实际救援中实现高效快速的人员转移与现场救援。

5）促进技术创新与经验传承

（1）理论与实践结合的创新思维：在系统掌握标准操作的基础上，引导学员结合现场实际情况进行创新应用，探索多种救援方案（如结合抛投与绳索救援的混合技术、改进冰上滑板的防滑设计等），为未来冰域救援提供更多解决思路。

（2）经验总结与持续改进：建立详细的操作记录和反馈机制，通过定期复盘、讨论和数据分析，促进学员将实操中遇到的问题转化为宝贵经验，推动整体救援技术的不断优化和提升。

2. 教学内容

1）单绳救援技术

（1）原理与装备介绍：讲解单绳救援中绳索的材质、规格、抗拉强度及打结原理；介绍常用救援结法（如八字结、蝴蝶结、双套结等）。

（2）操作流程与技术要点：分步讲解如何建立救援链，从固定锚点、设置连接环，到救援人员与被困者之间的绳索连接与牵引。强调救援过程中力量分布、绳索张力调控以及救援人员间的协同配合。

（3）标记与跟进：结合现场冰面标记，确保在绳索救援过程中明确各个救援区域和人员位置，实现动态跟进与信息共享。

单绳救援技术如图 6-7 所示。

图 6-7 单绳救援技术

2）冰面滑板救援技术

（1）装备及原理：介绍冰面滑板的构造、材料选择及防滑设计；讲解如何利用滑板在冰面上快速滑行，将被困者运送至安全区域。

（2）操作要点与动作分解：分析滑板使用时的重心控制、身体姿势、平衡技巧以及救援速度与稳定性要求；包括如何协调救援者与被救者的配合。

（3）现场标记与路径规划：利用预先标记的安全路径，规划滑板救援的最佳行进路线，确保救援过程中避免进入高风险区域。

冰面滑板救援技术如图 6-8 所示。

3）可漂浮担架救援技术

（1）担架构造与适用环境：介绍可漂浮担架的设计理念、材料构成及适用场景，可漂浮担架救援尤其适用于冰面或冰下水域救援。

（2）固定与运输方法：详细讲解如何通过绳索、吊带将担架与被困者稳固连接，并利用救援车辆或人员协同将其安全转移。

可漂浮担架救援技术如图 6-9 所示。

图 6-8 冰面滑板救援技术

图 6-9 可漂浮担架救援技术

4）单杠梯救援技术

（1）梯具选择与固定技术：讲解单杠梯的类型、固定方法及与冰面接触时的注意事项；重点讲解如何选择稳固固定点和安装安全装备。

（2）被困者转移：分析救援人员如何利用单杠梯，将被困者安全转移至安全区，讲解身体协调及重心转换技巧。

单杠梯救援技术如图 6-10 所示。

图 6-10 单杠梯救援技术

5）提拉式吊带救援技术

（1）吊带构造与操作原理：介绍提拉式吊带的材料、结构及抗拉性能；讲解如何使用吊带对被困者进行安全固定和牵引。

（2）操作流程与安全防护：分解并讲解吊带绑扎、固定及提拉操作，强调如何在搬运过程中防止二次伤害，确保救援过程稳定可靠。

提拉式吊带救援技术如图 6-11 所示。

6）充气式冰面救生筏救援技术

（1）筏体设计与充气原理：详细介绍充气式冰面救生筏的结构、充气原理、耐压性能及在冰域救援中的优势。

（2）救援操作步骤：讲解如何在紧急情况下迅速充气、展开救生筏，如何将被困者转移到筏体内，以及救生筏与救援队伍之间的对接与协调。

充气式冰面救生筏救援技术如图 6-12 所示。

图 6-11　提拉式吊带救援技术

图 6-12　充气式冰面救生筏救援技术

7）无动力充气艇救援技术

（1）艇体结构与操控方法：介绍无动力充气艇的设计、材质及适用环境；讲解如何利用无动力充气艇在冰面水域中实现短途救援。

（2）救援过程中的稳定控制：分析无动力充气艇在救援时稳定性的控制方法，讲解如何借助团队协作维持艇体平衡，并确保被困者安全转移。

无动力充气艇救援技术如图 6-13 所示。

图 6-13 无动力充气艇救援技术

3. 教学方法

1）分模块分阶段教学

模块化分解将每项直接救援技术拆分为若干关键模块。

（1）单绳救援技术：固定点选择、标准绳结制作、救援链建立、牵引力均衡控制。

（2）冰面滑板救援技术：滑板握持与操作、重心控制、救援路径规划、协同牵引与制动。

（3）可漂浮担架救援技术：担架组装与检查、固定绑扎方法、平稳转移与防颠覆措施。

（4）单杠梯救援技术：梯具固定方法、救援者攀爬技巧、被困者安全转移。

（5）提拉式吊带救援技术：吊带绑扎、提拉角度与节奏、被困者姿势协调。

（6）充气式救生筏救援技术：快速充气技术、筏体展开与完整性检查、与救援队伍对接。

（7）无动力充气艇救援技术：艇体操控技巧、团队协同划行、稳定性控制及紧急制动。

（8）分阶段训练：每个模块设计为初级、中级、高级 3 个阶段。

① 初级阶段：在低风险、稳定环境中进行基本动作训练，确保学员能掌握基础操作。

② 中级阶段：引入轻微环境扰动（如小风、冰面轻微波动），训练学员在较真实环境下保持操作连贯性。

③ 高级阶段：设置复杂情景，如冰层突然滑动、装备失效等，要求学员在压力下迅速调整救援方案，强化应急决策与团队协同。

2）多媒体互动与虚拟现实辅助

在课堂中利用电子白板展示冰面救援的全流程图示，包括各模块操作关键点、标准绳结和固定方法。通过 3D 模型和动画演示，学员直观理解每个技术环节的物理原理及安全要求。解决部分学员对抽象概念理解不深的问题，促进理论与实践的有机结合。

3）现场实操与情景模拟

（1）分组角色扮演：学员分组进行角色扮演训练，每组内设置救援者、被困者、现场指挥员及记录员。通过模拟实际救援过程，要求各组在预定时间内完成从固定救援点、装备检查、救援操作到人员牵引转移的全过程。强化团队协作，提升现场沟通与协调能力，确保每个环节都有专人负责，形成闭环作业。

（2）现场情景演练：在实际冰面或人工制冰场上设置多种情景，轻微扰动情景（风速小、冰面稳定）和高风险情景（冰层薄弱、环境突变）交替出现，要求学员根据实时情况调整操作。针对救生筏和充气艇的使用，通过设置冰水等情景，训练学员如何平稳操作、协同牵引以及快速制动，使学员在真实场景中检验操作效果，逐步形成“肌肉记忆”，并能够在复杂环境下快速适应和调整。

4）应急预案演练与安全保障

（1）紧急情况演练：设计紧急情景，如装备突发故障、冰层突然破裂、被困者恐慌不配合等，要求学员在短时间内启动预设应急预案，并按流程进行安全撤离或改进救援方案。训练学员在高压、突发情况下能够保持冷静，提高应急处置和决策能力。

（2）安全管控与现场协调：设立现场组，利用无线对讲机或移动数据终端保持队员之间的信息联动。确保一旦发现安全隐患或操作异常，能够迅速调整救援策略并启动安全措施。确保在多环节救援操作中，任何一个环节出现问题都能

得到及时反馈和协同解决。

5）团队协作训练

设计需要团队合作的救援任务，培养学员的协作能力和沟通技巧。组织学员分组进行冰面救援演练，强调学员之间的配合与默契。

在极寒天气下的冰面救援训练中，采取“边讲解、边示范，先分步、后连贯，先模拟、后实操”的方式组织训练，全体学员在模拟广阔冰面环境中，从严练习基本功，注重打牢个人基础，教员及时纠正。

4. 常见问题及纠正方法

1）单绳救援技术

常见问题：绳索打结松动，连接不牢；救援时牵引力度分配不均，导致救援链断裂。

纠正方法：反复练习标准绳结（如八字结、蝴蝶结）的打结技巧，并采用张力测试仪检测每个连接点。组织小组互查，互相检查绳索连接状况，并在模拟牵引时进行力量分配训练，确保每个节点均达到安全要求。

2）冰面滑板救援技术

常见问题：滑板与冰面接触不充分或操作时重心控制不当，导致滑行不稳；在转移过程中被困者不配合或姿势不正确。

纠正方法：强化重心和身体平衡训练，利用标尺或重心感应器辅助检查滑板使用时的稳定性。通过分角色演练，指导被困者如何与救援者协同调整姿势，确保整体滑行顺畅，必要时采用补充固定带辅助稳定。

3）可漂浮担架救援技术

常见问题：担架固定不牢固，救援过程中出现晃动或翻覆；救援操作过快导致被困者受到二次伤害。

纠正方法：细化绑扎技术，强调固定时绳索张力的均衡分布，并采用标准模板进行操作演示。在演练中采用慢动作检查法，反复模拟被困者转移过程，逐步提高操作稳定性和安全性，确保被困者始终处于稳定状态。

4）单杠梯救援技术

常见问题：梯具固定不牢，救援者在爬梯过程中因重心偏移而出现失衡；梯身倾斜或连接不平衡导致救援效率低下。

纠正方法：采用标准固定法演示和分组操作，重点检查固定点和梯具连接的牢固性；组织力量分配训练，确保每个梯段均匀受力。

5）提拉式吊带救援技术

常见问题：吊带绑扎不规范，导致被困者在提拉过程中出现滑动或压迫伤害；提拉速度不稳定，可能加剧被困者的恐慌或损伤。

纠正方法：组织标准吊带绑扎演示，分步骤讲解各个绑扎环节，采用视频回放的方式检查学员的绑扎质量；通过现场模拟牵引演练，练习平稳提拉和调整节奏。强调救援前的安全沟通，确保被困者配合调整姿势，减轻压力集中区域的负担。

6）充气式冰面救生筏救援技术

常见问题：充气不充分或操作时间过长，导致救生筏延迟使用；筏体与绳索连接不牢，容易在救援过程中脱落。

纠正方法：安排专门的充气练习，教授学员如何快速、均匀地充气，利用标准充气仪表检测筏体内部压力。演练中重点检查筏体与连接绳索的固定方法，确保每个连接节点都采用双重保护，并反复进行实操测试。

7）无动力充气艇救援技术

常见问题：充气艇操控不熟练，救援过程中队形散乱，无法有效保护被困者。

纠正方法：在水上模拟环境中进行充气艇操控训练，采用分层次教学方法，从基本划行到高难度操控逐步提升。通过团队协作演练，强调队形保持和及时调整，确保在遇到紧急情况时，能迅速形成防护阵型，稳定艇体。

5. 教学注意事项

1）环境与器材安全

每次训练前，必须对冰面、冰层状况及天气因素进行专业检查；确保场地符合安全作业要求，并设置明显的安全标识和紧急撤离通道。所有救援工具（如绳索、梯具、吊带、救生筏和充气艇等装备）必须经过严格检查，确保完整好用、符合技术参数要求。

2）人员防护与紧急预案

安排充分的热身运动，预防因低温引起的肌肉僵硬或抽搐；为每位学员配备防寒装备、防护手套和急救包。制定紧急中止和撤离方案，遇到装备故障或环境突变时，立即启动预案，确保学员和被困者的安全。

3）现场管控与团队沟通

建立现场实时管控机制（如使用无线对讲机、移动数据终端），确保各救援小组之间信息传递及时、准确。

4）个性化辅导与持续改进

针对学员的个体差异，安排专门的一对一指导，确保每位学员都能掌握标准操作；通过视频回放和现场互评，形成持续改进机制。组织综合模拟演练和复盘教学，将每次教学中的问题记录下来，形成经验库，为今后的救援工作提供数据支持和改进依据。

5）心理调适与压力管理

训练前后安排心理疏导和放松环节（如深呼吸、正念冥想），帮助学员减轻紧张情绪，提高在高压环境下的操作稳定性。强调团队合作的重要性，通过角色互换、协同演练，降低因个人操作失误带来的风险，共同提升整体救援效率。

7 海岸救援技术教学

7.1 海岸救援技术概述

海岸救援是以保障人员生命安全为核心，在近岸海域（如沙滩、礁石区、潮间带、港口等）实施的紧急行动，涵盖溺水救援、孤岛营救、沉船救援、海上交通事故处置等。通常海岸救援指离岸边 12 海里内的水域救援行动。海岸救援不仅需要专业的技术手段，还需要高度的团队协作和应急反应。随着技术的不断进步，海岸救援的效率和成功率也在不断提高，尤其是高科技设备，如遥控潜水器（ROV）、无人机（UAV）、卫星定位系统（GPS）等，在海岸救援中广泛应用。海岸救援技术如图 7-1 所示。

1. 海岸救援的类型

（1）溺水救援：溺水救援是最常见的海岸救援类型。救援人员通过水上或水下设备，将溺水者从水中救出，进行急救处理。溺水救援的关键是时间，因溺水者在水中存活的时间有限，抢救时效至关重要。

（2）沉船救援：沉船事故时，尤其是在船舶失事后，可能有大量人员被困在船舱内或海底。沉船救援需要使用专业的遥控潜水器和打捞设备，配合专业的潜水员，对沉船进行搜寻和人员营救。

（3）海上交通事故处置：包括舟艇碰撞、搁浅渔船翻覆等各类海上交通事故的救援。此类救援不仅要快速施救，还需配合海警、海军等多方力量，确保被

图 7-1 海岸救援技术

困者的安全和事故后的妥善处理。

（4）失踪人员搜寻：在海上失踪人员的搜寻中，使用卫星、无人机和遥控潜水器等设备，配合海面搜寻，可以提高搜寻效率和成功率。失踪人员可以是在船舶事故、溺水或其他突发情况下消失在海洋中的人。

2. 海岸救援的技术手段

（1）遥控潜水器（图 7-2）：遥控潜水器是一种水下机器人，可以通过远程控制完成沉船救援、失踪人员搜寻、海底设备检查等任务。其配备的机械臂和摄像头，可以帮助操作人员在恶劣水域中进行精确作业。

图 7-2 遥控潜水器

（2）无人机：无人机在海岸救援中主要用于空中侦察和搜索。无人机可以实时传输图像和视频，帮助指挥中心了解海上事故的具体情况。无人机在海上失踪人员搜寻中尤其重要，可以在广阔的海面上迅速定位目标。

（3）卫星定位系统：卫星定位系统和卫星通信技术在海岸救援中也起着至关重要的作用。通过实时定位和通信，指挥中心可以精确地调度救援资源，提高搜救效率。

（4）直升机与高速救援船：直升机用于紧急救援，能够快速到达事故现场进行伤员转运（图7-3）；高速救援船则用于快速接近事故现场，提供紧急医疗救助和营救人员。

图7-3　直升机救援技术

（5）潜水设备：潜水员和深海潜水设备（如深潜器、潜水舱）也在海岸救援中发挥重要作用。潜水员可以深入海面以下数十米甚至几百米的深度进行救援，操作过程中通常配备潜水机器人等辅助工具。

3. 海岸救援的挑战

（1）复杂的海洋环境：海岸环境变化无常，水流、天气、潮汐、能见度、海底地形等因素都可能影响救援工作的进行。尤其在大风、大浪、深海等条件下，救援工作非常具有挑战性。

（2）救援时间的紧迫性：海岸救援具有高度的时效性。例如，溺水事故和沉船事故中的被困者可能只能生存极短时间，因此救援人员必须迅速反应。

（3）高风险性：海岸救援本身就是一项高风险活动。救援人员通常面临恶劣天气、剧烈波浪、冰冷水温等危险，甚至有可能面临生命威胁。

（4）资源的协调与调度：海岸救援往往需要多方资源的协调，涉及海事、交通、海警、救助打捞局、渔业等多个部门。协调工作需要高效、精准，才能保证救援工作顺利进行。

4. 未来发展趋势

（1）智能化与自动化：随着人工智能和机器人的发展，未来海岸救援将更加依赖自动化设备。例如，无人船和无人潜水器将能够自主执行水下搜索和打捞任务，减少人为干预，提高效率。

（2）无人机和遥控潜水器的融合：无人机和遥控潜水器的结合将进一步增强救援能力。无人机可以负责广域搜索和定位，遥控潜水器则可以深入水下执行打捞和维修任务，两者的协同作业将大大提高救援效率。

（3）应急响应能力的提升：随着海岸救援技术的发展，未来的应急响应系统将更加高效，救援决策将更加科学，能够在最短时间内动员最合适的救援力量，进行全方位的救援作业。

7.2　海岸救援技术教学方法

7.2.1　海岸舟艇救援技术

1. 教学目的

海岸舟艇救援技术的教学目的在于提高救援人员在海岸复杂环境下舟艇的综合操作能力，确保能够高效、安全地进行水上救援作业。具体目的包括以下几个方面。

1）培养学员掌握海岸舟艇的基本操作技能

海岸舟艇的操作技术是开展救援任务的核心内容之一。海岸舟艇救援技术如图 7-4 所示。

学员需要掌握以下基本操作技能：

（1）舟艇的操控：包括舟艇的离靠岸、逆浪定位、快速转向、海浪穿越、速度控制等基本操作，能够根据不同海况、灵活应变。

图 7-4　海岸舟艇救援技术

（2）舟艇的应急驾驶：舟艇自救、船外机应急维修、故障舟艇拖带等。

（3）舟艇导航与定位：通过现代导航设备（如 GPS、雷达、海图等）进行精准定位，确保在广阔海域中的快速、准确定位。

2）提高学员的应急反应能力

应急反应能力是海岸舟艇操作中最为关键的部分之一。学员必须能够在瞬间作出正确的决策，处理突发事故和极端情况，如应对恶劣海况，遇到大风、大浪、低能见度等恶劣天气时，能够迅速判断并选择最安全的航行方式。

突发故障应急处理：舟艇发生气室漏气、船外机故障等情况时，学员需要知道如何应急修复或采取其他紧急措施。

3）提高学员的团队合作与协调能力

海岸救援通常需要多人共同协作，学员需要学习如何在团队中进行有效分工与合作。通过教学，学员在面对复杂的任务时能够迅速理解并执行各自的角色。

4）培养学员的安全意识和风险管理能力

安全是海岸救援工作的重中之重。学员必须充分了解海岸救援中的安全风险，如溺水、舟艇翻覆等，学会如何识别潜在风险并采取有效措施进行预防。

2. 教学方法

海岸舟艇救援技术的教学方法应注重理论与实践相结合、课堂教学与现场操作相结合。具体方法包括以下内容。

1）理论授课

理论授课是海岸舟艇技术培训的基础，学员需要通过系统的理论学习掌握相关知识，为实践操作打下坚实基础。

（1）海岸舟艇的构造与工作原理：学员需要了解海岸舟艇的基础构造，如艇体、船外机动力系统等组件的工作原理。

（2）基本海上安全规则：包括海上航行规则、救援舟艇使用的信号、《国际海上人命安全公约》等。

（3）气象与海况分析：讲解如何根据海洋气象、潮汐等判断适宜的航行路线与航速。学员应学习如何理解并应用天气预报、潮汐表、海洋气象资料。了解离岸流、沿岸流、结构流等危险流态的形成原理。

（4）海岸救援程序与流程：介绍标准的海岸救援作业流程，包括求救信号的接收与处理、救援人员的分配、海上通信、导航等内容。

（5）事故应急处理知识：通过分析典型的水上事故案例，帮助学员提高事故应急处理能力。

2）模拟训练

模拟训练是海岸舟艇操作训练中不可或缺的一部分。通过模拟器或水上训练平台，学员可以在模拟真实环境下进行多次演练，熟练掌握舟艇操作技能。

（1）虚拟训练设备：操纵模拟器进行海岸舟艇操作训练。模拟器能够模拟多种海况，帮助学员提高舟艇操纵技术，尤其是舟艇在恶劣天气中的操纵技巧。

（2）模拟突发事故场景：模拟海上溺水事故、舟艇碰撞等紧急情况，让学员在模拟真实环境下训练。

（3）紧急情况模拟：模拟船外机故障、通信设备失灵等紧急情况，学员需要在有限的时间内作出反应，并进行解决。

3）实操训练

实操训练是最直接有效的教学方法。学员将通过驾驶舟艇，在实际环境中进行操作和演练，提升实战能力。海岸救援实操训练如图 7-5 所示。

（1）操控训练：学员将操作舟艇，进行舟艇的启动、转向、离靠岸等基本技能的训练。

图 7-5　海岸救援实操训练

（2）复杂海况下的训练：在模拟或实际的海况环境中，学员将面临大风、大浪、低能见度等复杂天气状况，需要运用所学技能进行操作。

（3）溺水救援训练：学员将进行海上溺水救援训练，学习如何将溺水者成功营救上船，并为其提供必要的急救。

4）分组实战演练

在分组实战演练中，学员将模拟一个完整的海岸救援任务场景，分工协作完成任务，检验整体作战能力。

（1）任务分配与合作：每个小组成员将承担不同的角色，如驾驶员、指挥员、观察员等，通过协作完成从接警到救援完毕的全过程。

（2）应急演练：模拟复杂的海上救援任务，包括大型船只沉没、大规模人员溺水等情景，检验学员的综合能力。

5）考核与反馈

考核是教学过程中不可或缺的一部分。学员将在教学过程中定期接受考核，通过考核评估其理论知识水平和实际操作能力。

（1）理论考核：通过考核评估学员对水上救援相关知识的掌握情况。

（2）操作考核：通过实际操作考核学员在模拟和真实环境中的应用表现，

确保其具备实际救援操作能力。

3. 教学注意事项

教学过程中，需要特别注意以下几个方面。

1）充分保障学员的安全

海岸救援训练存在较大风险，因此在整个教学过程中，应采取必要的安全保障措施。

（1）配备救生装备：所有参与训练的学员必须穿戴符合标准的急流救生衣、头盔等安全装备，确保发生意外时能够及时自救。

（2）制定备份预案：教学前应制定详细的备份预案，明确应急救援程序，确保在突发情况下，学员能够迅速撤离或得到帮助。

（3）有资质的教员：所有培训教员应具备海岸舟艇操作、海上急救等方面的培训资质，并拥有足够的实战经验。

2）教学内容要贴合实际

海岸舟艇的操作技术与实际任务紧密相关，教学内容应尽量贴近真实救援任务。

（1）多样化的训练场景：应涵盖不同海况、天气及救援任务，避免过于单一的训练环境。尤其是在极端天气条件下的训练，应特别强调如何应对复杂的气象条件。

（2）针对性训练：根据学员的能力和需求，设计不同的训练计划。初学者可能需要更多基础操作的训练，而有一定经验的学员则应更多关注应急反应和复杂任务场景下的训练。

3）强调团队协作与沟通

海岸舟艇救援技术不仅是个人技能的体现，更多的是团队协作的结果。因此，教学过程中应特别强调团队合作的重要性。

（1）模拟救援任务的协作：通过模拟任务，学员需要分工合作，体会团队协作的重要性。在紧急情况下，学会如何通过沟通和协调，确保任务的顺利完成。

（2）有效的指挥系统：教学中要着重讲解指挥系统的建立与运作，尤其是在面对复杂任务时，教会学员如何通过协调与分配岗位责任来提高救援效率。

4）关注心理素质的培养

水上救援是一项高风险的工作，学员在进行实战训练时，可能会面临突发事故、身体疲劳、精神压力等挑战。因此，教学中还需加强学员的心理素质训练。

（1）心理适应训练：通过模拟复杂环境救援任务，让学员学会冷静思考，作出准确决策。

（2）压力管理：帮助学员掌握如何管理压力，保持清晰的头脑，避免在紧急情况下情绪失控。

5）持续更新教学内容

随着科技进步和救援技术的发展，海岸救援领域不断涌现新技术、新方法。教学内容需要紧跟行业发展，及时更新。

（1）新技术的引入：新技术包括无人机、遥控潜水器、自动化舟艇等，教学中应融入这些新技术的使用方法。

（2）最新案例的分享：通过分析最新的水上救援案例，帮助学员了解最新的救援手段与作业模式。

7.2.2 海岸溺水救援技术

1. 教学目的

1）掌握救援流程与核心技能

使学员熟悉海岸溺水事故的识别、评估、响应流程，掌握水中接近、拖带、心肺复苏（CPR）、AED 除颤等关键技术。

学习如何根据溺水者状态（清醒、昏迷、受伤）和环境条件（风浪、暗流）调整救援策略。

2）培养安全意识与风险评估能力

强调“救援者安全第一”原则，避免因盲目施救导致二次事故。

训练学员快速判断环境风险（如潮汐、离岸流、水下障碍物）并制定安全救援方案。

3）提升应急反应与团队协作能力

通过模拟演练强化快速决策能力，确保在黄金救援时间（4~6 min）内有效行动。

培养多角色协作意识，包括瞭望员、入水救援员、岸上支援组、医疗组的无缝衔接。

2. 教学方法

1）三维教学体系

（1）理论教学：使用多媒体讲解流体力学原理（如离岸流形成机制）、人体

溺水生理反应（如本能溺水反应）；分析经典救援案例，如 2017 年广东海陵岛溺水事故。

（2）实战模拟训练：设置潮间带、礁石区、离岸流等多场景模拟区，使用人体模型进行拖带训练；开发 VR 模拟系统再现复杂海况，训练学员在能见度受限环境下的定位搜索。

（3）实战化演练：组织全流程全要素演练，从险情发现、报警接警、装备准备到完整救援流程；引入压力训练法，通过人为制造干扰（如模拟围观群众干扰）提升应变能力。

2）专项技术训练模块

（1）器材应用：

① 救生浮标使用：单手控制浮标同时进行拖带的技术细节。

② 救生桨板操作：浪区上板、翻板复位、多人协同搬运。

③ 无人机抛投救生装备：精准投放与语音引导技巧。

（2）特殊情形处置：

① 脊椎损伤保护：水中轴线固定与搬运技术。

② 群体溺水优先级判定：采用 START 检伤分类法。

③ 夜间救援：使用荧光标记系统以及应用声光信号。

3）渐进式考核体系

（1）基础考核：50 m 负重游泳（着救援装具）。

（2）综合能力评估：模拟大风大浪条件下完成带人回游、礁石区脱困、CPR 连贯操作。

（3）指挥能力测试：突发多人溺水场景的现场指挥与资源调配。

3. 注意事项

1）动态风险评估机制

（1）实施“3D 评估法”：

① Danger（当前危险）：实时监测浪高、流速、水温变化。

② Distance（救援距离）：制定 50 m、100 m、超视距不同预案。

③ Duration（耗时预估）：计算体力消耗与氧气供应时间。

（2）建立“三不原则”：

① 不具备个人防护不下水。

② 不明水域情况不盲动。

③ 无后备支援不单独行动。

2）技术操作红线

（1）严禁正面接近挣扎中的溺水者，必须采用后方（侧后方）或潜泳接近。

（2）拖带时确保溺水者口鼻持续高出水面，避免二次呛水。

（3）浪区救援必须采用“破浪技术”，身体始终垂直于浪涌方向。

3）法律与伦理规范

（1）熟知《中华人民共和国民法典》第184条紧急救助免责条款适用条件。

（2）救援记录规范：全程执法记录仪拍摄，确保过程可追溯。

（3）遗体处理程序：保护现场、配合警方、尊重民俗禁忌。

4）能力维持体系

（1）实施季度复训制度：重点强化肌肉记忆与团队默契。

（2）建立个人救援档案：追踪技能退化曲线，定制强化课程。

（3）开展跨区域联合演练：适应不同海岸地貌特征（如沙滩、泥滩、基岩海岸）。

4. 技术创新方向

（1）智能预警系统：结合AI图像识别与水文传感器实现险情预判。

（2）远程生命支持：开发水上自动体外除颤器（AED）抛投装置。

（3）协同救援网络：整合海岸监控、无人机群、救生艇智能调度系统。

（4）需注意持续更新课程内容，结合最新标准动态调整。

7.2.3 海岸桨板救援技术

1. 教学目的

1）掌握桨板救援基础技能

学习桨板的正确操控方法（划行、转向、平衡控制）及救援装备（救生绳、浮力装置、通信设备）的使用技巧。熟悉在复杂海浪、潮汐、暗流等环境下保持稳定的能力。海岸桨板救援技术如图7-6所示。

2）培养紧急救援实战能力

训练学员快速识别溺水者状态（意识清醒/昏迷、受伤情况），并采取针对性救援措施。

掌握多人协作救援、拖拽转移、水中心肺复苏（CPR）等关键流程。

图 7-6 海岸桨板救援技术

3）提升风险预判与安全意识

培养对海岸环境（如天气突变、浪高变化、礁石分布）的动态评估能力。

强化自我保护意识，避免救援过程中因操作失误导致二次事故。

2. 教学方法

1）理论教学与案例分析

（1）知识讲解：通过视频、图解等形式讲解桨板救援原理、潮汐规律、人体溺水反应等。

（2）案例复盘：分析真实救援案例（如暗流拖拽事故、礁石区伤员转移），总结成功经验与失败教训。

2）分阶段实操训练

（1）基础阶段：静水区建议在泳池先练习桨板平衡、划行与急停；模拟拖拽假人，掌握固定溺水者姿势的技巧。

（2）进阶阶段：在浪高为 0.5~1 m 的造浪池中练习稳定靠近目标，训练单手划桨、侧身救援动作；模拟夜间或低能见度条件下的救援（使用荧光标记、哨声定位）。

（3）综合演练：设置多场景救援任务（如多人落水、伤员脊椎保护），要求团队分工协作完成。

3）安全与应急训练

教授落水后快速复位桨板的方法，以及利用桨板作为浮力平台的技巧。

制定模拟装备故障（如桨板漏气、绳索断裂）时的应急处理方案。

4）考核与反馈

设置计时救援任务（如 3 min 内完成 50 m 划行和拖拽转移），评估速度与操作规范性。

通过穿戴式摄像机记录学员动作，逐帧分析并优化细节。

3. 注意事项

1）环境安全评估

训练前需核查潮汐表、风速预报，避开离岸流高发区域。

现场设置安全警戒线，配备救生艇与瞭望员作为后备保障。

2）装备检查与个人防护

桨板需具备双气室设计，建议学员穿戴 5 mm 以上厚度防寒衣及头盔。

救生绳长度建议为桨板长度的 1.5 倍，末端连接快速释放装置。

3）救援优先级与伦理规范

遵循“先自保、后施救”原则，禁止学员在体力透支或装备不全时强行行动。

明确法律边界，未经专业认证不得参与高风险救援，避免责任纠纷。

4）心理素质强化

通过压力训练（如突发干扰、模拟溺水者挣扎）提升学员临场应变能力。

强调沟通技巧，避免因指令模糊导致团队配合失误。

5）持续训练与法规更新

建议建立复训机制，重点更新相关最新技术标准。

熟悉当地海域管理法规（如禁航区、野生动物保护限制）。

4. 总结

海岸桨板救援技术是结合体能、技巧与判断力的综合性技能，需通过系统性训练降低实操风险。教学中应注重场景化模拟与反复强化，确保学员在真实救援中做到“快、准、稳”。

7.2.4 海岸直升机救援技术

1. 教学目的

海岸直升机救援技术（图 7-7）的教学目的不仅在于传授具体的操作技能，

还包括培养学员在特定环境下的应急反应能力和团队协作精神。具体教学目的可以分为以下几个方面。

图 7-7　海岸直升机救援技术

1）掌握海岸直升机救援的基本理论知识

学员应当了解海岸直升机救援的基本概念和原理，具体包括以下内容：

（1）海岸直升机救援的必要性：海岸直升机救援是处理海岸突发事件、保护海岸人员生命安全的重要手段。由于海岸环境复杂、气候多变，直升机作为一种高效、机动性强的救援工具，通常是实现及时救援的首选。

（2）海岸直升机救援的适用场景：在风浪较大、舟艇或其他救援工具无法接近的海岸，直升机可以迅速到达现场进行救援，尤其适用于高海况或远离岸边的区域。

（3）海岸直升机救援的基本构成：包括直升机类型、救援操作流程、海岸搜索与定位技术、空中救援作业规范等。

2）掌握海岸直升机救援的操作技能

教学的核心目标之一是让学员熟悉并掌握具体的海岸直升机救援操作技能，特别是在极端环境中的操作技巧。

（1）海岸直升机救援的起降程序：包括直升机如何在海上平台起降、海面上的操作技巧（如绕行救援人员、定位准确性等）。

（2）人员吊装与救助操作：学员应学习如何在海上通过直升机完成人员吊装，掌握使用绳索、吊篮等设备的正确方法。

（3）海岸人员定位与救援方案制定：包括如何通过红外成像、GPS 定位等技术，识别落水者或舟艇位置，并制定最有效的救援路线和方案。

3）增强应急处置能力

海岸直升机救援任务通常伴随极高的风险，学员需要具备在复杂、危险环境下的应急处置能力。

（1）应急决策：面对多变的海况，学员需要快速、准确地作出救援决策，决定最优救援路径和方式。

（2）操作安全意识：海岸直升机救援过程复杂且危险，学员应充分理解并掌握飞行员、机组人员的安全操作规范。

（3）协调配合能力：学员需要在多人协作中展现高效的沟通和协调能力，确保整个救援过程的顺利进行。

4）提高团队协作与领导力

在海岸直升机救援过程中，团队合作至关重要。

（1）团队成员角色明确：每个成员都需要理解自己的角色，学员应学习如何协调与沟通，确保任务分工明确。

（2）应对压力的能力：在极端压力环境下，学员必须能够保持冷静、沉着应对，确保任务顺利完成。

5）增强安全意识与风险管理能力

由于海岸直升机救援涉及高度危险的空中作业，教学中必须特别强调安全意识。

（1）飞行安全：教学中会详细讲解飞行安全的各项规范，包括直升机飞行前检查、飞行过程中注意事项、紧急情况下的应急处置等。

（2）人员安全：通过模拟不同的救援场景，学员可以更好地理解如何在恶劣的海岸环境下确保自己的安全和被救者的安全。

（3）设备安全：教学中还需要传授各种救援设备（如吊篮、救援绳索、急救包等）的使用方法及其安全注意事项。

2. 教学方法

海岸直升机救援技术的教学方法需要多角度、多层次，结合理论与实践，才能达到良好的教学效果。具体的教学方法包括以下几个方面。

1）理论教学与知识讲解

理论教学为海岸直升机救援的实践奠定基础。学员通过教员的理论讲解可以了解海岸直升机救援的基本知识、技术原理和应急操作流程。

（1）基础知识讲解：包括海岸直升机救援的背景、发展历程、工作原理等。

（2）应急反应与决策培训：通过讲解海岸直升机救援的应急处理流程，帮助学员明确在不同情境下的决策方法。

（3）案例分析：选取典型的海岸直升机救援案例，讲解成功与失败的原因，帮助学员从实际案例中学习。

2）模拟演练与操作训练

模拟演练是海岸直升机救援教学中最为关键的部分，学员可以通过实景模拟，提升自己的实际操作能力。

（1）模拟训练：在模拟环境中，让学员熟悉直升机的操作流程、吊装和救援任务等。

（2）紧急处置演练：模拟突发事件（如恶劣天气、设备故障等），学员需要在这些情况下进行应急处置。

（3）海岸直升机搜救演练：结合模拟海岸环境，学员进行搜索、定位、吊装、救援等一系列任务的训练。

3）实地训练与现场教学

在实际海岸环境中进行实地训练，可以让学员面对真实的海岸直升机救援场景，增强其应对能力。

（1）空中救援实操：让学员在直升机上进行实际的吊装救援训练，掌握如何准确安全地救援海上落水人员。

（2）夜间救援训练：在不同光照条件下进行救援演练，包括夜间飞行、低能见度下的搜救任务等。

（3）复杂气候下的操作：在恶劣天气条件（如风力强、浪高）下进行救援演练，确保学员掌握极端环境中的操作技巧。

4）小组讨论与互动式教学

小组讨论与互动式教学有助于学员互相学习、思维碰撞，提高解决问题的能力。

（1）团队协作训练：通过小组讨论和团队协作训练，学员可以提高与他人合作、沟通和协调的能力。

（2）角色扮演：学员扮演不同角色，如救援员、指挥员、辅助人员等，通过角色扮演，学员能够更好地理解不同岗位的职责。

5）技能考核与评估

定期对学员的技能和知识进行考核，以确保教学质量并提升学员的综合能力。

（1）理论测试：通过理论考试评估学员对海岸直升机救援基本知识的掌握情况。

（2）实践考核：通过实际操作考核，评估学员在模拟或真实海岸环境中的操作能力。

3. 教学注意事项

1）安全第一

在教学过程中，安全是第一位的。所有的操作训练都必须严格遵循安全规程。

确保对所有设备、设施及飞行器进行安全检查。

所有学员必须穿戴必要的安全防护装备，确保人身安全。

2）分级教学

根据学员的基础不同，教学内容应当分层次进行。初学者应从基础的飞行常识和操作技能开始，逐步过渡到复杂的救援任务。

对于有一定经验的学员，应增加更多的实战演练和应急反应训练，提升其操作的熟练度和应对复杂情况的能力。

3）增强应急反应能力

在模拟训练中，必须加入突发性任务和复杂环境，模拟高压情况下的应急反应。这不仅测试学员的技能，更考察其心理素质。

教学应注重教会学员在不同环境条件下，如何调整救援策略与决策能力，确保学员在实际任务中能冷静高效地处理各种问题。

7.2.5 遥控潜水器（ROV）救援技术

1. 教学目的

遥控潜水器（ROV）在海岸救援中的作用不可或缺，因此，在 ROV 救援技术的教学过程中，学员不仅要掌握 ROV 的基本操作技能，还需要理解如何在复杂环境下执行救援任务，并提升自身应急反应能力。教学目的具体包括以下几个方面。

1）熟悉 ROV 的操作与控制技巧

学员需要系统学习 ROV 的基本构造、操作系统、传感器使用以及水下任务

的执行。教学内容包括以下内容：

（1）ROV 各组成部分的功能与工作原理：学员需掌握 ROV 的动力系统、控制系统、摄像头、机械臂等组成部分的功能与工作原理，理解 ROV 如何通过不同的传感器来完成不同类型的任务。

（2）水下操控技巧：在教学中，学员需要掌握 ROV 的水下操作技巧，以及控制 ROV 在复杂环境中移动、悬停、定位等操作。此技巧要求学员具备较强的手眼协调能力和空间感知能力。

（3）不同水域环境下的操作：学员需要适应不同水域环境下的 ROV 操作技巧，包括应对不同水深、水流速，能见度差等条件。

2）提高水下任务的应急反应能力

海岸救援任务中的紧急情况非常多样，ROV 操作员需具备快速反应能力，确保在各种突发情况下进行有效操作。

（1）设备故障处理：ROV 在水下操作时可能会遇到通信丢失、机械臂故障、电池电量不足等问题，学员需学会如何快速判断故障并采取合适的应对措施。

（2）突发水流与天气变化：海上环境复杂，学员应学会如何应对突如其来的水流变化、大风大浪等自然环境的影响，并在有限的时间内作出正确决策。

3）提升水下目标定位与打捞能力

ROV 的应用最重要的技术点就是目标定位与打捞。在教学过程中，学员需要掌握如何利用 ROV 完成水下物体的定位、搜寻与打捞操作。

（1）目标搜寻与识别：通过 ROV 的高清摄像头与声呐设备，学员需要快速定位目标并识别目标的特征。通过培训，学员能够在复杂的海底环境中有效执行搜寻任务。

（2）水下物体打捞与搬运：ROV 的机械臂能够进行精确的打捞操作，学员应学会如何在不同的任务要求下，合理运用机械臂抓取、搬运水下物体。ROV 打捞与搬运技术如图 7-8 所示。

2. 教学方法

ROV 救援技术的教学方法应结合理论知识与实践操作，确保学员能够在真实海岸环境中灵活应用所学技能。具体包括以下几个方面。

1）理论教学与知识讲解

理论教学是 ROV 救援技术的基础，其能帮助学员建立 ROV 操作和海岸救援的基本认知。

图 7-8 ROV 打捞与搬运技术

（1）ROV 工作原理与结构讲解：详细讲解 ROV 的各个组成部分、工作原理和系统功能，包括电池、电动机、控制系统、传感器等，并讨论如何利用这些部件执行水下任务。

（2）海岸救援知识传授：向学员介绍海岸救援的基本流程、常见事故类型、应急处置方法等，为后续的 ROV 操作打下理论基础。

（3）案例分析：通过分析实际的 ROV 救援案例，帮助学员了解 ROV 在不同任务中的应用方式，以及如何应对不同的挑战。

2）模拟训练与虚拟演练

模拟训练帮助学员熟悉 ROV 操作系统和水下环境的变化，提前应对各种突发情况。

（1）模拟海岸任务：通过虚拟现实（VR）或计算机模拟的方式，模拟海岸复杂环境中的救援任务。学员在模拟环境中进行 ROV 操作，完成任务目标。

（2）模拟故障与应急反应：通过模拟 ROV 设备的故障，帮助学员在虚拟环境中快速反应并采取有效措施，确保学员能够在面对技术问题时不慌张。

3）实际操作训练

实践是 ROV 操作技能最重要的训练方式。实际海岸操作训练能够帮助学员在真实环境中锤炼技能。

（1）水下操作练习：将学员带到水域进行实际操作训练，让学员在不同的水深、流速等环境下练习 ROV 操控。训练内容包括物体定位、机械臂操作、水

下打捞等。

(2) 团队协作训练：设置多方参与的模拟任务，让学员在实际环境中与其他设备及人员协同配合，确保 ROV 操作与其他救援设备配合默契。

4) 考核与评估

为确保学员掌握 ROV 救援技术，需定期对其进行技能考核。

(1) 理论考试：评估学员对 ROV 原理、海岸救援流程、设备使用等基础知识的掌握情况。

(2) 实操测试：通过实操测试，检查学员在不同条件下使用 ROV 执行任务的能力。测试内容包括目标定位、打捞操作、故障处理等。

(3) 应急反应测试：模拟突发情况，评估学员在紧急情况下的应对能力。

3. 教学注意事项

1) 课堂教学的理论深度与实践结合

教学内容必须在理论与实践之间保持平衡。ROV 救援技术不仅需要深入的理论支持，同时也要有大量的实践操作来加深学员的理解、提升学员的技能。具体的注意事项包括以下内容：

(1) 理论讲解简洁明了：理论部分需要清晰、简洁地向学员传递 ROV 的工作原理、结构功能、控制方法等基本知识。要避免冗长的技术细节，使学员能够快速抓住关键概念。

(2) 实践与理论结合：理论讲解完毕后，应立即进行相关操作练习，帮助学员在实践中理解所学的理论。例如，在讲解 ROV 的控制系统时，应通过操作演示，确保学员了解如何实际控制 ROV。

(3) 实践反向反馈：学员在操作过程中遇到问题时，要及时根据操作反思理论内容，这可以帮助学员从实际出发，结合理论知识优化操作。

2) 注重教学节奏与学员差异

不同学员的背景、经验和学习进度不同，教学节奏必须灵活调整，确保每个学员都能掌握必要的技能。

个性化学习进度：通过前期评估学员的技能水平，对教学内容的难度进行分层安排。例如，对于初学者可以从 ROV 的基础操作开始，而对于有经验的学员可以安排更复杂的任务，提升其操作难度。

3) 强调操作安全与应急预案

由于 ROV 操作涉及水下环境与高风险任务，学员的安全必须得到足够重视。

具体的注意事项包括以下内容：

（1）安全意识的培养：在教学开始前，特别是在实际操作前，必须对学员进行全面的安全教育，包括 ROV 操作时如何保护自己、如何防止设备故障、如何在紧急情况下迅速采取行动等。

（2）安全操作规程讲解：详细讲解 ROV 的操作安全规范，如何避免设备损坏、避免操作失误导致任务失败等。

（3）模拟紧急情况处理：模拟紧急情况，帮助学员提前做好应急反应的准备。例如，模拟设备故障、失去信号、操作失误等情形，并让学员通过演练学会冷静应对。

4）课堂管理与学员互动

ROV 救援技术的学习不仅是技术的传授，也是学员与教员、学员之间的互动过程。具体的注意事项包括以下内容：

（1）课堂氛围的培养：鼓励学员提问和讨论，建立开放式的学习氛围。通过提问和讨论，帮助学员更好地理解 ROV 的操作原理和技术细节。

（2）个别辅导与小组讨论：对于基础较弱的学员，应安排个别辅导，帮助其解决学习中的困难；对于能力较强的学员，可以通过小组讨论、实际任务分配等方式，让其承担一定的教学任务，进一步巩固学习成果。

（3）实时反馈与纠正：在学员进行实际操作时，教员要随时观察并给予反馈，发现学员操作中的问题，及时纠正。反馈不仅仅局限于技巧，也应包括思维方式、策略的选择等方面。

5）评估与考核的科学性

为了确保学员真正掌握 ROV 救援技术，定期的评估和考核非常必要。评估不仅要测试学员的知识掌握程度，还要考核其实际操作能力和应急反应能力。

6）持续学习与技能更新

ROV 救援技术是一个不断发展的领域，教学中应注重学员的持续学习能力与技能更新，确保其能够跟上技术发展的步伐。

8 医疗急救技术教学

8.1 基础医疗急救技术

水域医疗救护中的基础医疗急救技术，是指在水上或水域环境中发生的事故中，及时对受伤或患病的人员进行初步救治和急救处理的技术。这些技术包括心肺复苏、止血与包扎、气道管理、创伤急救等基本技能，能够有效地挽救生命、减轻伤害并为进一步治疗争取宝贵时间。水域环境具有其特殊性，急救人员不仅需要掌握基础医疗急救技术，还要具备应对水域事故的独特能力和方法。

1. 教学目的

水域医疗救护中的基础医疗急救技术的教学目的，主要是通过理论和实践相结合的方式，帮助学员掌握水域急救技术的基本操作，提升其应急处置能力。具体教学目的如下：

（1）提高急救人员的水域急救意识：学员应充分认识到水域环境的特殊性和急救的重要性，了解在水域环境中，基础医疗急救技术能有效挽救生命，减轻伤害，避免伤情恶化。水域急救不仅仅是对伤员进行转运，还包括在事故发生时的现场急救、创伤处理和生命支持等多个方面。

（2）掌握基础医疗急救技术：帮助学员系统学习和掌握基础医疗急救技术，特别是水域特有的急救技能，如心肺复苏、溺水救援、止血与包扎、气道管理等。这些技术是急救人员日常救援任务的核心内容，学员需要通过反复练习，熟练掌握各项技术，确保在实际救援中能够应对各种突发情况。

（3）培养学员的应急判断和处理能力：在水域环境中，急救人员的反应速度和判断能力直接关系到被救者的生死。学员应在教学中培养快速判断伤情和选择合适急救措施的能力，学会根据具体情况采取不同的急救方案，以提高急救效率。

（4）强化团队协作能力：水域救援通常涉及多人合作，急救人员需要与其他救援人员、医务人员及相关部门密切协作。教学中应注重培养学员的沟通与协调能力，确保团队成员能够在紧急情况下保持高效的协作，迅速展开急救工作。

2. 教学内容

水域医疗救护中的基础医疗急救技术内容广泛，涵盖了从基础的急救技术到在水域环境中的应用。教学内容的详细分类如下。

1）基础医疗急救技术概述

基础医疗急救技术是急救工作的核心内容，包括心肺复苏、止血与包扎、气道管理等技术。学员需要全面掌握这些技术，以应对水域急救中的各种情况。

（1）心肺复苏技术：心肺复苏技术（图 8-1）是抢救因心脏骤停或呼吸骤停的伤员的重要技术。学员需要掌握成人和儿童的心肺复苏技术，包括胸外按压、人工呼吸、气道开放技巧及使用自动体外除颤器（AED）等。

图 8-1　心肺复苏技术

（2）止血与包扎技术：止血技术是急救中的重要步骤，学员需要掌握各种止血方法，包括直接压迫止血、止血带的使用等；此外，包扎技术（图 8-2）

也同样重要，其能够有效保护伤口，防止进一步感染。

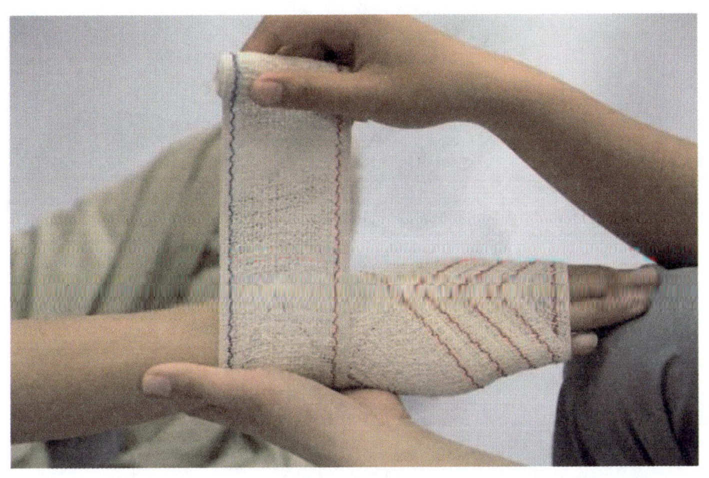

图 8-2 包扎技术

（3）气道管理技术：在急救过程中，保持气道通畅是抢救生命的关键。学员应学习如何清理气道、使用气道管理设备（如咽喉管、气管插管）等技术，确保伤员的呼吸不受阻碍。气道管理技术如图 8-3 所示。

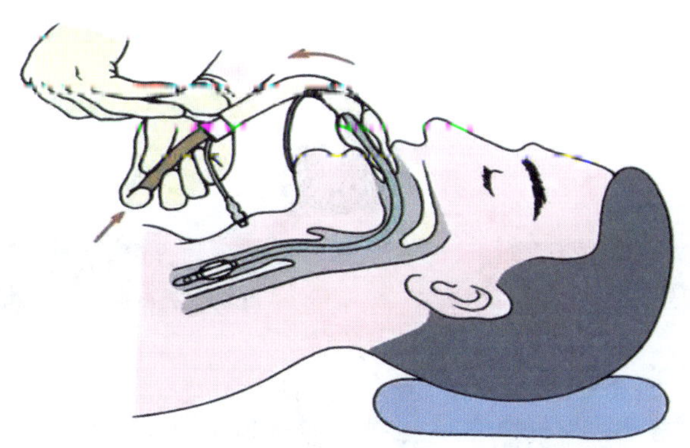

图 8-3 气道管理技术

（4）创伤急救技术：水域事故中的创伤通常包括骨折、外伤、扭伤等。学员应了解如何进行创伤急救，包括创面清洁、包扎、固定骨折部位等，避免伤势恶化。创伤急救技术如图 8-4 所示。

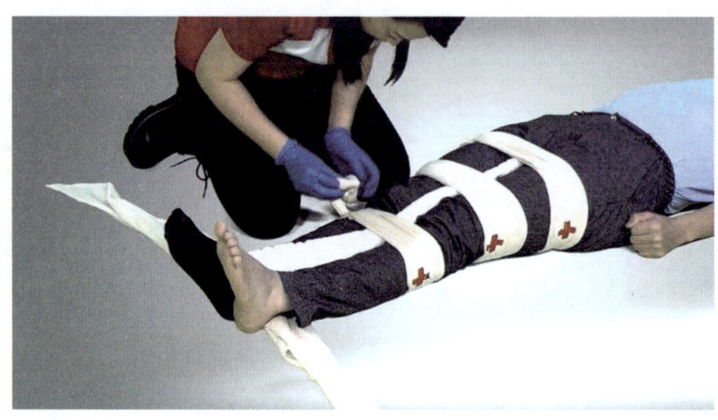

图 8-4　创伤急救技术

2）水域特有医疗急救技术

由于水域环境的特殊性，水域急救还涉及一些特有的医疗急救技术，这些技术通常不能在常规的急救培训中得到充分的覆盖。

（1）溺水急救技术：溺水是水域环境中常见的事故，学员需要掌握如何识别溺水者的症状（如呛水、窒息、意识丧失等）以及如何进行有效的急救处理（如溺水后的呼吸支持、心肺复苏等）。溺水急救技术如图 8-5 所示。

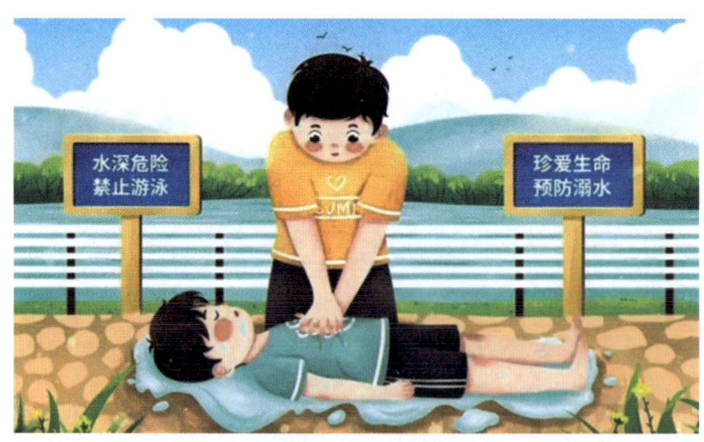

图 8-5　溺水急救技术

（2）水上转运与搬运技术：水域救援中，学员需要了解如何将伤员从水中转移到安全地点进行处理，包括常用的搬运技巧（如救援担架的使用等）以及如何评估伤员的状况，确保在转移过程中不加重伤员伤势。水中搬运技术如图8-6所示。

图8-6　水中搬运技术

3）急救设备的使用

急救设备的正确使用是基础医疗急救技术的重要组成部分。学员需要熟练掌握在水域环境中使用各种急救设备的方法。

（1）急救包和救生设备：学员需了解急救包中的基本物品（如止血带、绷带、消毒用品等），以及如何在现场进行有效的急救。

（2）自动体外除颤器（AED）：AED是抢救心脏骤停伤员的重要设备，学员应掌握AED的正确使用方法，包括如何进行电击复苏和如何评估伤员的心脏状态。AED的使用如图8-7所示。

（3）氧气设备：在一些情况下，伤员需要补充氧气，学员应掌握氧气瓶、呼吸面罩等设备的使用方法。氧气设备如图8-8所示。

（4）水上救援工具：包括救生圈、救生艇、急救浮具等，学员应了解如何选择合适的救援工具，并在不同情况下进行有效的水上救援。水上救援工具如图8-9所示。

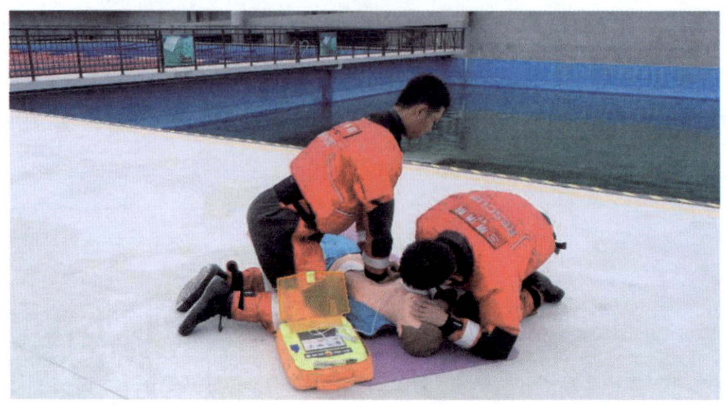

图 8-7 AED 的使用

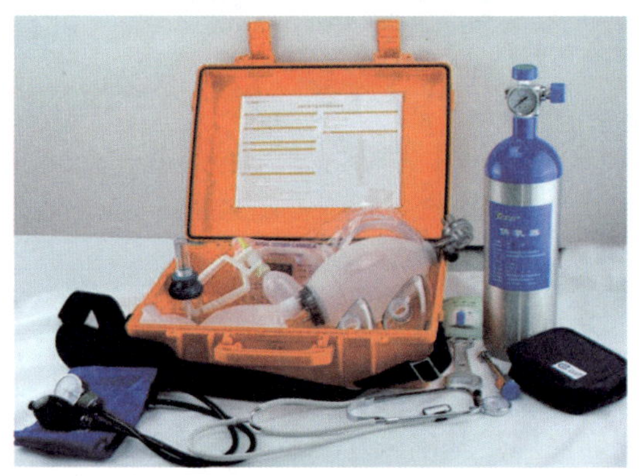

图 8-8 氧气设备

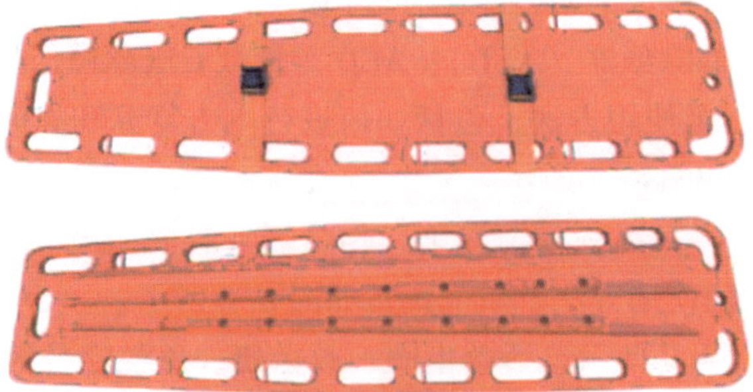

图 8-9 水上救援工具

4）伤员评估与监测

在水域急救过程中，对伤员的快速评估和监测至关重要。学员需要掌握如何评估伤员的病情，并根据评估结果采取相应的急救措施。

（1）生命体征监测：包括测量心率、呼吸频率、血氧饱和度、体温等。学员应学会使用相关设备对伤员进行监测，及时发现伤员病情的变化。生命体征监测项目如图 8-10 所示。

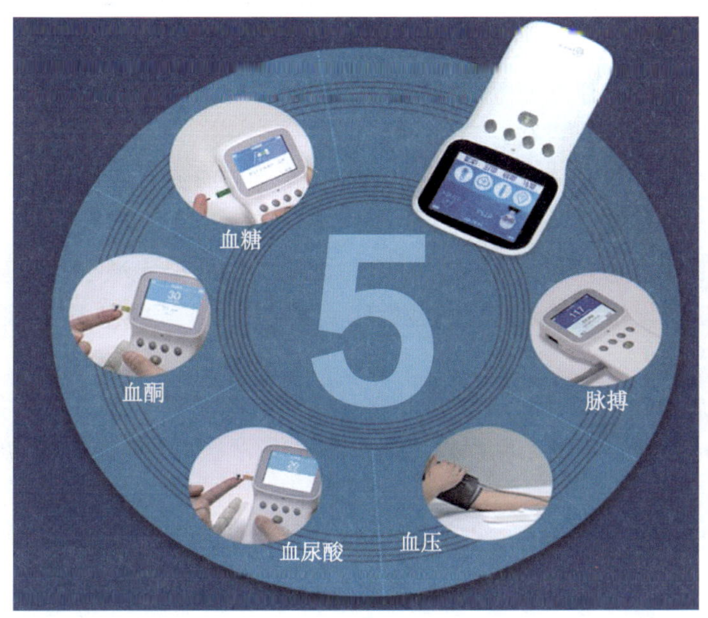

图 8-10　生命体征监测项目

（2）病情评估：学员应根据伤员的症状和体征评估病情的轻重，判断是否需要紧急转移，并采取适当的急救措施。

（3）心肺复苏后的护理：对于经过心肺复苏后的伤员，学员需要了解如何进行进一步的监护与护理，包括气道保护、心肺复苏后的体温管理、通气支持等。

3. 教学方法

为了确保学员能够全面掌握水域医疗救护中的基础医疗急救技术，教学方法应当注重理论与实践的结合，强调模拟演练和现场操作。具体的教学方法包括以下几个方面。

1）理论授课

理论授课是学习基础医疗急救技术的第一步，帮助学员建立起完整的知识框架。教学中应结合大量的案例，讲解水域急救的基础知识、急救操作流程、设备使用等内容。

（1）案例分析：教员通过分享水域救援事故案例，分析事件的应急反应和处理过程。通过案例分析，帮助学员了解在实际情况中如何应对各种挑战。

（2）多媒体教学：使用视频、PPT、图示等方式，直观展示急救技术的操作步骤，增强学员对技术细节的理解。

2）实践操作与模拟演练

实践操作是学习急救技术的关键环节，学员应通过模拟演练掌握实际操作技能。

（1）模拟急救场景：在安全的训练场地中，模拟水域事故发生后的急救场景，学员按照设定的情景进行急救操作。这可以帮助学员熟悉实际操作流程，提高应急处置能力。

（2）急救技术操作：教员指导学员进行心肺复苏、止血与包扎、气道管理等基础医疗急救技术的实际操作。通过手把手的训练，确保学员能够熟练掌握这些技术。

（3）模拟水域救援：模拟水域环境中的急救操作，如溺水急救、心肺复苏等。学员需要在模拟的水域环境中进行救援，学习如何快速有效地进行水域急救。

3）团队合作与沟通训练

水域急救通常涉及多方协调与配合，因此，团队合作和沟通技巧也应成为教学的一部分。

（1）小组合作训练：学员通过小组合作进行急救操作，模拟水域急救任务中的协作，增强团队协作能力。

（2）沟通技巧训练：在水域救援中，良好的沟通至关重要。学员需要通过角色扮演等方式，提高与他人合作时的沟通能力。

4. 常见问题及纠正方法

1）溺水急救

（1）常见问题：许多人误以为溺水者需要立即进行“控水”（如倒置身体拍

打背部)，或错误按压腹部排出水分，这样反而延误心肺复苏。

（2）纠正方法：

① 先判断呼吸心跳：检查溺水者是否有反应和呼吸，若无，则立即开始心肺复苏。

② 无需控水：呼吸道和肺部残留水分不影响通气，控水可能引发呕吐或误吸。

③ 按CAB顺序施救：先胸外按压（C），再开放气道（A），最后人工呼吸（B）。

2）低体温（失温）处理不当

（1）常见问题：对失温者直接搓揉肢体或用热水浸泡，可能导致复温休克或心脏骤停。

（2）纠正方法：

① 避免快速升温：用毛毯包裹身体核心区域（颈部、腋下、腹股沟），缓慢复温。

② 禁止饮酒或剧烈活动：酒精扩张血管加剧热量流失，剧烈活动可能诱发心室颤动。

③ 严重失温者侧卧：防止呕吐窒息，及时送医。

3）伤口处理忽视感染风险

（1）常见问题：水域中伤口易被污水污染，但急救时仅简单冲洗或直接涂抹药物，未彻底清创。

（2）纠正方法：

① 清洁消毒：用纯净水或生理盐水冲洗伤口，去除泥沙等异物。

② 避免密封包扎：湿润环境易滋生细菌，使用透气敷料覆盖。

③ 及时就医：深部伤口或动物咬伤需注射破伤风或抗生素。

4）脊柱损伤误搬动

（1）常见问题：对疑似脊柱损伤者（如跳水撞击头部）随意拖拽或背扶，会加重神经损伤。

（2）纠正方法：

① 固定头颈：双手托住头部两侧，保持头、颈、躯干成直线。

② 使用浮力设备：水中可用浮板或救生衣支撑身体，避免颈部弯曲。

③ 等待专业救援：非必要不移动，除非环境危险（如水域污染）。

5）误判呼吸停止

（1）常见问题：未正确判断溺水者是否呼吸停止，错过黄金抢救时间。

（2）纠正方法：

① 观察胸腹起伏：贴近口鼻听呼吸声，同时观察胸廓是否起伏。

② 检查脉搏：触摸颈动脉（喉结旁两指处）判断心跳。

③ 立即启动心肺复苏：若无呼吸心跳，立即以“30 次按压+2 次人工呼吸”循环操作。

6）癫痫或抽搐处理错误

（1）常见问题：强行按住抽搐者肢体或塞物品到口中，导致骨折或误吸。

（2）纠正方法：

① 保护头部：移除周围危险物品，垫软物防止头部撞击。

② 侧卧防窒息：抽搐停止后将伤员转为侧卧位，清理口腔异物。

③ 不限制活动：避免按压肢体，记录抽搐时间和表现，送医检查。

7）低血糖误当溺水处理

（1）常见问题：游泳者因低血糖出现意识模糊，被误判为溺水而错误施救。

（2）纠正方法：

① 询问病史：检查是否随身携带糖尿病标识或药物。

② 补充糖分：清醒者可口服含糖饮料，昏迷者切勿强行喂食。

③ 监测生命体征：保持呼吸道通畅，必要时送医。

5. 教学注意事项

（1）确保学员的安全：在进行水域模拟演练和现场教学时，必须严格保障学员的安全。特别是在水域环境中，必须为学员提供充分的安全保障装备，如急流救生衣、救援绳索等。

（2）强调实战性：教学过程中要注重实战性，确保学员能够在模拟场景中体验到真实的急救挑战，增强其应对现场紧急情况的能力。

（3）定期复训：基础医疗急救技术需要通过不断的复训来保持技能的更新与熟练度。教员应鼓励学员定期参加复训，以巩固所学的急救技术。

（4）引导学员反思与总结：在教学结束后，应引导学员进行反思与总结，总结急救中的得失，发现自己的不足之处，持续提高。

（5）团队协作与沟通的培养：水域急救往往是多人协同配合，因此，教学中应重点培养学员的团队合作和沟通技巧，以便在实际工作中能够紧密配合。

8.2 心肺复苏（CPR）急救技术

心肺复苏（CPR）急救技术是一种关键的急救技术（图 8-11），用于在心脏骤停或呼吸停止的情况下维持血液循环和氧气供应。及时且正确地实施 CPR 可以显著提高被救者的生存概率。

图 8-11 心肺复苏（CPR）急救技术

1. 教学日的

（1）掌握 CPR 的基本概念和原理：使学员了解 CPR 的定义、适应症以及其在急救中的重要性。

（2）熟悉 CPR 的操作步骤：通过详细的教学，确保学员掌握 CPR 的具体操作流程，包括胸外按压和人工呼吸的正确方法。

（3）提高应急反应能力：培养学员在紧急情况下的快速判断和决策能力，确保能够在关键时刻有效地实施 CPR。

（4）增强团队协作意识：通过模拟训练，提升学员在团队中的协作和沟通能力，确保在实际救援中能够与他人密切配合。

（5）培养安全意识和风险管理能力：使学员认识到 CPR 过程中的潜在风险，

掌握相应的安全操作规程和应急预案。

2. 教学内容

（1）CPR 的基本概念和原理：介绍 CPR 的定义、适应症、重要性以及在急救中的应用。

（2）CPR 的操作步骤：详细讲解 CPR 的具体操作流程（图 8-12），包括胸外按压和人工呼吸的正确方法。

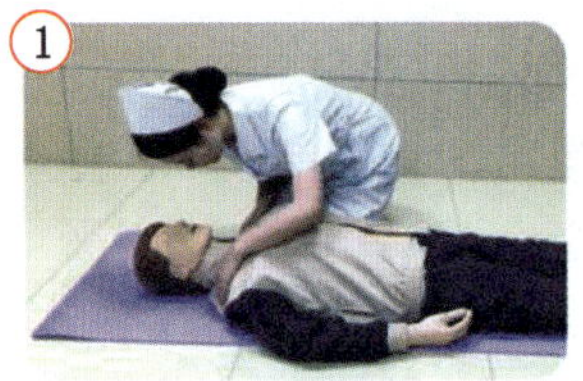

轻拍双肩，大声在双耳旁呼叫，确定无意识。

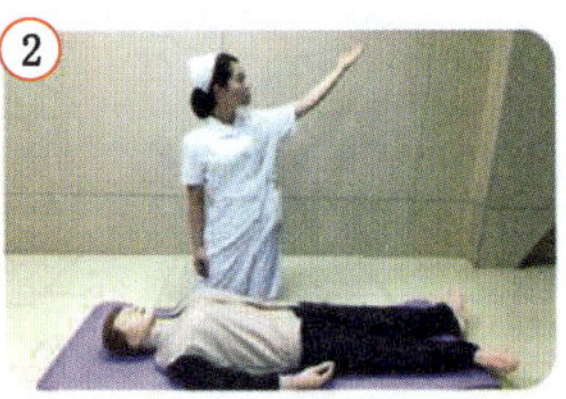

立即呼救，请他人协助紧急救援或立即拨打“120”救援。

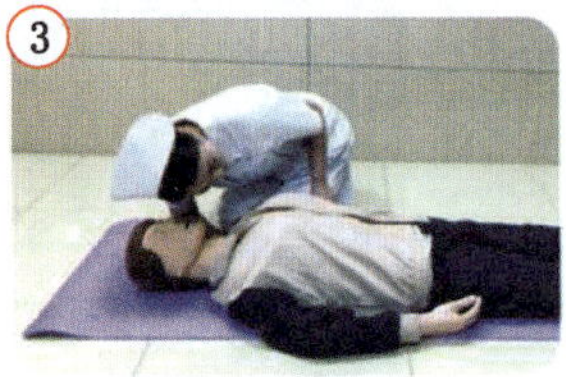

确定无脉搏(检查5～10 s)，同时看胸廓有无起伏。

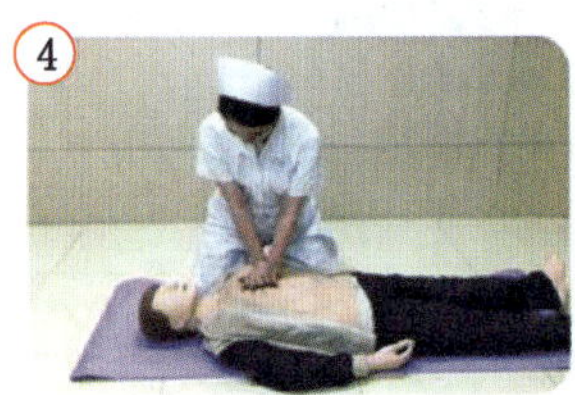

定好按压位置，胸骨下段按压30下，按压深度为5～6 cm，速率每分钟100～120次(双手垂直)。

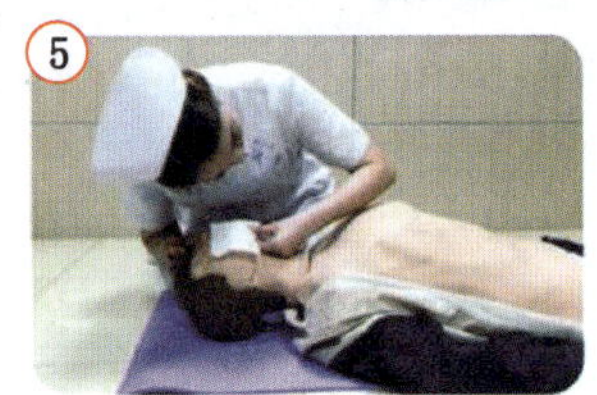

确定颈椎无损伤，打开气道，仰头抬颌法。

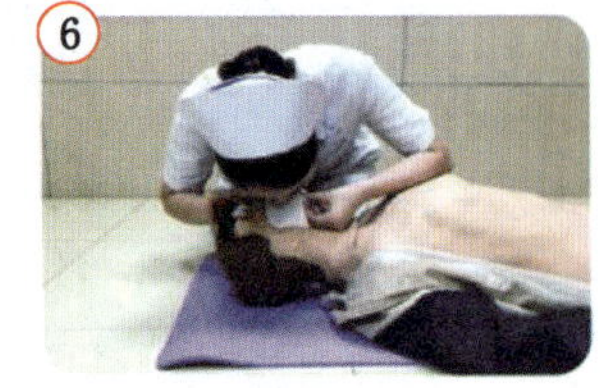

口对口吹气，吹气过程中要观察患者的胸廓是否被吹起。

图 8-12　操作流程

3. 教学方法

（1）理论授课：通过多媒体教学，系统讲解 CPR 的基本概念、原理、适应症以及操作流程。结合实际案例分析，帮助学员深入理解 CPR 的重要性和应用场景。

（2）模拟训练：利用模拟器或虚拟现实技术，创建多种 CPR 场景，让学员在安全环境中进行操作训练，熟悉各种情况的应对方法。

（3）实地演练：在实际环境中，组织学员进行 CPR 演练，模拟真实的急救场景，检验学员的操作技能和应急反应能力。

（4）案例分析：选取典型的 CPR 案例，进行深入分析，帮助学员了解成功的经验和失败的教训，提升解决实际问题的能力。

（5）小组讨论和角色扮演：通过小组讨论和角色扮演，增强学员的团队协作和沟通能力，培养其在复杂环境下的决策和执行能力。

（6）技能考核与反馈：通过实际操作考核学员的 CPR 技能，确保学员能够熟练掌握各类急救技术。对学员进行理论知识考试，确保学员对 CPR 的相关知识有深刻理解。根据考核结果，对学员进行个性化反馈，指出其优点和不足，帮助其进一步提高。

4. 常见问题及纠正方法

1）按压相关问题

（1）常见问题：按压位置偏移（如压到肋骨或腹部）。

纠正方法：对于成人，按压位置为两乳头连线中点，对于婴儿，按压位置为胸骨下半段（两乳头连线下方一指）；练习时在模型上标记正确位置，养成定位习惯。

（2）常见问题：按压深度不足或过深。

纠正方法：对于成人，按压深度为 5～6 cm（胸廓下陷约 1/3），对于儿童/婴儿，按压深度为胸廓 1/3 厚度；用上半身重量垂直下压，避免仅用手臂力量。

（3）常见问题：按压后胸廓未完全回弹。这样会造成心脏无法充分充盈，降低血液循环效率。

纠正方法：按压后手部放松，确保胸廓完全回弹再继续。

（4）常见问题：按压频率过快（>120 次/min）或过慢（<100 次/min）。

纠正方法：使用手机节拍器 App 辅助练习。

2）人工呼吸问题

（1）常见问题：吹气时未开放气道，气体无法进入肺部。

纠正方法：采用“仰头提颏法”，一手压额头，一手抬下颌，保持气道平直；吹气时观察胸部是否微微隆起（每次吹气 1 s）。

（2）常见问题：过度通气（吹气量过大或过快）。这样会导致胃胀气，引发呕吐误吸。

纠正方法：吹气量以胸部轻微隆起为准，避免用力过猛；按压与呼吸比例保持 30∶2（成人），单人施救时优先持续按压。

3）流程与操作误区

（1）常见问题：未判断环境安全和伤员反应就施救。

纠正方法：先确认环境是否安全（如是否触电、发生火灾等），轻拍伤员双肩并呼喊："先生/女士，您还好吗？"观察呼吸是否正常（胸腹起伏），若无反应且无呼吸/濒死喘息，立即进行 CPR。

（2）常见问题：按压中断时间过长（如检查脉搏、调整姿势）。

纠正方法：中断控制在 10 s 内，AED 分析心律时立即停止按压；双人轮换时需快速交接（建议每 2 min 换一次人）。

（3）常见问题：忽略 AED 使用或操作错误。

纠正方法：AED 到达后立即开机，按图示贴电极片；电击前确保无人接触伤员，电击后立即恢复按压。

4）心理与细节问题

（1）常见问题：因害怕犯错而不敢施救。

纠正方法：法律保护施救者，优先保证按压质量，即使不完美也能提高生存概率；可仅做持续胸外按压（适用于成人突发心脏骤停）。

（2）常见问题：未区分成人与儿童/婴儿的操作差异。

纠正方法：对于婴儿，用两指按压（单人）或双拇指环抱法（双人）；对于儿童，单手按压（深度为 2~3 cm），人工呼吸稍轻柔。

5. 教学注意事项

（1）确保学员安全：在进行 CPR 训练时，必须确保学员的安全。所有学员在训练过程中必须佩戴个人防护装备。在模拟训练和实地训练中，应有专业人员指导，避免因操作不当导致意外伤害。

（2）注重实践操作：理论知识固然重要，但实践操作更为关键。教学中应提供充足的实践机会，让学员亲自操作，熟悉各种急救方法和装备的使用。

（3）关注心理素质培养：CPR 训练不仅仅是技术操作的传授，更是培养学员的应急处理、团队合作和心理调适能力的综合教育。通过模拟紧急情况，训练学员在复杂环境下保持冷静，作出正确判断。

（4）强化团队协作训练：CPR 任务往往需要多人的协作，教学中应注重团队合作和沟通能力的培养，确保学员能够在团队中发挥作用，完成任务。

（5）评估与反馈：定期对学员进行评估，了解其掌握情况，及时调整教学策略。通过反馈，帮助学员认识到自身的优点和不足，促进其持续改进。

8.3 自动体外除颤器（AED）急救技术

自动体外除颤器（AED）是一种便携式医疗设备（图8-13），旨在通过自动分析伤员心律并在必要时提供电击治疗，帮助恢复正常心跳，从而挽救心脏骤停伤员的生命。AED的设计使其操作简便，即使是未经专业训练的人员也能在紧急情况下使用。

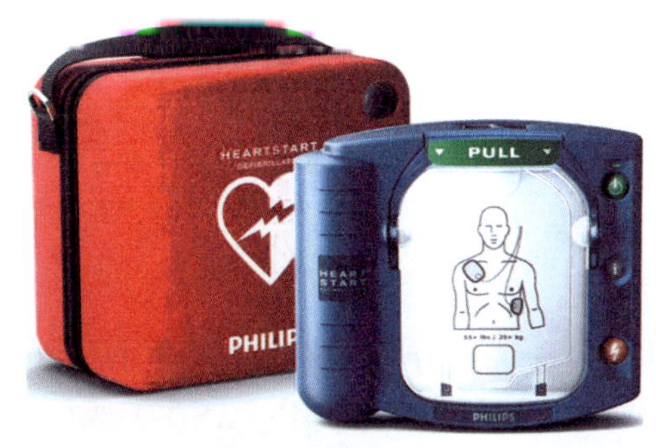

图8-13 自动体外除颤器（AED）

1. 教学目的

（1）理解AED的工作原理与适用场景：学员需要掌握AED的基本工作原理，了解其在心脏骤停（尤其是心室颤动或无脉性室性心动过速）抢救中的作用，明确AED的使用时机和适应症。

（2）掌握AED的操作流程：学员需要熟悉AED的标准操作步骤，包括开机、粘贴电极片、分析心律、实施电击等，确保在实际操作中能够快速、准确地完成每一步。

（3）培养快速反应能力：心脏骤停的抢救时间极为紧迫，学员需要通过模拟训练，培养在紧急情况下的快速判断和反应能力，确保能够在最短时间内获取AED并启动急救流程。

（4）提高操作规范性：学员需要掌握AED使用的关键细节，如正确粘贴电极片的位置、确保伤员周围环境安全、在电击前确保无人接触伤员等，以确保操作的安全性和有效性。

（5）与 CPR 的协同应用：学员需要理解 AED 与 CPR 的协同作用，掌握在 AED 分析心律和充电期间持续进行胸外按压的技巧，确保抢救过程的连续性。

（6）增强团队协作意识：在实际救援中，AED 的使用往往需要多人协作完成。学员需要学会在团队中分工合作，包括操作 AED、进行 CPR、气道管理等，确保救援行动高效有序。

（7）提升心理素质：心脏骤停是一种高压力、高风险的紧急情况。学员需要通过模拟训练，培养在高压环境下的心理承受能力，保持冷静并作出正确决策。

（8）普及 AED 急救知识：通过教学，学员不仅能够掌握 AED 的使用技能，还应具备向公众传授 AED 急救知识的能力，推动社会整体急救意识的提升，促进 AED 设备的普及与应用。

2. 教学内容

（1）AED 的基本概念和原理：介绍 AED 的定义、工作原理、适应症以及在急救中的应用。

（2）AED 的组成和功能：详细讲解 AED 的主要组成部分，如电极片、电池、显示屏等，以及各部分的功能和作用。AED 组成如图 8-14 所示。

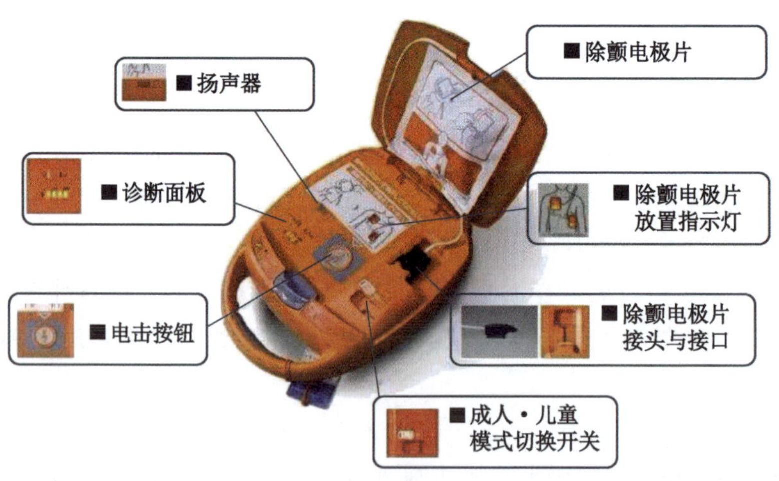

图 8-14　AED 组成

（3）AED 的操作流程：从识别心脏骤停开始，详细讲解如何使用 AED 进行除颤，包括电极片的正确放置、设备的启动、心律分析、电击的实施等步骤。

AED 操作流程如图 8-15 所示。

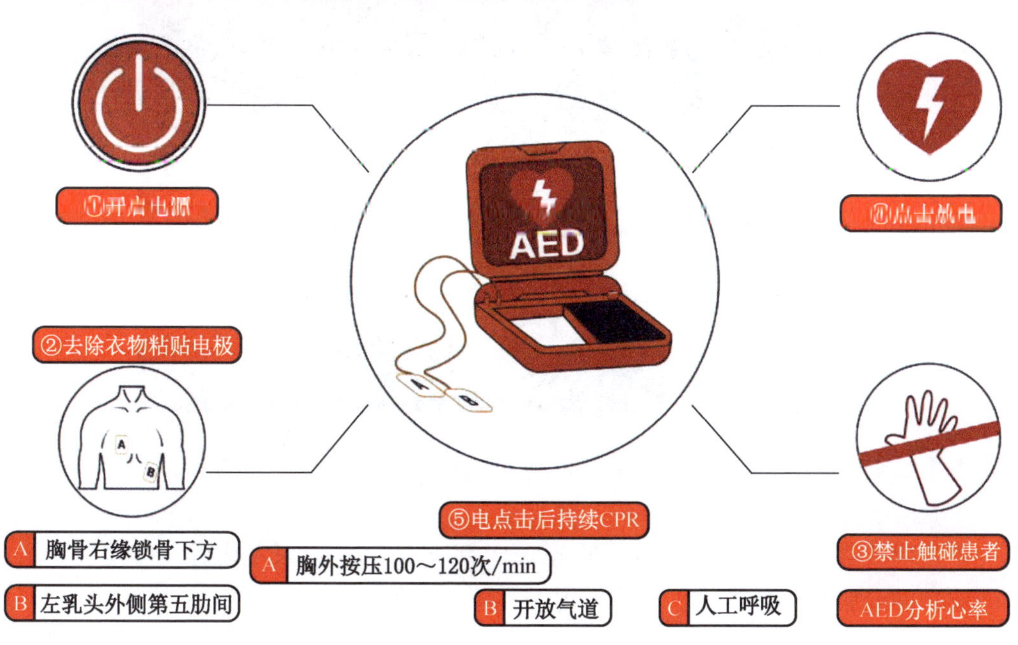

图 8-15 AED 操作流程

（4）AED 的维护和检查：教授学员如何定期检查和维护 AED，确保设备在紧急情况下的可靠性。

（5）AED 的使用注意事项：强调在使用 AED 时需要注意的事项，如避免在潮湿环境中使用、确保电极片与皮肤的良好接触、避免在除颤期间触摸伤员等。

3. 教学方法

（1）理论授课：通过多媒体教学，系统讲解 AED 的基本概念、原理、适应症以及操作流程。结合实际案例分析，帮助学员深入理解 AED 的重要性和应用场景。

（2）模拟训练：利用模拟器或虚拟现实技术，创建多种 AED 使用场景，让学员在安全环境中进行操作训练，熟悉各种情况的应对方法。

（3）实地演练：在实际环境中，组织学员进行 AED 演练（图 8-16），模拟真实的急救场景，检验学员的操作技能和应急反应能力。

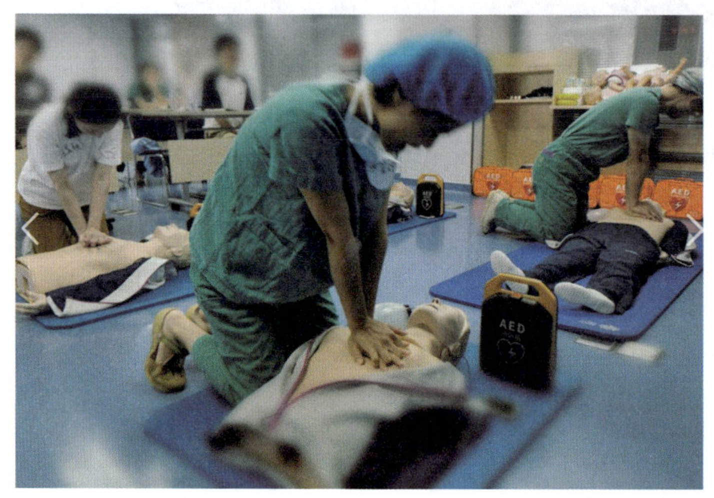

图 8-16　AED 演练

（4）案例分析：选取典型的 AED 使用案例，进行深入分析，帮助学员了解成功的经验和失败的教训，提升解决实际问题的能力。

（5）小组讨论和角色扮演：通过小组讨论和角色扮演，增强学员的团队协作和沟通能力，培养其在复杂环境下的决策和执行能力。

（6）技能考核与反馈：通过实际操作考核学员的 AED 使用技能，确保学员能够熟练掌握各类急救技术。对学员进行理论知识考试，确保学员对 AED 的相关知识有深刻理解。根据考核结果，对学员进行个性化反馈，指出其优点和不足，帮助其进一步提高。

4. 常见问题及纠正方法

1）未及时开启 AED

（1）常见问题：发现伤员无反应后，未立即取用 AED 或开机延迟。

（2）风险：延误最佳除颤时间（心脏骤停后 35 min 内除颤效果最佳）。

（3）纠正方法：

① 立即行动：发现伤员无反应且无呼吸后，第一时间派人取 AED 并开机。

② 边操作边准备：在等待 AED 时，持续进行胸外按压。

2）电极片粘贴位置错误

（1）常见问题：电极片未按标准位置（右上胸+左腋下）粘贴，或左右颠倒。

（2）风险：影响 AED 心律分析准确性或除颤效果。

（3）纠正方法：

① 成人标准位置：右侧电极片在右锁骨下方，胸骨右侧；左侧电极片在左腋前线，乳头外侧。

② 儿童/婴儿：部分 AED 提供儿童电极片，需按图示粘贴（前后或左右位置）。

3）分析心律时未停止触碰伤员

（1）常见问题：AED 分析心律时未停止按压或触碰伤员身体。

（2）风险：干扰心律分析，导致误判或无法识别可除颤心律。

（3）纠正方法：

① 严格遵循语音提示：听到“停止接触伤员”时，立即停止所有动作，确保无人触碰伤员。

② 保持距离：分析期间施救者退后一步，避免干扰。

4）忽略伤员胸部处理

（1）常见问题：未清除伤员胸部水分、药物贴片或金属物品直接贴电极片。

（2）风险：电流传导异常，可能引发烧伤或除颤无效。

（3）纠正方法：

① 快速处理胸部：擦干胸部汗水或水渍；撕除药物贴片（如硝酸甘油贴）并擦拭残留药物；移除金属饰品（项链、胸针）。

② 胸毛过多：若电极片无法贴合，用备用剃刀剃除胸毛。

5）未按提示进行除颤

（1）常见问题：AED 提示“建议除颤”时因犹豫未放电，或错误放电（如伤员已恢复意识）。

（2）风险：错过最佳除颤时机，或对无须除颤者造成伤害。

（3）纠正方法：

① 严格遵循 AED 指令：当设备提示“建议除颤”时再按下放电按钮。

② 确保安全：放电前确认无人接触伤员，高声喊“所有人离开！”

6）除颤后未立即恢复 CPR

（1）常见问题：除颤后等待 AED 重新分析心律，未立即恢复 CPR。

（2）风险：中断按压时间过长，降低循环支持效果。

(3) 纠正方法:

① 除颤后立即按压: 放电完成后, AED 会提示 "开始 CPR", 立即以 30∶2 比例进行按压和人工呼吸。

② 持续循环: 每 2 min AED 自动重新分析心律, 其间勿中断按压。

7) 误判伤员状态

(1) 常见问题: 对仍有呼吸或脉搏的伤员使用 AED。

(2) 风险: AED 可能对正常心律者错误放电。

(3) 纠正方法:

① 先判断指征: 仅对无反应、无呼吸 (或仅有濒死喘息) 的伤员使用 AED。

② 无须除颤的情况: 若伤员恢复呼吸或移动, 立即停止 AED 并监测生命体征。

8) 设备维护不足

(1) 常见问题: AED 电池电量不足、电极片过期或未定期自检。

(2) 风险: 紧急时刻设备无法正常工作。

(3) 纠正方法:

① 定期检查: 每月确认 AED 状态指示灯为绿色, 电极片在有效期内。

② 公共场所责任: 指定专人管理, 定期参加设备维护培训。

5. 教学注意事项

(1) 确保学员安全: 在进行 AED 训练时, 必须确保学员的安全。所有学员在训练过程中必须佩戴个人防护装备。在模拟训练和实地演练中, 应有专业人员指导, 避免因操作不当导致意外伤害。

(2) 注重实践操作: 理论知识固然重要, 但实践操作更为关键。教学中应提供充足的实践机会, 让学员亲自操作, 熟悉各种急救方法和设备的使用。

(3) 关注心理素质培养: AED 训练不仅仅是技术操作的传授, 更是培养学员的应急处理、团队合作和心理调适能力的综合教育。通过模拟紧急情况, 训练学员在压力环境下保持冷静, 作出正确判断。

8.4 潜水员出水后的急救处理技术

潜水医疗救护中的潜水员出水后的急救处理是潜水员安全管理中的一个关键环节。在潜水救援中, 由于水下环境特殊, 潜水员可能会面临多种紧急情况, 包

括缺氧、溺水、减压病、低温症等，若不能及时有效地进行急救，可能会导致严重的生命安全问题。因此，潜水员出水后的急救处理不仅是潜水员安全管理的重要内容，也是潜水医疗救护的核心部分。

1. 教学目的

潜水员出水后的急救处理教学，旨在使学员具备在潜水员从水中安全脱离后，能够迅速识别潜水员的健康状况，采取正确的急救措施，最大限度地减少潜水伤害，保障潜水员的生命安全的能力。

（1）提高急救能力：教学的主要目的是提高学员对出水后的潜水员的急救能力，特别是在面对潜水员的急性病症（如减压病、缺氧、溺水后综合症等）时，能够迅速、有效地作出正确判断并采取适当的急救措施。

（2）强化病情评估能力：学员需要掌握如何对潜水员的健康状况进行快速评估，特别是在潜水员出水后的短时间内，迅速判断其是否存在潜水相关的急性病症，以及需要采取的急救措施。

（3）掌握潜水急救技能：学员需学习多种急救技能，包括心肺复苏、人工呼吸、止血、包扎、减压病、低温症的处理等，确保能够对潜水员的急性病症进行有效的处理。

（4）提高应急反应和决策能力：在潜水员出水后的急救处理中，学员需要在有限的时间内作出迅速且准确的决策，避免因急救不当造成二次伤害。因此，教学的目的是提升学员在应急情况下的快速处置能力和决策能力。

（5）培养团队协作与沟通能力：潜水急救往往需要多人协作，尤其是在大规模事故或突发紧急情况时。学员应学习如何与其他救援人员有效配合，提高团队协作能力，确保急救过程顺利进行。

（6）保障后续治疗与转移：在急救过程中，不仅要确保潜水员的短期生命安全，还要为后续治疗争取宝贵的时间。教学中要讲解如何在急救后，及时将潜水员转移到专业医疗机构进行进一步治疗，确保急救效果的延续。

2. 教学内容

潜水员出水后的急救处理内容涉及广泛，主要包括健康评估、常见病症的急救处理、急救设备与工具的使用、后续处理与转移等。

1）健康评估

潜水员一旦安全出水，急救人员必须对其进行全面的健康评估，判断其是否存在急性潜水相关疾病。健康评估的主要内容如下：

（1）评估意识状态：判断潜水员是否清醒，是否存在昏迷、失去意识等情况。

（2）评估呼吸与心跳：检查潜水员的呼吸是否正常，是否有气道阻塞、呼吸困难、无呼吸等情况；检查是否有心跳停止的现象。

（3）评估伤情与创伤：判断潜水员是否有创伤或出血，尤其是在高压环境下潜水时，可能会出现气泡栓塞或内脏损伤等情况。

（4）评估潜水病症：检查潜水员是否有减压病，其症状包括剧烈的关节疼痛、呼吸困难、胸痛等。

2）常见病症的急救处理

在潜水员出水后，急救人员需重点关注以下与潜水相关的常见急性病症并及时处理：

（1）减压病：减压病（图 8-17）是由潜水过程中，气体溶解在体内组织中的氮气快速释放所引发的。学员应掌握减压病的症状（如关节疼痛、呼吸困难、意识丧失等），以及如何进行初步的急救处理，确保潜水员尽快得到医疗救援。

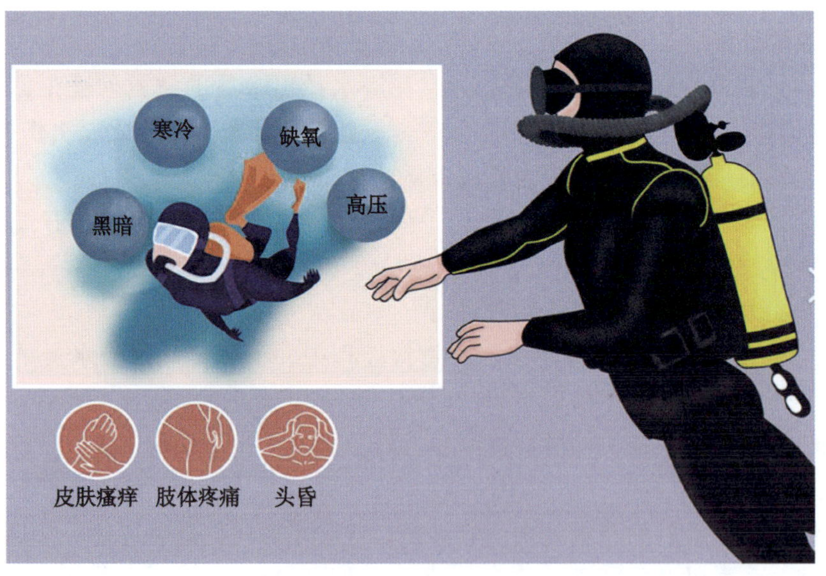

图 8-17　减压病

（2）溺水后综合症：溺水后，潜水员可能会出现呼吸困难、咳嗽、胸痛等

症状。学员应学习如何在潜水员出水后对其进行人工呼吸或心肺复苏，使其恢复自主呼吸和自主循环。

(3) 低温症：潜水员如果长时间暴露在低温水域中，可能出现低温症（图8-18），如冻伤、低体温等。学员需掌握如何识别低温症并进行急救，如将潜水员移至温暖环境、使用温水浸泡等。

图 8-18　低温症

3) 急救设备与工具的使用

潜水急救中，合理使用急救设备和工具对于提高急救效率至关重要。教学中需要讲解以下设备的使用：

(1) 氧气瓶与急救设备：在潜水员出水后，氧气瓶可用于为潜水员提供额外的氧气，缓解缺氧症状。学员应掌握氧气瓶的使用方法。

(2) 救生浮具与担架：用于将潜水员从水中转移到安全区域，学员应学会如何使用救生浮具和担架。

（3）急救药品与止血带：学员应了解急救药品的种类、使用方法，以及止血带等止血工具的正确应用。

4）后续处理与转移

（1）及时转移：在初步急救后，潜水员需要尽快转移到医疗机构进行进一步治疗。学员应了解如何在确保潜水员稳定的情况下，使用救生浮具、担架等工具，将潜水员安全转移到岸上或医院。

（2）与医疗团队沟通：学员应学会如何与医疗团队进行有效的沟通，传达潜水员的病情、急救处理过程以及所需进一步治疗的措施。

3. 教学方法

（1）理论授课与案例分析：理论授课是教学的基础，学员通过聆听课堂讲解，了解潜水员出水后的常见急症、急救措施以及相关的生理原理。同时，通过案例分析，学员可以从实际的潜水事故中汲取经验，有助于加深对急救的理论和实践操作的理解。

（2）模拟训练与实操演练：在模拟训练中，学员可以通过角色扮演的方式，模拟潜水员出水后的急救场景。通过模拟溺水、减压病、高压症等紧急情况，学员能够在安全的环境中实践急救技能。模拟训练有助于提高学员的应急反应速度和实际操作能力。

（3）分组合作与小组讨论：在急救过程中，团队协作至关重要。通过分组合作训练，学员可以学会如何与其他急救人员协调合作，明确分工，提高急救效率。小组讨论可以帮助学员交流心得体会，分析潜水员急救中的难点和解决方案。

（4）反复演练与情境模拟：为了提高学员应对复杂急救场景的能力，教学中要反复进行各种情境模拟，让学员在不同的场景下进行应急处置。通过不断演练，学员能够熟悉潜水急救的各个环节，提升实际应急能力。

（5）反馈与评估：教学过程应设置定期的反馈环节，及时评估学员对急救技能的掌握情况。通过反馈，教员可以针对学员的薄弱环节进行个性化指导，帮助学员弥补不足，全面提升急救能力。

4. 常见问题及纠正方法

1）未及时识别减压病或动脉气栓

常见问题：忽略关节疼痛、皮疹、头晕、意识模糊、呼吸困难等症状，误以为是疲劳。

风险：延误高压氧治疗，可能导致永久性神经损伤或死亡。

纠正方法：任何异常症状（尤其是出水后 4 h 内）均视为疑似减压病或气栓；立即让伤员平躺，避免站立或移动，提供 100% 纯氧并联系专业医疗救援。

2）错误处理肺气压伤或气胸

常见问题：让伤员坐起或自行活动，可能加重气胸或气栓扩散。

风险：胸腔内气体压迫肺部或心脏，导致循环衰竭。

纠正方法：保持伤员平躺（呼吸困难者可半卧位），避免剧烈咳嗽或用力呼吸；立即吸氧并联系紧急医疗转运（需高压氧舱治疗）。

3）未正确供氧

常见问题：使用普通空气面罩或低浓度氧气，未持续供氧。

风险：无法缓解气泡扩大，加重组织损伤。

纠正方法：使用呼吸面罩提供 100% 纯氧，持续至专业医疗接管；若氧气不足，优先保证伤员平静呼吸，避免过度换气。

4）忽视体温管理

常见问题：未及时给伤员保暖，导致低体温或寒战。

风险：低体温加剧代谢紊乱，寒战增加耗氧量。

纠正方法：用干衣/毛毯包裹伤员，避免直接加热（如热水浴），以防外周血管扩张加重气栓；若清醒，可提供温水（勿饮酒或咖啡）。

5）误判溺水或误吸海水

常见问题：过度拍背倒水或实施腹部冲击法（海姆立克）。

风险：延误心肺复苏，或导致呕吐误吸。

纠正方法：若伤员无呼吸，立即开始 CPR（无须倒水）；若有呼吸但呛水，保持侧卧位防止误吸，清理口鼻异物。

6）未监测神经系统症状

常见问题：仅关注身体疼痛，忽略视力模糊、言语障碍、肢体无力等神经损伤表现。

纠正方法：定期检查伤员意识状态、瞳孔反应和肢体活动能力；记录症状变化，向医疗人员详细报告潜水数据（深度、时间、气体类型）。

5. 教学注意事项

（1）确保安全：在所有实操演练和模拟训练中，学员的安全是首要考虑的因素。必须确保训练场地的安全性，急救器材的完好性，避免发生任何二次事故。

（2）因材施教：学员的基础和能力水平差异较大，因此教学过程中需要根据学员的实际情况进行个性化调整。对基础较弱的学员进行更多的引导和帮助，确保所有学员都能掌握核心急救技能。

（3）注重心理素质培养：潜水急救涉及较强的应急反应与决策能力，因此在教学中要注重心理素质的训练。学员应学会在高压环境下保持冷静，作出快速而准确的决策。

（4）强调实际操作：急救技能的掌握离不开实际操作，因此在教学过程中，必须安排大量实操训练，确保学员能够将理论知识转化为实际操作能力。

（5）后续支持与追踪：教学结束后，应提供后续的支持与追踪，帮助学员在实际工作中运用所学知识，定期进行复训，巩固急救技能。

8.5 减压病的预防与处理

潜水救援，特别是深潜和长时间潜水，可能导致减压病（decompression sickness，DCS），也称潜水病。这种病症通常是由于潜水员在水下长时间暴露于高压环境中，体内溶解的气体（主要是氮气）在上升过程中未能逐渐释放，导致气泡在体内形成，进而对组织和器官造成损伤。减压病通常在潜水员升至水面后出现症状，并且若处理不当，可能导致严重的生理损伤甚至死亡。因此，潜水员在进行深潜或长时间潜水时，必须采取适当的预防措施，确保潜水过程的安全，并掌握及时有效的急救措施来处理减压病。

1. 教学目的

减压病的预防与处理是潜水医疗救护中至关重要的一部分。教学的主要目的是使学员了解减压病的相关知识，掌握其预防措施，并学习如何在潜水员出现减压病症状时，进行正确的处理和急救。具体的教学目的如下：

（1）提高学员对减压病的认识：使学员全面理解减压病的成因、症状、诊断和预防措施，增强其对潜水过程中可能发生的减压病的警觉性。

（2）教授减压病的预防技术：使学员掌握如何通过合理的潜水计划、正确的潜水操作、适当的升降速率以及使用减压表等工具来有效预防减压病的发生。

（3）掌握减压病的紧急处理：使学员学会如何识别减压病的早期症状，并能够采取恰当的急救措施，如氧气治疗、转移至高压氧舱治疗等。

（4）提升学员应对减压病的应急反应能力：教学的最终目的是帮助学员在面对减压病的突发情况下，能快速判断并采取有效的急救措施，确保潜水员尽可能不受到进一步的伤害。

（5）提高团队协作与沟通能力：教学中强调团队协作，特别是当减压病发生时，潜水员与其他潜水员、急救人员及医疗团队的协调配合至关重要。学员应学会如何与他人有效沟通并共同完成救援工作。

2. 教学内容

1）减压病的基础知识

首先，学员必须对减压病的基本概念、成因及机制有清晰的了解。

（1）减压病的定义：减压病（图 8-19）是由于潜水员在潜水过程中吸入了过量的氮气，随着压力的减轻，氮气在体内过快释放形成气泡，造成身体组织和器官损伤的病症。

• 在高压环境下停留一定时间后，突然回到常压下，溶解于体内的氮气游离出来引发的疾病。

• 2.0 ATA的高压氧治疗，在安全过饱和范围内，不会发生减压病。

图 8-19 减压病

（2）潜水过程中的气体溶解与释放：在潜水过程中，氮气会溶解在潜水员的血液和组织中，随着潜水深度的增加，氮气的溶解度增大；当潜水员上升到水面时，压力降低，体内溶解的氮气需要逐步释放，如果上升过快，气泡无法正常释放，进而引发减压病。体内氮气溶解与释放如图 8-20 所示。

（3）气泡形成与组织损伤：氮气在体内形成的气泡可能进入血液循环，阻塞血管，或停留在组织中，导致细胞、器官的损伤。气泡还可能对神经系统、关节、肺部和心血管系统造成严重影响。体内氮气形成如图 8-21 所示。

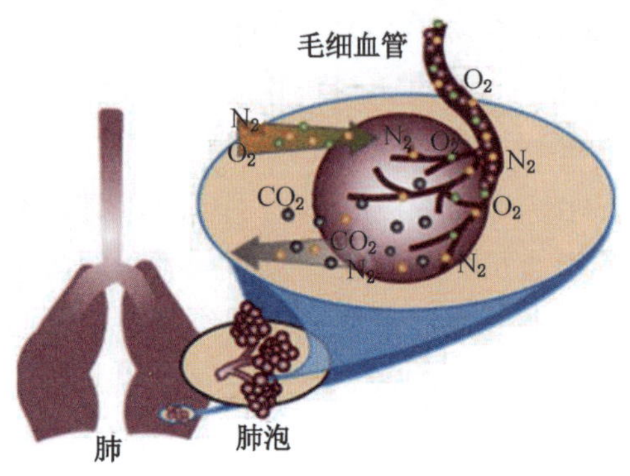

图 8-20　体内氮气溶解与释放

图 8-21　体内氮气形成

（4）减压病的分类：减压病可以分为类型Ⅰ和类型Ⅱ。

类型Ⅰ：主要影响关节和皮肤，症状包括关节疼痛、皮肤红肿等。

类型Ⅱ：主要影响神经系统、呼吸系统和心血管系统，症状包括呼吸困难、昏迷、心脏骤停等。

2）减压病的症状与诊断

学员需要熟悉减压病的症状，了解如何快速诊断减压病。

初期症状：关节和肌肉剧烈疼痛（如膝盖、肩膀和肘部）；皮肤出现发红、发热或瘙痒；呼吸困难、胸痛；恶心、呕吐；头晕、头痛、耳鸣。

严重症状：意识丧失、昏迷；神经系统损伤（如运动协调失常、语言困难、失明等）；心脏骤停、休克等。

诊断要点：减压病的诊断通常依赖于潜水员的潜水历史和症状。急救人员需通过询问潜水员的潜水深度、潜水时长、升降速度等信息，结合临床症状判断是

否为减压病。

3）减压病的预防措施

预防减压病的关键在于控制潜水过程中的压力变化和升降速度。教学内容应包括以下方面：

（1）正确的潜水计划：潜水员在进行深潜或长时间潜水前，需制定合理的潜水计划，包括最大潜水深度、潜水时间和上升速率。应避免过度疲劳或过长的潜水时间，避免冒险潜水。

（2）使用减压表与潜水计算机：减压表是潜水员在潜水过程中监控氮气吸收情况的重要工具。学员应学习如何正确使用减压表和潜水计算机（图 8-22），确保潜水员在规定的安全范围内潜水。

图 8-22　潜水计算机

（3）逐步上升：潜水员上升时，升速不应超过规定的上升速度（一般为 9 m/min），并且需要在浅水区停留一段时间，进行减压停留，帮助体内的氮气逐渐排出。

（4）避免酒精与药物：酒精和某些药物会增加减压病的风险，潜水员严禁在潜水前饮酒和用药。

（5）充分休息：在每次潜水救援之间，应给予足够的时间休息，以便体内的氮气逐渐排出。

4）减压病的紧急处理

当减压病发生时，能否进行及时有效的急救处理对潜水员的生死存亡至关重要。教学中需要包括以下内容：

（1）立即给予纯氧：给潜水员提供高浓度氧气（通过氧气面罩或氧气瓶给氧），帮助其体内的氮气更快地排出。提供氧气的时间和浓度非常关键，一般需要持续供氧至少 1 h。

（2）立即转移至高压氧舱：高压氧治疗是减压病的首选治疗方式。教学中要强调，当潜水员出现严重症状时，必须尽快将其转移到高压氧舱（图 8-23）进行治疗。高压氧治疗可以有效地减少气泡体积，促进氮气的排出。

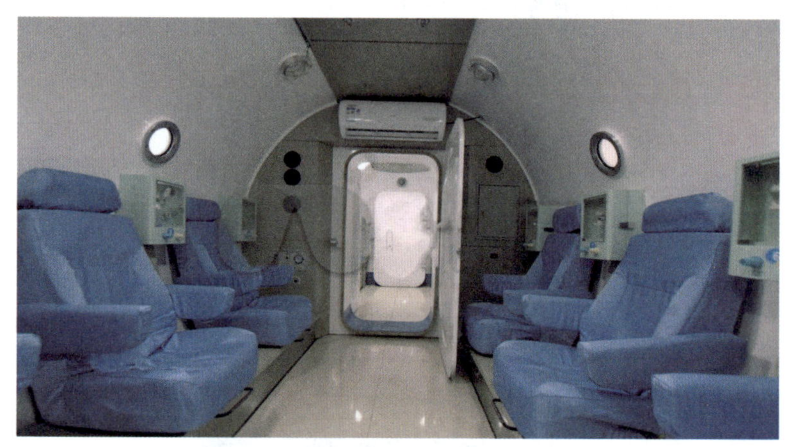

图 8-23　高压氧舱

（3）维持生命体征：在转移至高压氧舱的过程中，急救人员应持续监测潜水员的生命体征，必要时进行心肺复苏、人工呼吸等急救措施。

（4）处理并发症：如果潜水员出现并发症（如休克、呼吸困难等），急救人员需根据具体症状采取相应的处理措施，如使用止血药物、保持通气等。

5）后续管理与恢复

减压病的治疗不仅仅是立即的急救，潜水员的恢复过程同样重要。学员需掌握以下内容：

（1）康复期的管理：在接受高压氧治疗后，潜水员仍需进行一段时间的观察和康复，特别是在出现神经系统损伤的情况下。学员应了解如何为潜水员提供后续的医疗支持和康复训练。

（2）防止复发：经过治疗的潜水员需特别注意避免再次潜水，直到完全康

复。康复过程中，潜水员应严格遵循医生的建议，避免再次发生减压病。

3. 教学方法

在潜水医疗救护中，特别是针对减压病的预防与处理，教学方法的选择至关重要。一个高效的教学方法不仅能够帮助学员全面理解减压病的相关知识，还能确保他们能够在实际急救中迅速作出准确的判断和操作。针对该主题的几种教学方法及其具体实施方式如下。

1）理论授课与互动讲解

理论授课是基础，主要目的是帮助学员掌握减压病的基础知识，包括生理原理、减压病的症状、急救处理方法等。这个环节中，教员通过 PPT、讲解及图示，帮助学员理解潜水时气体溶解与释放的原理、减压病的不同类型、减压病的处理流程等关键内容。实施方式如下：

（1）多媒体辅助教学：使用视频、动画或虚拟现实技术展示潜水中的氮气溶解与释放过程，让学员直观地理解减压病的生理机制。

（2）提问互动：在授课过程中定期向学员提问，通过互动引导学员思考，促进学员对知识的理解和记忆。例如，讲解潜水员的潜水计划时，询问学员如何确定最大潜水深度和潜水时间。

（3）概念图绘制：在讲解减压病的不同类型和症状时，通过绘制概念图帮助学员理解各类症状之间的关系，便于记忆。

2）案例分析与情境模拟

通过真实案例或模拟场景分析，帮助学员更加深入地理解减压病的发生机制及其急救处理。在减压病的应急处理中，学员往往需要在高压力的环境下迅速作出决策和反应。案例分析能模拟实际工作场景，帮助学员增强应急反应能力。实施方式如下：

（1）真实案例分享：教员分享历史上的潜水事故案例，分析减压病的成因、发生过程及处理过程。学员通过讨论和分析，了解实际情况中的复杂性，并学会如何处理类似问题。

（2）情境模拟：设置模拟的潜水事故场景（如潜水员出现减压病症状的场景），让学员扮演不同角色（如急救人员、潜水员、协作团队等），进行应急响应的模拟训练。通过模拟训练，学员能够在压力环境下锻炼判断力、决策力和团队协作能力。

（3）分组讨论：在案例分析后，学员分小组讨论如何处理减压病，提出自己的应急处理方案。通过集体讨论，学员能够获得不同的处理思路和方法，促进知识的深入理解。

3）反复实操训练与技能演练

减压病的处理离不开实际操作，因此，实操训练是提升学员急救能力的重要环节。教学中的实操部分需要进行反复训练，以帮助学员掌握氧气治疗、高压氧治疗、心肺复苏等急救技能。模拟场景的频繁训练，能大大提高学员在实际急救过程中反应的速度和准确性。实施方式如下：

（1）氧气治疗训练：教学中要设置专门的训练环节，让学员模拟为潜水员提供氧气治疗，确保学员能够熟练掌握氧气面罩或氧气瓶的使用技巧，能够在紧急情况下迅速有效地提供治疗。

（2）心肺复苏训练：通过反复的心肺复苏训练，学员能够在潜水员因减压病出现心脏骤停时，立刻采取正确的急救措施。

（3）高压氧舱训练：尽可能安排学员参观或体验高压氧舱，通过模拟高压氧治疗过程，学员能够熟悉这一处理流程。通过实际操作，学员能够了解高压氧治疗的使用方法和潜水员转移时需要注意的事项。

（4）分组轮换实操：在大型培训班中，可以将学员分成多个小组，轮流进行不同的实操训练。这样可以保证每位学员都有充分的机会进行练习，并通过互相观察和学习，提高整体技能水平。

4）虚拟仿真技术应用

虚拟仿真技术是近年来越来越多教育领域采用的新型教学方法。利用虚拟现实（VR）技术或增强现实（AR）技术进行减压病的预防与处理的模拟，可以为学员提供更加真实和沉浸的训练体验。在虚拟环境中，学员可以进行潜水操作、模拟减压病症状发生及处理过程。实施方式如下：

（1）虚拟潜水训练：使用 VR 设备进行潜水模拟，让学员体验真实的潜水环境，并在虚拟场景中进行升降操作，让学员感受不同深度的气体溶解变化。通过虚拟潜水，学员可以理解潜水过程中可能出现的减压病风险。

（2）减压病诊断与处理模拟：在虚拟环境中，学员可以模拟当潜水员出现减压病症状后，对其进行症状识别、氧气治疗等操作。虚拟训练能够将学员的操作与反馈结合，进行即时评估和优化。

5）角色扮演与团队协作训练

减压病的处理不仅仅是一个人的任务，急救团队的协作与分工对于急救效果

的提高至关重要。因此，教学中应该加强团队协作训练，让学员学会如何在团队中发挥自己的作用，并与他人配合完成减压病的处理任务。实施方式如下：

（1）角色扮演：将学员分成多个小组，每个小组内成员扮演不同角色（如潜水员、急救员、医疗团队成员等）。学员根据情境进行角色扮演，模拟减压病的发生和应急处理，训练如何与团队成员协作。通过角色扮演，学员能够提高自身的沟通协调能力。

（2）模拟实战演练：设计复杂的模拟情境，要求学员在规定时间内组队解决问题。通过模拟场景中的多方合作，学员能够练习如何协调处理紧急情况，提高实际急救效率。

（3）团队协作竞赛：教员可以设计一些紧急情况下的救援任务，组织团队协作竞赛。通过比赛，激发学员的应急处置能力，并增强团队之间的协作与配合。

6）反馈与持续评估

在教学过程中，及时的反馈是提高学员技能的关键。通过反馈环节，学员能够认识到自己在处理减压病时的不足，并加以改进。同时，定期评估有助于了解学员的学习进度，确保他们能够掌握所需的技能。实施方式如下：

（1）定期考核与测试：通过理论测试、操作测试等多种形式，定期评估学员对减压病相关知识和技能的掌握情况。通过测试，教员可以了解学员的学习进展，并根据结果调整教学策略。

（2）演练后反馈：每次实操训练或情境模拟后，教员应对学员的表现给予及时反馈，指出其做得好的方面和需要改进的地方。通过正面的鼓励和建设性的意见，帮助学员不断提升技能水平。

（3）小组评估：组织小组讨论，学员在讨论中对彼此的表现进行评估与建议。通过集体的评估，学员可以从他人的视角看到自己不足的地方，从而提高自身的应急处理能力。

7）后续支持与复训

潜水急救技能的掌握并非一蹴而就，学员在初期学习后还需要进行后续支持和复训。因此，教学应该注重为学员提供持续的学习和技能培训。实施方式如下：

（1）持续更新知识：潜水急救领域在不断发展，新的技术和工具可能会被引入。学员应定期参加培训，了解新的预防方法和急救技巧。

（2）定期复训与技能更新：教育机构可以安排每年一次的复训课程，帮助学员回顾和巩固急救技能，并学习最新的技术。

（3）建立学习平台：提供一个学员可以互相交流、分享经验的学习平台，帮助学员在实际工作中互相帮助，提升整体急救能力。

4. 常见问题及纠正方法

1）忽略停留减压或上升速度过快

常见问题：潜水后未按计划停留减压，或上升速度超过 9 m/min。

风险：氮气快速析出形成气泡，导致关节痛、神经损伤甚至瘫痪。

纠正方法：严格遵循潜水电脑表或减压表的停留时间；控制上升速度，使用浮力装置（BCD）辅助稳定上升。

2）重复潜水间隔时间不足

常见问题：连续多次潜水未留足够间隔，体内残留氮气未充分排出。

风险：叠加氮气负荷，大幅增加减压病风险。

纠正方法：使用潜水电脑表计算重复潜水安全间隔；遵循“保守模式”设置，延长水面休息时间（如 2 h 以上）。

3）潜水后立即乘飞机或登山

常见问题：潜水后 24 h 内乘飞机或前往高海拔地区。

风险：外界压力骤降，诱发气泡形成。

纠正方法：单次非减压潜水后至少等待 12 h，多次或减压潜水后等待 18~24 h 再乘飞机；避免潜水后立即登山或进入高原地区。

4）未保持良好身体状态

常见问题：脱水、疲劳、肥胖或饮酒后潜水。

风险：体液不足或代谢异常，减缓氮气排出效率。

纠正方法：潜水前充分补水（避免饮用含咖啡因饮料）；避免饮酒，保持充足睡眠，控制体重。

5）忽视轻微症状或延误治疗

常见问题：误将关节痛、皮疹或疲劳视为正常反应，未及时就医。

风险：症状可能迅速恶化，导致永久性损伤。

纠正方法：任何疑似症状（如皮肤瘙痒、关节痛、头晕）均需立即停止活动；立即吸纯氧，并联系紧急医疗救援，优先送往高压氧舱治疗。

6）未正确使用应急氧气

常见问题：现场未配备急救氧气，或吸氧方法错误（如低浓度、间断使用）。

纠正方法：潜水团队必须携带高流量纯氧及面罩；伤员保持平躺，持续吸氧直至专业救援到达。

7）装备故障或深度计算错误

常见问题：潜水电脑表故障、深度计误差或未保守规划潜水方案。

风险：实际潜水深度/时间超出身体耐受范围。

纠正方法：每次潜水前检查设备，携带备用电脑表或深度计；采用保守潜水计划（如减小最大深度或缩短潜水时间）。

5. 教学注意事项

（1）确保学员理解生理机制：在教学过程中，必须确保学员理解减压病的生理机制，掌握如何根据潜水过程中的细节来预防减压病。

（2）强调实际操作与模拟：减压病的处理离不开实际操作。学员应通过大量模拟训练，积累实际操作经验，提高急救反应能力。

（3）注重时间管理：在急救过程中，时间至关重要。学员应学会在紧张的环境中快速评估病情、实施急救，并确保及时将伤员转移至医疗机构。

（4）安全第一：在所有教学活动中，学员的安全应始终放在首位。模拟训练中应严格控制潜水环境，确保学员在安全的情况下进行实操。

（5）定期复训与更新知识：随着科学进步，减压病急救技术不断更新，学员应定期参加复训和更新课程，掌握最新的减压病急救技术和治疗方法。

8.6 心理急救与疏导

水域医疗救护不仅仅关注生理伤害的急救，还应关注伤员在紧急情况下的心理反应和心理健康。尤其在水域事故中，伤员的心理创伤和情绪波动可能对其身心恢复产生严重影响，因此，在水域医疗救护过程中，心理急救与疏导成为了非常重要的一环。水域医疗救护中的心理急救与疏导，不仅仅是简单的情感安抚，更包括对伤员心理状态的准确评估与及时干预，确保伤员能够在遭受身体创伤的同时得到有效的心理支持，最终恢复到身体与心理的健康状态。

1. 教学目的

水域医疗救护中的心理急救与疏导，旨在帮助急救人员掌握针对伤员的心理反应进行有效干预的方法，使其能够在最短时间内帮助伤员稳定情绪、缓解心理压力，并为后续的治疗创造有利条件。具体目标如下。

1）提高学员的心理急救意识

心理急救是水域医疗救护的重要组成部分，学员首先需要认识到水域事故中的心理创伤与生理创伤同样重要。通过教学，学员应意识到心理创伤可能与生理创伤并行发生，因此急救工作不仅仅是处理外伤，还包括关注伤员的心理健康。

2）帮助学员掌握心理急救的基本技能

教学的核心目的是帮助学员掌握心理急救的具体技巧，如情感倾听、安抚技巧、压力缓解方法等。学员应能够在突发水域事故中，迅速识别伤员的心理反应，并采取相应的干预措施，确保伤员在情绪上得到适当疏导。

3）提升学员的心理评估与干预能力

学员应能够通过观察和询问，准确评估受害者的心理状态，如恐惧、焦虑、创伤后应激等，并根据评估结果采取适当的心理急救措施，必要时进行转诊。

4）强化学员的情绪调节与沟通技巧

急救人员需要具备较强的情绪调节能力和沟通技巧。在水域医疗救护中，伤员常因恐惧、焦虑或其他心理反应表现出不合作或极端情绪，急救人员需要具备冷静、耐心地与伤员沟通的能力，以减轻其心理压力。

5）增强学员的团队协作精神

在水域医疗救护的现场，急救人员通常需要与其他救援人员密切合作。教学中也要强调团队协作，通过团队协作来提升心理急救的效果。

2. 教学内容

水域医疗救护中的心理急救与疏导涉及的内容较为广泛，主要包括心理急救的基本概念与原则、水域事故中常见的心理反应、心理急救的干预方法、心理急救的评估与转诊和心理急救的团队协作等。

1）心理急救的基本概念与原则

（1）心理急救的定义：心理急救是指在突发事件或灾难中，急救人员通过倾听、安抚、陪伴等方法，帮助伤员缓解心理压力、恢复心理平衡，避免其产生长期的心理创伤。其目的是提供即时的心理支持，为进一步治疗或心理干预打下基础。

（2）心理急救的原则：

① 安全感的建立：心理急救的首要目标是为伤员提供情感上的安全感。急救人员应通过语言安抚、陪伴等手段，确保伤员不会因恐惧、焦虑等负面情绪而进一步加重心理创伤。

② 情感倾听与接纳：急救人员要主动倾听伤员的困惑与情感，并给予理解与支持，让伤员感觉到被接纳和尊重。

③ 简易干预：心理急救不要求进行专业的心理治疗，而是通过简易有效的干预手段，如情绪疏导、安慰等，帮助伤员稳定情绪。

④ 情绪恢复与心理稳定：通过心理急救的手段，帮助伤员从心理创伤中恢复，重建情绪稳定，为其后续的医疗治疗提供支持。

2）水域事故中常见的心理反应

在水域事故中，伤员通常会遭遇巨大的心理压力，急救人员需要识别并应对常见的心理反应。

（1）恐惧与焦虑：溺水或遭遇其他水域事故的伤员可能会表现出强烈的恐惧、焦虑和无助感，急救人员需要通过倾听和安抚，帮助其平复情绪。

（2）创伤后应激反应（PTSD）：部分伤员可能在事故后长期存在回忆创伤性事件的痛苦中，如噩梦、情绪波动等，急救人员应尽量在初期进行心理疏导，并帮助其寻求专业治疗。

（3）情感麻木与隔离：部分伤员可能会因事故经历过度情感麻木，不愿与他人沟通，急救人员应注意观察并给予适当的情感引导。

（4）社会支持的缺乏：水域事故常发生在孤立环境下，部分伤员可能缺乏社会支持系统，急救人员可以在这一方面提供情感支持和必要的帮助。

3）心理急救的干预方法

（1）情感倾听与安抚：通过倾听伤员的情感表达，急救人员能够帮助其释放负面情绪，增强其对急救人员的信任。

（2）情绪稳定技巧：急救人员可以通过引导伤员深呼吸、注意力转移等技巧帮助其减轻焦虑与恐惧，恢复情绪稳定。

（3）正向引导与鼓励：通过鼓励的语言，帮助伤员树立积极的应对态度，如“您很勇敢”“我们会一起渡过难关”等，激发伤员的信心与求生意志。

（4）压力释放技巧：教授伤员一些简单的放松技巧，如深呼吸、冥想等，帮助其缓解焦虑，恢复冷静。

（5）支持性沟通：通过简单直接的语言，帮助伤员理解现有情况，减轻对未来的焦虑，增强其应对挑战的信心。

4）心理急救的评估与转诊

（1）评估心理危机的程度：急救人员应通过观察伤员的行为、语言及情感反应，评估其是否处于心理危机状态。例如，伤员是否表现出极度的焦虑、恐惧，是否有情绪失控、愤怒等行为。

（2）适时转诊：当伤员的心理创伤较为严重，急救人员应评估其是否需要进一步的专业心理治疗，并及时进行转诊，确保伤员能够得到全面的治疗。

5）心理急救的团队协作

在水域急救中，团队协作非常关键，尤其是在复杂的水域救援场景中，急救人员应当与其他救援人员紧密配合。心理急救不仅是个人的任务，团队成员应共同关注每个伤员的心理状态，并根据需要提供情感支持。

（1）团队成员间的支持：急救人员也可能会感受到心理压力和疲劳，因此，团队成员应互相支持，确保整个团队的心理健康。

（2）跨部门协调：在一些大型水域救援事故中，急救人员可能需要与其他部门（如心理健康服务、医疗团队等）合作，共同为伤员提供全面的救援。

3. 教学方法

教学方法的设计在心理急救与疏导的教学中至关重要。它不仅需要帮助学员掌握相关理论知识，还需要通过多样化的方式，让学员能够在实践中灵活运用所学技能，面对水域急救现场的实际情况进行有效干预。详细的教学方法如下。

1）理论授课与讲解

理论授课是任何技能学习的基础，尤其是在水域医疗救护中，心理急救的理论框架能够帮助学员明确干预的目标和方法。在理论授课中，教员需要讲解心理急救的基本概念、目标、原理，以及不同类型心理创伤的表现与干预技巧。理论授课的内容应该包括以下内容：

（1）心理急救的定义与基本概念：如心理急救的三大原则，即安全感的建立、情感倾听与接纳、简易干预。

（2）心理急救常用技巧：如情感安抚、情绪稳定、压力释放、正向引导等。

（3）心理创伤的评估与分类：评估心理危机的严重程度，辨别焦虑、恐惧、创伤后应激等情绪反应。

（4）急救人员的角色与心理素质：急救人员的冷静判断与情绪调节能力对心理急救的影响。

讲解过程中，教员可以利用多媒体工具，如 PPT、视频等，帮助学员更好地理解理论内容。同时，应注重通过简洁明了的语言，帮助学员理解复杂的心理学概念。

2）案例分析

案例分析能够帮助学员将理论与实际操作结合起来，通过具体案例分析，学员能够了解实际救援过程中可能遇到的各种心理急救情境，并学习如何应对。具体的案例分析包括以下内容：

（1）真实事故案例：从水域急救事件中选取典型案例，分析其中伤员的心理反应及急救人员的心理急救处理措施，探讨其中的有效性和不足之处。

（2）角色反转的案例：通过将学员置于伤员角色，反思和体验在极端情境中的心理状态，帮助学员提高心理急救的感知能力。

（3）模拟案例：教员设计一些虚拟的水域场景，学员可以分析其中涉及的心理急救点，并讨论最佳的心理干预策略。

通过案例分析，学员不仅能够看到实际中的心理急救应用，还能提高其临场应变能力，理解在不同情境下应如何快速作出正确的决策。

3）情境模拟与角色扮演

情境模拟与角色扮演是提升学员实际操作能力的重要手段。学员通过模拟真实的水域事故场景，能够在较为安全和可控的环境中体验实际救援工作中的心理急救技术。这种教学方法能够有效增强学员的实战经验，提高其应对复杂情况的能力。

（1）情境模拟：教员可以设计各种水域救援场景，如溺水、翻船、航海遇险等，学员需要作为急救人员或伤员，进行模拟急救。模拟过程中，学员不仅要应用心理急救技能，还要应对可能的心理反应，如恐惧、情绪失控等。

（2）角色扮演：通过角色扮演，学员可以分别体验作为急救人员和伤员的感受。这种“换位思考”的方式，能帮助学员更深入地理解伤员的心理状态，从而制定更有效的心理急救策略。例如，学员可以扮演心理创伤较为严重的伤员，体会恐惧或焦虑的情感，再通过扮演急救人员尝试采用各种安抚技巧来干预。

（3）多角色协作：在一些复杂的水域救援情境中，急救人员不仅要为个别伤员提供心理急救，还要与其他救援人员协作。通过模拟多人合作的救援场景，学员可以锻炼团队协作能力，并学习如何在压力中保持冷静和协调。

4. 常见问题及纠正方法

1）急性应激反应（如遭遇突发事件后）常见问题

（1）表现：情绪麻木、思维混乱、身体颤抖、无法集中注意力；可能出现回避行为（如拒绝谈论事件）或过度警觉。

（2）纠正方法：

① 确保安全：引导伤员离开危险环境，提供物理安全感（如温水、毛毯）。

② 温和引导：用简短、清晰的语句沟通，如“你现在很安全，我在这里陪你”。

③ 不强迫表达：允许沉默，避免追问细节。

④ 后续疏导：逐步处理情绪，待伤员情绪稳定后，鼓励其用绘画、书写等非语言方式表达感受。

2）恐慌发作（急性焦虑）常见问题

（1）表现：突发心悸、呼吸困难、出汗、有失控感或濒死感。

（2）纠正方法：

① 心理急救：

呼吸调节：引导伤员使用“478 呼吸法”（吸气 4 s→屏息 7 s→呼气 8 s），重复 3~5 次。

感官锚定：让伤员触摸冷/热物体（如冰水杯），或描述周围 5 种颜色，转移注意力。

② 后续疏导：

认知重建：解释恐慌的生理机制（如“这是肾上腺素激增，不会伤害你”），减少伤员对症状的恐惧。

行为训练：让伤员练习渐进式肌肉放松或正念冥想，可有效减轻焦虑，舒缓紧张情绪。

3）情绪崩溃（如大哭、暴躁）常见问题

（1）表现：情绪失控、大哭不止或言语攻击他人。

（2）纠正方法：

① 心理急救：

接纳而非压制：允许情绪释放，避免说“别哭了”或“冷静点”。

倾听与陪伴：用肢体语言（如轻拍肩膀）或简单回应（如“我知道这很难”）传递支持。

② 后续疏导：

情绪溯源：待伤员平静后，帮助其识别触发点（如“刚才是什么让你感到被误解？”）。

建立应对策略：共同制定“情绪急救包”（如听音乐、深呼吸、联系信任的人）。

4）过度自责或内疚常见问题

（1）表现：反复自我批判（如“都是我的错”），伴随无价值感。

（2）纠正方法：

① 心理急救：

共情优先：承认其感受，如“我能理解你现在很责怪自己”。

事实澄清：用客观视角提问，“如果这件事发生在朋友身上，你会同样责怪他/她吗？”

② 后续疏导：

认知行为调整：让伤员练习“责任饼图”（画出事件中各因素的占比，减少自我归因）。

自我关怀训练：鼓励其每天记录1件“做对的小事”，重建自我认同感。

5）社交回避与孤立常见问题

（1）表现：拒绝与人接触、长时间独处、自我封闭。

（2）纠正方法：

① 心理急救：

尊重边界：避免强行拉入社交，可提议低压力互动（如一起散步但不说话）。

小目标鼓励：如“今天只需回复一条消息就好”。

② 后续疏导：

渐进暴露：制定“社交阶梯计划”（线上聊天→短时间见面→小组活动）。

团体支持：推荐兴趣小组或支持性团体，降低个人孤独感。

5. 教学注意事项

在进行水域医疗救护中的心理急救与疏导教学时，教学过程中需注意一些重要的事项，以确保教学的有效性和学员的学习效果。

1）理论与实践结合

心理急救的技能不仅仅是理论知识，更多是基于经验的实际操作技能。教学时要特别注意理论与实践的结合，通过情境模拟和实际训练将理论知识转化为操作能力。

2）注重学员的情感参与

水域医疗救护中的心理急救与疏导不仅是技术性操作，还是对受害者情感的关怀与疏导。学员需要在训练中感同身受，因此，教学过程中要创造情感共鸣的氛围，让学员真正理解心理急救的核心意义。在情境模拟与角色扮演时，要特别关注学员情感的投入，以增强其对心理急救技能的实际运用。

3）反复演练与反馈

心理急救是一项需要通过不断练习才能掌握的技能。学员在初期可能并不完全掌握有效的干预技巧，因此，教学时要安排充足的时间进行反复训练，逐步提高学员的应急处置和心理疏导能力。同时，要给予及时的反馈与纠正，帮助学员完善操作技巧。

4）多样化的教学资源

在教学过程中，要充分利用多种教学资源，如视频、图片、案例等，帮助学员更直观地理解心理急救的核心技巧与操作方式。尤其是对难度较大的心理急救情境，可以通过视频演示真实案例，帮助学员理解操作细节。

5）学员心理调适与压力管理

水域急救人员在执行任务时，通常面临较高的压力。在教学中，不仅要帮助学员提升对他人心理创伤的干预能力，还要注重学员的心理调适和压力管理。通过情绪调节技巧的学习，学员能够更好地应对突发情况中的高压环境，保持冷静与清晰的思维。

6）应对特殊情形的心理反应

在水域事故中，伤员的心理反应通常超出常规的焦虑与恐惧，可能包括极端的情绪波动、情感麻木、失控行为等。因此，教学过程中应特别注意教授如何应对这些特殊的情境，如通过有效的沟通技巧安抚极度愤怒或失控的伤员，以及教授如何在伤员极度恐惧时帮助其恢复情感安全感。

7）加强跨学科合作

水域医疗救护中的心理急救与疏导，不仅仅是急救人员的任务，其他专业人员，如心理治疗师、社工人员等也可能需要参与其中。在教学过程中，强调跨学科的合作意识，使学员能够在真实场景中与不同专业人员协作，为伤员提供更全面的心理支持。

附录

消防水域救援技术培训大纲

（试　行）

国家消防救援局

2025 年 2 月

目　　录

节选内容如下。

总　　则

一、为规范国家综合性消防救援队伍水域救援技术培训，提高队伍科学施救能力，依据《中华人民共和国消防法》编制本大纲。

二、以习近平总书记重要训词精神为统领，严格落实应急管理部党委、国家消防救援局党委决策部署和全国应急管理工作会议、全国消防救援工作会议精神，强化基础训练、专业训练、合成训练，严格组训、严格考核、严格保障，建立职业化、专业化的水域救援技术训练与考核体系，着力提升国家综合性消防救援队伍实战救援能力。

三、本大纲内容包括入职消防员水域救援技术培训、初级消防水域救援技术培训、中级消防水域救援技术（急流、潜水、冰域）培训、高级消防水域救援技术（水面供气式潜水、冰域潜水、海岸救援）培训。

本大纲设置的课程安排和考核课目，均为各等级必训必考内容。各组训单位在完成大纲规定的课程基础上，可根据辖区灾害特点和任务需要，结合本单位实际，增加相应的技术训练内容。

四、水域救援技术训练必须坚持党委议训，各级灭火救援指挥部主责主抓，政工、后勤、宣传等部门协同支持，组训或承训单位负责全链条组织与实施管理，确保组训正规、安全、高效。

（一）总队、支（大）队组织开展消防水域救援技术培训，必须列入年度训练计划，统一组织、规范管理；临时增加培训的，必须报上一级单位审批。

（二）总队区域性消防水域救援技术培训，3 个以上支（大）队参加的，必须由总队统一组织，并派员实施现场管理；2 个支（大）队参加的，总队可指定一个单位牵头负责，并提出明确管理要求。

（三）支（大）队组织开展消防水域救援技术培训，必须提前 2 周报总（支）队灭火救援指挥部审批，总（支）队视情派员现场检查指导。

（四）消防救援站、特勤消防队站组织开展消防水域救援技术训练，必须提前 1 周报大队审批，直辖市队站报支队审批，支队或大队派员实施现场管理；2 个以上队站参加消防水域救援技术训练的，必须由支（大）队统一组织，统一管理。

五、消防水域救援技术培训应在安全、规范的综合训练设施或各类自然水域中组训。

（一）开展入职、初级消防水域救援技术培训应在游泳池内进行。

（二）开展中级消防水域救援技术培训应在水域救援模拟训练设施或自然水域中进行，满足中级消防水域救援技术培训与考评要求。

（三）开展高级消防水域救援技术培训应依托相应场景和训练设施，满足高级消防水域救援技术培训与考评要求。

六、各级消防救援队伍、机动队伍应严格按照相应专业技术等级能力标准和身体情况选拔参训人员。

七、消防水域救援技术培训应充分利用各总队训练资源及社会培训资源，依托基地设施、实地实景、模拟仿真等手段组训，每期培训学员人数不得超过教练人数的 6 倍。

八、消防水域救援技术培训实行课时制，每课时为 1 小时，每天 8 个课时。入职消防员水域救援技术培训不少于 7 天 56 课时；初级消防水域救援技术培训不少于 12 天 96 课时；中级消防水域救援技术培训，急流环境不少于 12 天 96 课时，潜水环境不少于 20 天 160 课时，冰域环境不少于 7 天 56 课时；高级消防水域救援技术培训，水面供气式潜水不少于 14 天 112 课时，冰域潜水不少于 12 天 96 课时，海岸救援不少于 12 天 96 课时。

九、消防水域救援技术培训形式主要包括培训（入职、初级、中级、高级）以及复训。

（一）培训。入职（新消防员普训）；初级培训（完成入职培训）；中级培训（完成初级培训，通过考评且获得资质）；高级培训（完成急流环境中级培训，通过考评且获得资质，可参加海岸救援高级培训；完成潜水环境中级培训，通过考评且获得资质，可选择参加水面供气式潜水或冰域潜水高级培训）。

（二）复训。初级、中级、高级消防水域救援技术等级应对所有课目内容进行重复训练，对考核不合格人员进行针对性训练。取得资格证的个人每 2 年应参加复训一次，复训不合格或未按期复训的降低（初级则取消）个人等级技术资格。

十、消防水域救援技术培训建立等级训练考核制度。初级消防水域救援技术培训考核合格的，发初级资格证；中级消防水域救援技术培训考核合格的，发中

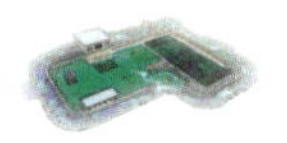

级资格证；高级消防水域救援技术培训考核合格的，发高级资格证。培训和考核成绩上传全国消防水域救援技术培训数据库，由国家消防救援局统一管理。

十一、消防水域救援技术考核分等级普考，通常在等级技术培训结束后进行，每个训练课目逐人过关，对于不合格的人员，可组织一次补考，补考成绩为个人该训练课目的最终成绩。

十二、消防水域救援技术培训成绩评定实行分级考核制度，实施“谁考核、谁组织、谁评定”。其中，入职、初级培训可由具备培训考核资质的总队级单位组织；中级培训经国家局授权，由通过培训能力评估的训练基地组织；高级培训由国家局统一组织。考核成绩评定实行两级制，即合格和不合格。

合格——所有训练课目成绩均为合格以上。

不合格——任意一项训练课目成绩达不到合格评定标准。

十三、本大纲适用于国家综合性消防救援队伍，专职消防队伍可参照执行。国家综合性消防救援队伍院校业务训练、大学生招录岗前任职培训、消防员入学考试、消防员职业技能鉴定、指挥人员能力考评、消防救援人员晋职晋级考核等可参照本大纲内容组织实施。

十四、本大纲中“以上”含本数，“以下”不含本数。

十五、本大纲由国家消防救援局负责解释。未明确的问题，由各总队依据本大纲作出相应规定。

参 考 文 献

[1] 高宁宇 . 新时代消防救援队伍训练体系改革的思考与实践 [J]. 消防科学与技术，2023，42 (05)：589-593.

[2] 高宁宇，等 . BASIC 急流水域救援初级技术 [M]. 北京：应急管理出版社，2024.

[3] 邵薇 . 消防水域救援培训体系研究 [J]. 中国应急救援，2023，(02)：10-14.

[4] 邵薇 . 消防应急救援潜水培训体系研究 [J]. 中国应急救援，2022，(03)：4-7.

[5] 邵薇，熊伟，戴时茂 . 洪水急流救援技术 [M]. 北京：应急管理出版社，2021.